PREUVES

DE

L'EXISTENCE DU FILS DE LOUIS XVI

Paris. — Imprimerie Lacour et Cie, rue Soufflot, 16.

LA RESTAURATION

CONVAINCUE D'HYPOCRISIE, DE MENSONGE ET D'USURPATION

De Complicité avec les Souverains de la Sainte-Alliance

ou

PREUVES DE L'EXISTENCE

DU

FILS DE LOUIS XVI

RÉUNIES ET DISCUTÉES

PAR J. SUVIGNY

Avocat

I a vérité à tous, en tout, partout, toujours.

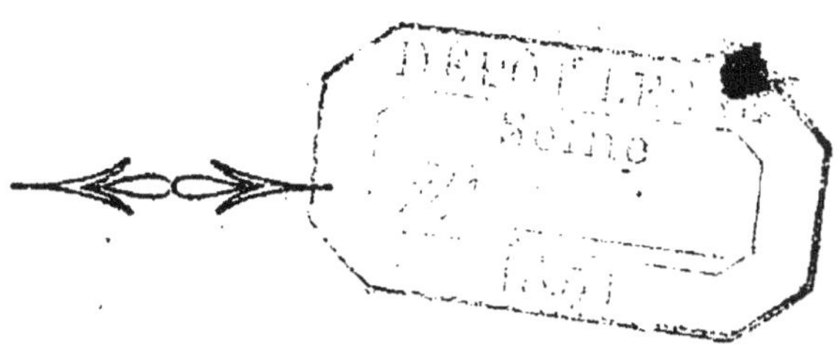

PARIS

AU BUREAU DE L'INFLEXIBLE

RUE DE MADAME, 54,

ET CHEZ TOUS LES LIBRAIRES.

1851

AU FILS DE LOUIS XVI

ABANDONNÉ, MÉCONNU.

Hommage d'un dévoûment qui ne

s'est attaché qu'à l'opprimé.

J. SUVIGNY.

INSTRUCTIONS SECRÈTES

DE

LOUIS XVI A LA REINE.

« Formez vos enfants à la vertu et à la modestie...
Votre fils, surtout, exigera des soins particuliers.
Rendez-le le plus honnête homme possible ; dites-
lui qu'il *naquit citoyen avant d'être roi ; que ne
l'étant plus, il n'a aucun droit à réclamer ; que
le peuple français a été libre de changer la forme
de son gouvernement, et que chercher à ressaisir
une puissance qu'il nous a ôtée serait un crime...*
Cependant, si, un jour, la nation, fatiguée de son
gouvernement actuel ou de tout autre qui pourrait
lui succéder, venait, par un consentement unanime,
à le rappeler dans son sein et à lui rendre l'autorité, il serait de son devoir d'obéir à ce vœu et de
l'accepter... Je suis loin de désirer pour lui ce dangereux honneur. Ce que je veux, c'est qu'il acquière
les vertus et les connaissances nécessaires pour servir sa patrie, si jamais elle a besoin de son bras...
Je lui défends de venger ma mort... »

Le 20 janvier 1793.

de

LOUIS XVI A LA REINE.

« Formez vos enfants à la vertu et à la modestie...
Votre fils, surtout, exigera des soins particuliers.
Rendez-le le plus honnête homme possible; dites-
lui qu'il reçut citoyen avant d'être roi; que ne
l'étant plus, il n'a aucun droit à réclamer; que
le peuple françois a été libre de changer la forme
de son gouvernement, et que chercher à ressaisir
une puissance qu'il nous a ôtée serait un crime...
Cependant, si, un jour, la nation, fatiguée de son
gouvernement actuel ou de tout autre qui pourrait
lui succéder, venait, par un consentement unanime,
à le rappeler dans son sein et à lui rendre l'autorité, il serait de son devoir d'obéir à ce vœu et de
l'accepter... Je suis loin de désirer pour lui ce dangereux honneur. Ce que je veux, c'est qu'il acquière
les vertus et les connaissances nécessaires pour servir sa patrie, si jamais elle a besoin de son bras...
Je lui défends de venger ma mort... »

Le 20 janvier 1793.

NOTICE BIOGRAPHIQUE

LE FILS DE LOUIS XVI.

Louis-Charles de France, fils de Louis XVI et de Marie-Antoinette, naquit à Versailles le 27 mars 1785; il eut pour parrain Monsieur, comte de Provence, depuis Louis XVIII. Enfermé avec sa famille dans la prison du Temple, il fut livré le 3 juillet 1793 aux brutalités de Simon.

Le 19 janvier 1794, jour du déménagement de ses gardiens, un enfant muet lui ayant été substitué, il fut enlevé de la Tour par les soins de MM. de Frotté et Ojardias, émissaires du prince de Condé, qui avaient gagné les Simon. Il resta caché dans Paris jusqu'à ce qu'on pût l'en faire sortir. Conduit en Vendée, il y séjourna, protégé par le plus strict *incognito*. Quelques chefs seulement, auxquels il avait été présenté, et quelques amis dévoués furent mis dans la confidence.

L'enfant substitué mourut le 8 juin 1795; on fit publier officiellement sa mort, comme s'il se fût agi du Dauphin, tandis que le Dauphin parvenait à quitter la France et à gagner l'armée de Condé vers la fin du même mois. Dès le 14, la Convention ordonnait par un décret de poursuivre son prétendu mort *échappé*.

Le prince de Condé jugea, dans l'intérêt de la conservation du Dauphin, à propos de le confier au brave

Kléber, qui, secrètement sondé, accepta. Dans les derniers jours de l'année 1796, le capitaine de Damas le reçut et le remit au général.

Le 19 mai 1798, il s'embarqua à bord du *Spartiate* pour l'expédition d'Égypte, et remplit avec la plus grande bravoure, près de Kléber, qui le faisait passer pour un orphelin, fils d'une de ses parentes, les fonctions d'aide-de-camp. Il entrait alors dans sa quatorzième année.

Tombé malade, il s'embarqua le 20 mars 1800 sur l'*Étoile* avec Desaix, auquel Kléber avait tout raconté, et qui consentit à devenir son guide. Il le suivit en Italie.

Desaix étant mort à Marengo, le 14 juin, jour fatal qui vit tomber Kléber sous le fer d'un assassin, le fils de Louis XVI, assez mal accueilli, pendant la bataille, par le premier Consul, qui le soupçonnait de connivence avec Poussielgue et Kléber dans un rapport adressé contre lui au Directoire, revint secrètement à Paris en 1801, vit Lucien Bonaparte, et, à la suite d'une altercation avec lui, rejoignit l'armée d'Italie.

L'année suivante, 1802, il revint en France, revit Lucien, qui l'accueillit parfaitement ; le Dauphin lui découvrit sa naissance, ses malheurs : il vit aussi Fouché, s'entretint avec lui, et remit à ce ministre, en même temps qu'une lettre de recommandation de Desaix, une cassette contenant un écrit du prince de Condé, précédemment confié à Kléber, destiné à constater l'évasion et l'identité. A cette même époque, il visita la femme Simon, aux Incurables, et fut présenté en 1803 à Joséphine, qui l'avait déjà vu à sa sortie du Temple.

En 1804, le Dauphin prit part à la conjuration de Georges et de Pichegru ; il assistait sous le nom de Charles au conciliabule de Chaillot. Fouché et Joséphine lui facilitèrent les moyens de quitter la France. Il s'embarqua dans le courant d'avril pour les États-

Unis; arriva à New-York, se dirigea vers l'Amérique méridionale, et vécut pendant plusieurs années au milieu de ses diverses peuplades Il se rendit au Brésil en 1809, connut le prince don Juan, s'ouvrit à lui, et reçut bon accueil et sages avis.

Malgré les conseils de ce prince le Dauphin voulut revoir la France en 1810. Arrêté à Civitta-Vecchia, il fut conduit à Rome, puis à Paris, d'où Fouché le fit repartir pour le Brésil.

En 1812, il accepta de don Juan la direction d'une expédition contre Goa révoltée; ensuite il parcourut l'Asie, l'Océanie, et revint au Brésil à la fin de 1814.

Il y apprit les événements de l'Europe, partit pour la France, en 1815, arriva quand la Restauration était accomplie, vit Fouché, le prince de Condé, fit sonder, mais inutilement, Louis XVIII, fut présenté, vers les premiers jours de mai 1816, à la duchesse d'Angoulême, sa sœur, qui, sans le méconnaître, le repoussa.

Obligé de s'expatrier encore, il fit voile pour l'Écosse et data d'Édimbourg, 1er juin 1816, une protestation, en qualité de fils de Louis XVI, contre tout ce qui s'était fait en France au détriment de la justice et du droit, et contre les traités de 1814 et de 1815. Cette protestation fut adressée à tous les souverains de l'Europe.

Pendant deux ans environ, il voyagea en Afrique et en Asie; enfin, croyant ses traces perdues, il s'aventura sur les terres autrichiennes, et, le 12 avril 1818, fut arrêté près de Mantoue, transféré à Milan, et retenu prisonnier, sur les instances de Louis XVIII, après avoir été dépouillé de son argent, de sa correspondance et de l'écrit du prince de Condé.

Après sept ans, six mois, et douze jours de captivité, il sortit de prison le 25 octobre 1825, se rendit d'abord en Suisse, et pénétra en France le 6 janvier 1826. Il passa quelque temps à Toulon, à Rouen, et se fixa à Paris en 1827.

Le 2 février 1828, il adressait de Luxembourg une réclamation à la chambre des pairs; le 12 août 1830, il protestait contre l'élection de Louis-Philippe.

Depuis lors, occupé du soin de réunir des documents pour sa réclamation d'État, le Dauphin était parvenu à se procurer une pièce émanée de la duchesse douairière d'Orléans qui pouvait remplacer celle du prince de Condé. A peine l'eut-il en sa possession, qu'il fut arrêté le 29 août 1833, sous la prévention de complot contre la sûreté de l'État. Le 5 novembre 1834, il était condamné à douze ans de détention.

Le 19 août 1835, il réussit à s'échapper, passa à l'étranger, et vécut retiré jusqu'à l'amnistie de 1840. Alors, il parut ostensiblement à Paris.

Le 14 juin 1842, il fut arrêté de nouveau, sous prétexte de rupture de ban et d'identité avec un repris de justice, mais, en réalité, parce qu'il avait refusé d'accéder aux propositions de Louis-Philippe, qui lui faisait, pour la troisième fois, offrir sa fille, sous la condition d'une cession de droits. Dans les vingt-quatre heures, on le rendit à la liberté.

La révolution de février 1848 le laissa respirer.

Le 20 février 1849, il se présenta à Gaëte, au saint-père, qui savait recevoir et reçut en lui le fils de Louis XVI. Sa visite avait été précédée d'une lettre, en date du 24 novembre 1848.

Enfin, par citation du 27 mars 1849, le Dauphin a fait assigner sa sœur en réclamation d'État devant le tribunal civil de la Seine.

PRÉAMBULE.

DE LA VÉRITÉ EN HISTOIRE ET EN POLITIQUE.

——————

I. — GÉNÉRALITÉS.

Rien ne semble plus facile à trouver que la vérité, rien
n'est cependant plus difficile. Voyons ce qui se passe sous nos
yeux. Combien d'appréciations diverses du même fait ? Sur les
événements les plus ordinaires interrogez vingt témoins, vous
aurez vingt peintures qui varieront de couleur et de ton.

En serait-il de même des événements importants qui consti-
tuent l'histoire ? Une question si grave mérite de sérieuses
réflexions. Cherchons-en la solution dans les éléments de
l'opinion humaine.

Il n'y a pas de distinction à faire entre l'histoire des faits
accomplis depuis plusieurs siècles, et celle qui raconte les
crises contemporaines, car les observations applicables à l'une
le sont à l'autre.

Nous ne sommes pas sceptique, tant s'en faut ; mais, en pareille matière, le doute et la critique sont les seuls guides qu'on
doive raisonnablement consulter.

L'opinion commune s'établit d'après une série de témoignages concernant un fait unique. L'historien réunit en somme
ceux qui lui paraissent le moins divergents, décrit à leur aide
les circonstances du fait, et lui assigne ensuite les causes les
plus probables, qu'il tire, soit de la croyance des témoins, soit,
par induction, du résultat des faits eux-mêmes. On conçoit
dès-lors que les causes assignées n'ont d'autre valeur que celle
d'une conjecture plus ou moins adoptée par les contemporains, et celle de la perspicacité plus ou moins profonde de
l'écrivain.

Quant aux faits, sont-ils eux-mêmes à l'abri de toute erreur, de toute falsification ? Il paraîtrait au premier abord qu'on dût répondre oui ; et cependant, il n'est pas sans exemple que des faits regardés comme vrais pendant longtemps, pendant des siècles, aient été reconnus faux plus tard. Sous ce rapport l'histoire ancienne offre plus de garanties que la moderne. Elle a subi l'épreuve des âges, de la critique ; elle a fini, suivant l'expression de Tacite, par n'être plus écrite sous l'empire de *haines* ou de *complaisances* récentes. Mais il ne faut pas, même à l'égard des faits, la croire infaillible ; on se tromperait. Ne se compose-t-elle pas en effet d'événements contemporains ? Et si nous prouvons que les événements contemporains sont susceptibles de falsification , nous aurons prouvé que devenus histoire ancienne ils ne sont pas irréprochables.

Choisissons quelques faits, encore aujourd'hui douteux, sur lesquels s'est exercée et s'exerce sans succès l'investigation publique.

Quel était cet homme au masque de fer, être mystérieux du siècle de Louis XIV, détenu de 1681 à 1703, accompagné par Saint-Mars de prison en prison jusqu'à la Bastille, auquel on donnait quarante-cinq ans d'âge quoiqu'il en eût soixante? Pourquoi dépaver, regratter, reblanchir sa chambre, pourquoi brûler ses meubles, après sa mort?

Et ce Gaspard Hauser, ce jeune séquestré de Nuremberg, que rencontra par hasard un professeur de cette ville en 1828, sait-on quelle était sa famille, quel intérêt l'a fait enfermer sans éducation dans un cachot depuis sa naissance jusqu'à son évasion, quel poignard l'a frappé ?

Le voile qui couvrait le procès de Fualdès et les divers acteurs de cet horrible drame est-il déchiré ?

A-t-on bien les preuves de la mort du Dauphin, fils de Louis XVI, au Temple ?

Les chefs des États, les hommes puissants ont mille moyens de tromper la multitude, peuple et savants. Que leur coûte un crime ? la peine de choisir un ou deux complices. Ces derniers savent quelle punition les attend s'ils parlent, quelle récompense s'ils sont discrets. Aussi le sont-ils presque toujours. A-t-on besoin qu'un enfant naisse, qu'un autre meure? Une supposition de part, un acte de décès sont promptement fabriqués. En moins de rien la politique, c'est-à-dire, en langage de notre temps, l'art de gouverner par l'intrigue, la rouerie, le mensonge, l'achat des consciences, le mépris des lois civiles et sociales, transforme à son gré les faits et leurs causes. Pichegru s'étrangle ; le dernier des Condé se pend. Des traités se concluent ; le Gouvernement publie la partie la moins essentielle ; un beau et long rapport indique à tous les motifs qui l'ont amené, son utilité ; et les négociateurs, qui

viennent d'arrêter secrètement des clauses contraires ou tout
autrement importantes, jureront leurs grands dieux qu'il n'y
a rien eu de plus que ce qui est ostensible. Les journaux en-
registrent ces actes incomplets, ces explications qui n'expliquent rien, et l'histoire, à son tour, pillant leur bagage, assure à leurs assertions vraies ou fausses son imposante authenticité.

Comment en serait-il autrement? Les diplomates, possesseurs réels des secrets d'État, par conséquent des actes et des
motifs, sont condamnés au silence perpétuel, s'ils veulent,
comme cela se pratique, conserver à leur postérité le mono-
pole des missions politiques. L'Empire n'aurait pas employé
un indiscret du Directoire et la Restauration un indiscret de
l'Empire.

La vérité se trouve donc réduite à profiter d'une imprudence. Encore quel poids aura-t-elle? celui d'une confidence
à l'oreille, qui, sourdement transmise, soulève des doutes sur
des assertions réputées jusque là vérités, mais ne les détruit
pas avec l'autorité suffisante. Car le diplomate ne laisse pas
d'écrits; ou, s'il en laisse, le Gouvernement, se déclarant au
moment de sa mort cohéritier de ses enfants, saisit et con-
fisque les papiers à sa couvenance, ceux qui découvriraient
ses turpitudes et ses mensonges.

Ce procédé a été mis en pratique sous l'Empire, sous la
Restauration, sous Louis-Philippe. La famille Courtois, celle
de Cambacérès, de Talleyrand et beaucoup d'autres savent à
quoi s'en tenir.

II. — APPLICATIONS A L'HISTOIRE CONTEMPORAINE.

L'intérêt qu'ont les grands à cacher leurs méfaits et les intrigues de leur ambition n'est pas la seule cause des erreurs
historiques. L'esprit de parti commente, dénature, grossit ou
diminue les événements ; il suppose des intentions suspectes
à ses ennemis, des vertus à ses amis; il travestit ses personnages au point de les rendre méconnaissables, et quand il a
brodé ses romans, il les intitule hardiment : Histoire de dix
ans, Les Girondins, Congrès de Vérone, Histoire de la République, du Consulat et de l'Empire, etc.

Que dire de cette foule de mémoires qui n'ont cessé d'en-
combrer la France depuis un demi-siècle? Pitoyables justifi-
cations de toutes les fautes, de tous les crimes généraux ou
personnels, ces mémoires, tant secrets qu'avoués, servent
à égarer l'opinion, à la détourner du vrai.

On lit tout, car chacun veut s'éclairer ; mais malheureusement on lit avec une crédulité fatale les ouvrages écrits à
notre point de vue, et avec une prévention obstinée ceux qui
froissent nos idées.

Aussi voyez comme peuple et comme individus quel chemin nous avons fait.

Partis en 89 à la chasse des priviléges et des abus, nous sommes encore, soixante ans après, le fusil sur l'épaule, disposés à poursuivre autant d'abus, autant de priviléges, les mêmes peut-être, attachés à d'autres têtes, déguisés sous d'autres noms. Le paysan ne paie plus la dîme, mais il paie un impôt onéreux qui, au lieu d'être versé dans la caisse du pasteur, sert à défrayer un député parfaitement indifférent à son bien-être ; il n'a plus à craindre la férule seigneuriale et la peine des galères infligée au braconnier, mais le procès-verbal d'un garde-champêtre l'envoie en police correctionnelle s'il n'a dans sa poche un port-d'armes de vingt-cinq francs, et la permission écrite des propriétaires. L'ouvrier, au temps des corporations, ne manquait pas de travail ; aujourd'hui, maître de lui-même, il manque de pain. Le recrutement a été remplacé par la conscription, avec cette amélioration : un riche peut se racheter du service, tandis qu'autrefois riches et pauvres devaient également leur sang à la patrie. Au guet succède le gendarme, au gendarme le garde municipal, au garde municipal le garde républicain. Croirait-on que le peuple se batte pour détruire, et qu'au milieu même des ruines, il reconstruise ce qu'il a détruit ! Le Gouvernement montre l'exemple ; il abolit les jeux publics et les loteries comme immorales, et favorise la Bourse et les actions, comme morales, sans doute. Ne regrettons ni Law ni Duverney ; nous possédons mieux que tout cela.

Et savez-vous pourquoi le peuple a si peu de bon sens, pourquoi les gens du haut pouvoir sont de si mauvaise foi, s'occupent si peu de réformer les institutions sociales, pourquoi nous nous traînons avilis de révolutions en révolutions?

C'est que l'histoire a menti, c'est qu'elle ment :

C'est qu'en 89, prenant au sérieux les plans des Économistes et des Philosophes, elle a blamé dans son ensemble l'organisation antérieure, sans louer ce qu'elle avait de bon, concourant ainsi à l'impraticable essai de composer une société modèle avec des hommes vicieux, dépourvus de morale et de foi.

C'est qu'en 93, s'apercevant trop tard de l'incompatibilité des institutions avec les hommes, elle s'éprit d'une passion effrénée pour les citoyens de Sparte, d'Athènes et de Rome, comme s'ils valaient mieux que nous, et, déterrant dans les annales du monde les crimes de ceux qu'elle appela des *aristocrates*, sans mettre en parallèle leurs bienfaits et leurs vertus, elle fit opérer à coups de hache la régénération moderne, et trancher les têtes qui ne ressemblaient pas à celles des Brutus de sa façon. Les noyades, les fusillades, les massacres, les proscriptions parurent naturellement à ses enthousiastes des méthodes administratives, et la guillotine un agent de civilisation. Elle conduisit Marat au Panthéon, et revint encenser la déesse de Robespierre sous les voûtes de Notre-Dame.

C'est que, pendant le Consulat, dédaignant nos vieilles gloires nationales, elle adopta exclusivement celles de la République. Les batailles de Fleurus, Steinkerque, Nerwinde, La Marsaille, Denain, Fontenoi, valaient-elles la peine d'être comptées? Du moment où cent mille hommes ne s'étaient pas mesurés de part et d'autre, et que dix mille à peine restaient sur le champ de bataille, qu'était-ce? Un jeu d'esclaves.

C'est que, despote avec l'Empire, elle déserte la cause de la liberté; elle admet un seul mérite, le mérite militaire, un seul gouvernement, le gouvernement du canon. Ses comparaisons roulent de Cyrus à Alexandre, d'Alexandre à César, de César à Auguste. Son héros ouvre-t-il les églises? C'est bien. Emprisonne-t-il le pape? C'est bien. Donne-t-il au clergé une constitution qui fait de chaque évêque un préfet mitré, et des prêtres autant de serfs? Le clergé, qui venait de subir une atroce persécution plutôt que de prêter serment à la constitution de 1791, apostolique du moins pour l'élection, ce même clergé adopte immédiatement le règlement impérial; et l'histoire enregistre et approuve son empressement.

Au mépris du droit des gens, Napoléon sacrifie le duc d'Enghien. Ne croyez pas que l'histoire appelle cet acte assassinat; elle le justifie par la raison d'État, et l'enveloppe de nuages tellement épais qu'on ne sait pas encore qui l'a conseillé. Il veut donner des couronnes à ses frères incapables de les soutenir; l'histoire applaudit aux invasions les plus iniques, aux guerres les plus sanglantes.

Aux cent-jours, elle chante la palinodie à voix basse; mais aussitôt qu'elle est sûre qu'une escadre anglaise a conduit son grand homme à Sainte-Hélène, elle n'a pas de termes assez énergiques pour exprimer sa haine : le tyran, le barbare, le tigre, le Corse affreux, sont les épithètes qu'elle lui décerne par la bouche des L..., des D..., des P... Nos braves soldats, vainqueurs de l'Europe, sont des hordes de brigands...; elle exècre patriotiquement leurs succès. En revanche, la France n'a pas de meilleurs amis que les étrangers envahisseurs. Les noms de père du peuple, de désiré, pleuvent sur Louis XVIII. La charte est un chef-d'œuvre; les traités de 1815 n'ont rien que de sage et de glorieux; vive la légitimité quand même! Mais si Louis XVII n'était pas mort, où serait cette légitimité? Qu'importent les doutes nombreux qui se présentent? Pourquoi les examiner? Mieux vaut béatifier les Émigrés et leur monarque voltairien. Il est vrai qu'en même temps l'orgueilleux Louis XIV et le libertin Louis XV reçoivent l'absolution la plus entière.

Ce fut bien pis quand le comité directeur, appelé congrégation, eut fait du gouvernement de Charles X un synode ; quand il fallut obtenir les emplois à l'aide de billets de confession, quand la bigoterie et l'hypocrisie se glissèrent partout, à la place de la véritable piété ; quand on annonça jour par jour l'heure à laquelle Sa Majesté allait à la messe. C'était l'époque du dais de Saint-Acheul.

Il se forma deux écoles historiques bien tranchées :

L'une exalta les heureux fruits des missions à main armée, et les expéditions politico-religieuses de M. de Forbin-Janson, vantant sans mesure le-gouvernement paternel du roi, l'autorité de l'église et de la religion entendue à la manière des ultramontains, enfin l'autel inséparable du trône. Elle décria la charte, la liberté de la presse, la liberté d'examen, la philosophie, se déchaîna contre tout ce qui sentait le libéralisme, crime impardonnable à ses yeux. Elle combattit à outrance les adversaires du droit divin, soutenant que c'est en vertu de ce droit qu'une famille règne sur une nation ; mais elle évita de s'expliquer sur la question de savoir si ce n'est pas en vertu de ce même droit qu'elle cesse de régner et qu'une main étrangère saisit le sceptre à son tour.

L'autre, autorisée par l'exagération du parti qu'elle nomma parti-prêtre, appliqua les principes de la philosophie du xviiie siècle aux théories sociales, prêchant le matérialisme, l'athéisme, la liberté illimitée de penser, de parler et d'écrire, le droit d'insurrection en même temps que l'inviolabilité du pacte constitutionnel. Martyr de ses doctrines, elle subit les réquisitoires, l'amende, la prison et n'en eut que plus de prosélytes. Ses coups avaient ébranlé le trône de la Restauration ; ils le renversèrent.

Comme l'autre école, elle dénaturait au profit d'une coterie les faits et leurs enseignements.

La période qui s'écoule de 1830 à 1848 est remarquable par la transformation de la nuance libérale en nuance monarchique. L'histoire écrite avec ses impressions ne trouve rien à reprendre aux actes les plus honteux. L'humble contenance de Louis-Philippe devant les grandes puissances de l'Europe, son outrecuidance devant les petites, la lâcheté de son gouvernement en toute occasion, l'immoralité des administrations, remplies encore de ses créatures, l'abandon de la Belgique au vassal de l'Angleterre, les millions payés aux États-Unis, l'infamie de l'indemnité Pritchard, l'impunité des vols commis dans les marchés de subsistances et de fournitures par les agents de la marine et de la guerre, le désordre jeté dans les fortunes par la tolérance de la mise en actions de sociétés illusoires, l'agiotage ouvertement encouragé et pratiqué par le prince et ses familiers, les ministres recevant impudemment l'or corrupteur, l'assassinat du dernier Condé et la réception à la cour de la femme que la voix publique accusait de complicité pour le moins... tout était excusé, vanté, glorifié.

D'autre part, l'histoire légitimiste lança le plus de boue possible à la figure de la branche cadette, de la royauté bourgeoise, niant ses qualités, faisant ressortir tous ses défauts, même ceux qu'elle n'avait pas, l'épiloguant enfin comme une comtesse de l'ancien régime aurait épilogué la femme d'un financier. Aussi lui causa-t-elle plus de dépit que de crainte. Elle parla beaucoup de l'héroïne vendéenne, très peu de la captive de Blaye. Ce n'était plus le moment de crier : Madame, votre fils est mon roi !

Du reste elle s'entendit parfaitement avec l'histoire radicale pour attacher le ridicule aux actions et aux paroles du souverain et se plaindre amèrement du profond avilissement de l'honneur français.

La fraction vraiment radicale de l'ancienne opposition, fraction aux tendances républicaines, se sépara des libéraux, devenus conservateurs bientôt après la révolution de juillet, dès qu'au lieu d'entourer le trône d'institutions démocratiques, comme l'avait cru la dupe de l'Hôtel-de-Ville, Louis-Philippe suivit pas à pas les traditions monarchiques. Progressivement hostiles au Pouvoir, ses organes se préoccupèrent avant tout dans leur histoire de faire prévaloir la démocratie. Les rêves de Saint-Simon et de ses disciples, ceux non moins fous des Phalanstériens, des Communistes, s'y développèrent successivement pour céder la place au système plus sérieux du Socialisme.

Là comme ailleurs on dénature, on exagère : vous ne reconnaissez pas le ton ferme, impartial et modéré de la vérité dans les déclamations énergiques en mots plus qu'en pensées du citoyen L.... B..... ; vous ne le reconnaissez pas dans les phrases légères, polies ou moqueuses du vicomte W....., bien moins encore dans l'obséquiosité monotone de C.....

Comme nous le disions donc : mensonges partout ; vérité nulle part.

Ce coup d'œil rapide sur les principaux événements de notre histoire contemporaine et sur la manière dont ils ont été appréciés, suffit pour donner une idée du chaos qui doit régner et qui règne chez un peuple obligé de puiser à pareille source. Il y puise le désordre, l'erreur, les divisions intestines. Un seul fait altéré cause déjà tant de difficultés à l'observateur ! Quel doit être l'embarras de la multitude, quand ils le sont tous ou presque tous ?

Il arrive souvent que les erreurs dépendent d'un seul point mal vérifié, d'une vérité capitale déguisée ou méconnue à dessein.

Ainsi, nous défions qui que ce soit d'expliquer les grands actes

politiques, les grandes catastrophes de l'Europe, surtout de la
France, depuis 89 jusqu'à ce moment, avec les éléments
historiques reçus. Tandis que le rétablissement d'un seul fait
explique tout, jette la lumière sur tout, donne la clef des con-
duites ambiguës, des traités secrets, de l'attitude servile vis-
à-vis des puissances étrangères. Ce fait est simplement
l'existence du fils de Louis XVI, connue des Bourbons,
connue des souverains alliés, connue des diplomates en crédit,
cachée au peuple pour de bonnes raisons.

A l'aide de cette existence, et admettant l'action de la Providence sur les masses comme sur les individus, il devient
facile de faire disparaître les obscurités de l'histoire de notre
temps, et d'en rétablir la vérité.

III. — APPLICATIONS A L'HISTOIRE DE LOUIS XVIII.

Consacrons cette donnée à l'éclaircissement de quelques-
uns des principaux événements politiques contemporains, et
s'ils restent inexplicables sans elle, concluons-en la nécessité
de cette existence.

Le premier incident remarquable est une proclamation du
comte de Provence, datée de Vérone le 14 octobre 1797, dans
laquelle il prend simplement le titre de Régent, au lieu de celui
de Roi qu'il n'aurait pas manqué de se donner s'il n'avait cru
et su faux l'acte de décès du 12 juin 1795. Cette proclamation
est citée dans le *Court Journal* du 24 mars 1832, n° 152,
page 186.

Quatre mois plus tard, en 1798, trois jours avant son enlèvement, le vénérable pape Pie VI, faisant une *allocution* aux
cardinaux assemblés, indique le jeune « Louis Charles de
Normandie comme retiré dans le Bocage, et jouissant alors
d'une parfaite santé. » Le texte de l'allocution existe aux archives du Vatican. Lafont d'Aussonne dans son ouvrage intitulé :
*Lettres anecdotiques et politiques sur les deux départs de la
famille royale en 1815 et 1830, Paris* 1832, a donné de curieux
détails sur la manière dont cette pièce est échappée aux mains
de Louis XVIII. Aucun démenti n'ayant relevé ses assertions,
accompagnées d'ailleurs de circonstances exactes, nous sommes
autorisé à nous en prévaloir. Il est présumable que cette connaissance qu'avait le souverain-pontife de l'évasion du Dauphin, connaissance partagée par les autres souverains de
l'Europe, ne fut pas sans influence sur les indignes traitements
qu'il essuya.

De 1797 à 1802, la conduite des Alliés vis-à-vis du comte de
Provence est inqualifiable s'ils le regardaient comme roi légitime. Fuyant de pays en pays, de ville en ville, il campe
plutôt qu'il ne séjourne à Bruxelles, à Coblentz, à Ham, à
Turin, à Vérone, à Blackembourg, à Mittau, à Hartwell, à

peine lui assigne-t-on une résidence qu'aussitôt il reçoit l'ordre de la quitter. Sans traitement fixe, sans honneurs, c'est un paria plus qu'un souverain, et encore un souverain malheureux. La dignité royale appelle des égards ; l'intérêt même de ceux qui en sont revêtus est de la respecter et de la faire respecter chez les autres. Or nous chercherions vainement les moindres traces de respect dans les mesures dont il est l'objet. Les victoires de la République ne les justifient pas. Tout ce que pouvait exiger la France, c'était son éloignement des frontières et non ces va-et-vient continuels, suspendus seulement à l'époque où les souverains lui accordent des subsides et un asile à Mittau.

Posez en principe l'existence du fils de Louis XVI, tout est clair ; la conduite des souverains est logique : Quels égards doivent-ils au prince qui le premier soulève les notables contre son roi ; qui, dans un intérêt personnel, organise l'émigration pour dépouiller le trône de ses défenseurs ; qui, par ses liaisons avec les ennemis de son frère, hâte sa chute et le mène à l'échafaud, qui, après cette horrible catastrophe, ose écrire à Robespierre : « Vous avez, il est vrai, détruit le soliveau, mais il reste encore beaucoup à faire ; et, tant que le bâtard existera, il n'y aura rien de fait….? » Consultez sur le caractère de Louis XVIII les historiens Montgaillard et Tissot.

Condamnera-t-on maintenant les souverains d'avoir ainsi traité le comte de Provence? Les condamnera-t-on de lui avoir concédé le titre de roi si opiniâtrement, si machiavéliquement convoité? Les condamnera-t-on d'avoir imité la prudence du généreux Condé en gardant le silence le plus absolu sur la conservation du Dauphin ? Les difficultés d'une minorité, d'une régence, peut-être le désir de soustraire la vie du jeune prince aux piéges d'un oncle capable de tout, justifient ces actes.

Il y a plus ; il existe dans les chancelleries de Russie, de Prusse, de Naples et d'Autriche un traité secret du 12 décembre 1802, par lequel ces quatre Puissances accordent au comte de Provence le titre officiel de roi qu'il sollicitait vainement depuis cinq ans, mais sous la condition que, dans ses rapports avec elles, il restera simple régent, et qu'advenant certains cas prévus, il résignera la qualification suprême.

L'auteur de la Biographie du duc de Serra Capriola, imprimée à Paris en 1842, M. Gustave H…, nous a certifié qu'il tenait ces renseignements écrits de la propre main du duc. C'était en effet le duc de Capriola lui-même, alors ambassadeur de Naples en Russie, qui, gagné par les sollicitations du comte de Provence, avait, après de nombreuses conférences, négocié ce traité et converti le titre de régent en celui de roi. Quand les épreuves de la biographie furent soumises à sa correction, la réserve diplomatique reprenant tout-à-coup ses droits, il ordonna de retrancher de la page 4 tout ce qui se rapportait au traité.

Nous pourrions ici sonder les mystères du conciliabule de Chaillot, du fourgon de Keinghlin, relativement à la conspiration de Pichegru et de Moreau, insinuer que le meurtre de l'un et la condamnation de l'autre sont dus à ce qu'ils connaissaient l'existence du Dauphin. L'empoisonnement de Joséphine nous fournirait aussi matière à réflexions; mais n'ayant pas de preuves complètes quant à présent, nous nous abstenons.

Arrivons au traité secret de Paris, en 1814. Il est cité dans le *Court Journal* du 24 mars 1832, n° 152, page 186; nous en extrayons cette clause : « Bien que les hautes puissances contractantes, souveraines alliées, n'aient pas la certitude de la mort du fils de Louis XVI, la situation de l'Europe et les intérêts publics exigent qu'elles placent à la tête du pouvoir en France Louis-Stanislas-Xavier-Joseph, comte de Provence, sous le titre de roi ostensiblement, mais n'étant de fait, dans leurs transactions secrètes, que régent du Royaume, pendant les deux années qui vont suivre, se réservant pendant ce laps de temps d'acquérir toute certitude sur un fait qui déterminera ultérieurement quel doit être le souverain régnant de la France, etc..... »

Toute observation serait superflue, en présence d'une déclaration aussi catégorique.

Cette opinion des alliés contribua nécessairement aux spoliations consacrées par les traités publics de 1814 et de 1815. On pille impunément un monarque intrus; il lui en reste toujours assez; nous dirons : toujours trop. L'honneur avait dicté les réticences des alliés, l'intérêt leur fait abandonner la cause sacrée de l'orphelin du Temple. La France, qui, au traité du 30 mai 1814, se trouvait réduite à ses limites du 1er janvier 1792, sacrifie à celui du 20 novembre 1815 Philippeville, Marienbourg, le duché de Bouillon, Sarrelouis, Saarbruck, les deux rives de la Sarre, une portion de l'Alsace, Landau, etc., les fortifications d'Huningue, et SEPT CENTS MILLIONS d'indemnité. La France devra de plus faire la guerre pour le compte et au bon plaisir des Alliés. Louis XVIII signe tout, ratifie tout. Qu'importe ? pourvu qu'il soit roi.

En 1823 il plaît aux Alliés de déclarer la guerre à l'Espagne; c'est la France qui la fera; c'est la France qui en supportera les frais. Et quand la chambre récalcitrante essaie de regimber, le ministre de Villèle la réduit par ce dilemme assez clair : « guerre en Espagne ou guerre avec le Nord. » La chambre du roi légitime s'incline et adopte. La France à la remorque de l'Europe! La France de Richelieu et de Louis XIV, la France de la République et de l'Empire, vassale des nations que tant de fois elle a fait trembler ! Quelle honte, grand Dieu! Et sitôt que le faible et dernier chef de la fausse légitimité veut échapper à la lisière, il tombe presque sans secousse et disparaît.

N'imaginez pas trouver ailleurs que dans l'existence du fils de Louis XVI la cause de tant de honteuses concessions d'une part, de tant d'exorbitantes prétentions de l'autre. Un roi qui dit : je suis chez moi; je suis roi comme l'étaient mes pères, incorporé à la grandeur, à la gloire de ma nation ; si quelque chose est retranché de l'une, mon patrimoine est diminué ; si l'autre subit la moindre atteinte, l'ignominie s'attache à mon nom ; ce roi-là pense, avec Louis XIV avant Denain, qu'il vaut mieux s'ensevelir au milieu des derniers braves de la France, sous les ruines de son royaume, que de le laisser lâchement démembrer.

Mais si les Puissances rivales abordant un monarque usurpateur lui disent : encore cette portion de territoire, encore ces millions, encore cette démarche humiliante, ou nous mettons au grand jour les preuves de l'existence du véritable héritier du trône ; alors Louis XVIII, alors Charles X, alors Louis-Philippe cèdent et se prosternent ; l'Autriche enferme son prisonnier royal pour étouffer sa protestation de 1816, et toutes les chancelleries, — toutes, — entendez-vous ? — sans excepter celle de Rome, se cadenassent sur les pièces qui pourraient faire éclater la justice et la vérité, mais qui révéleraient en même temps l'inique égoïsme des princes de la terre.

Revenons en arrière : quel obstacle arrête, au moment où ils s'achevaient, les préparatifs du sacre de Louis XVIII? Un tout petit incident que raconte ainsi Lafont d'Aussonne dans son ouvrage déjà cité : « Un envoyé de Rome vint annoncer au roi que, selon bien des apparences, le jeune Dauphin, son neveu, pouvait être du monde, et que, s'il en allait de la sorte, le souverain pontife priait ce monarque de ne point se faire sacrer. »

« Nous avons trouvé, dit l'ambassadeur, dans nos archives restituées par la France, une allocution du pape Pie VI, — celle énoncée plus haut, — qui constate son existence. » — « Où est cette allocution, monsieur ? » — « La voilà, Sire ; elle est signée du feu pape et revêtue du sceau de l'État. » — « Ce n'est là qu'une expédition ; je n'ajoute foi qu'aux originaux. » — « Les archives des souverains, reprit l'ambassadeur, ne se déplacent que par violence ; les nôtres ont beaucoup trop voyagé. » — « J'enverrai donc quelqu'un sur les lieux, reprit le roi, mais c'est une mauvaise difficulté qu'on veut me faire à Rome. Le comité de salut public n'oublia certainement pas de tuer mon neveu de Normandie. Il est bien défunt et je le prouverai. »

Le procès de Mathurin Bruneau fut aussitôt fabriqué; mais le sacre n'en resta pas moins indéfiniment ajourné.

Est-il maintenant difficile d'expliquer pourquoi Louis XVIII s'abstint d'ordonner la célébration d'un service solennel pour son neveu, le mort-vivant du Temple? La crainte de rencontrer chez les évêques l'opposition qui venait d'arrêter son sacre lui épargna cette dernière hypocrisie.

IV. — APPLICATIONS AU FILS DE LOUIS XVI.

Autour de ces considérations générales se groupent des considérations plus intimes tirées, les unes des circonstances du prétendu décès et des procès-verbaux de visite et d'autopsie, les autres de l'état physique et moral de l'enfant, des mesures prises par le Gouvernement d'alors, des révélations de la femme Simon, de la conduite de la famille royale.

1º Desault fut le seul médecin appelé près de l'enfant du Temple qui eût connu le Dauphin antérieurement à l'emprisonnement. Il fait sa première visite dans le courant du mois de mai, manifeste, dit-on, son étonnement de ce que le prisonnier n'est plus le fils de Louis XVI, reçoit de quelques conventionnels une invitation à dîner, et meurt empoisonné le 1er juin.

2º Le docteur Pelletan, et, presqu'en même temps, le docteur Dumangin lui succèdent. Ils n'ont jamais approché du royal enfant ; et c'est de leur témoignage que s'étayent les partisans de sa mort.

3º Ils s'adjoignent pour l'autopsie MM. Lassus et Jeanroy. Seul de ces quatre médecins, M. Lassus avait vu le jeune prince à Versailles. Pelletan et Dumangin dressent le procès-verbal en ces termes : « Nous avons trouvé dans un lit le corps mort d'un enfant qui nous a paru âgé d'environ dix ans, que les commissaires nous ont dit être celui du fils de défunt Louis Capet, et que deux d'entre nous ont reconnu pour être l'enfant auquel ils donnaient des soins depuis quelques jours. »

Ne voilà-t-il pas une identité sérieusement constatée par des commissaires qui changeaient chaque jour, et qui, la plupart, n'avaient jamais eu de relations avec celui qu'ils disaient être le fils de Capet? Pelletan et Dumangin n'affirment qu'un fait, savoir : que l'enfant mort est celui auquel ils donnaient des soins depuis deux jours. Cela prouve-t-il qu'il fût le Dauphin ? M. Lassus qui eût pu l'attester se tait. Plus tard, même, Dumangin publia contre Pelletan la réfutation d'une note explicative de ce dernier.

4º L'enfant était dans une pièce obscure. Donc il était facile de se méprendre sur sa physionomie.

5º Les médecins attribuent sa mort à un vice scrofuleux depuis longtemps développé. — Il devait, en conséquence, être depuis longtemps malade ; comment donc ne les dési-

gna-t-on pour le soigner que peu de jours avant le décès ?
D'ailleurs les maladies scrofuleuses ne se développent pas si
vite. A cet âge, elles n'ont de caractère mortel qu'autant
qu'elles sont congéniales : et qui jamais avait ouï dire que
le Dauphin était scrofuleux ?

D'autre part :

6° L'enfant vu au Temple ne parlait pas : le Dauphin était
vif et gai. Deux ans de prison, quelqu'impitoyable qu'en soit
le geôlier, ne rendent pas muet un enfant de dix ans dont
la langue était jusque-là parfaitement déliée.

7° En même temps qu'on publiait l'acte de décès, qu'on le
lisait à la Convention, un ordre secret prescrivait l'arrestation de tout enfant de l'âge du Dauphin. Chazal, Courtois,
l'eurent entre les mains. Le fougueux Reverchon, bouleversé
de cette évasion, la révélait à un député de son pays.

8° La femme Simon a souvent avoué pendant son séjour
aux Incurables l'évasion et la conservation du prince. Il
était venu la voir en 1802.

9° En 1816, un personnage fut présenté en cette qualité
à la duchesse d'Angoulême dans le parc de Versailles.

10° Aucun service funèbre n'a été publiquement ordonné
pour le Dauphin, mort roi selon les principes monarchiques.
Pourquoi cette différence entre le jeune prince et ses parents
victimes des mêmes excès ?

11° M. Pelletan avait conservé le cœur de l'enfant du Temple.
A la Restauration, il l'offre à la duchesse d'Angoulême qui
le refuse. Elle n'est pas, dit-elle, sûre que ce soit celui de son
frère.

Ainsi, sa famille n'est pas assez certaine de sa mort pour
commander son service funèbre, et recevoir comme sien le
cœur présenté ; donc l'acte de décès et les procès-verbaux de
visite et d'autopsie n'ont à ses yeux aucune valeur ; et l'histoire oserait faire de ces titres une preuve irréfragable !...

S'il n'est pas mort au Temple, il est mort ailleurs, ou il
existe quelque part. Un enfant de cette importance ne disparaît pas complètement inaperçu. Les intéressés n'ont jamais produit d'autre acte de décès que celui du 12 juin 1795.
On vient de voir ce qu'il vaut.

Le fils de Louis XVI existe donc.

Où est-il ?

Qui est-il ?

V. — OBJECTIONS SPÉCIALES.

Les objections dirigées contre l'évasion et la conservation
du Dauphin se réduisent à celles-ci :

« L'acte de décès est authentique ;

« L'évasion est incroyable, impossible ; le gouvernement
avait trop d'intérêt à l'empêcher ;

« S'il s'était évadé, il aurait reparu depuis, et n'aurait pas attendu jusqu'à ce moment à revendiquer son nom ;

«Le caractère religieux de la duchesse d'Angoulème exclut toute espèce de probabilité de conservation, car si le prince son frère existait, elle l'aurait reconnu ;

« On offre des présomptions et point de preuves ;

« Il y a eu une foule de faux dauphins ;

« En supposant même son existence avérée, pourquoi s'en occuper ? Pourquoi produire un prétendant de plus? Pourquoi compliquer les difficultés politiques déjà si nombreuses ? Il vit... S'il aime sa patrie... qu'il reste dans l'obscurité ! »

Tel est le langage le plus raisonnable que tiennent les antagonistes du fils de Louis XVI, quand ils ne rient pas au nez des défenseurs de sa cause.

Il n'est pas difficile de leur répondre :

L'acte de décès que vous invoquez ne signifie absolument rien ; il atteste la mort d'un enfant au Temple, soit ; mais cet enfant n'était point le fils de Louis XVI ; c'était un enfant substitué ; nous le prouverons.

L'évasion, favorisée par la femme du geôlier du Temple, cessait d'ètre impraticable ; effectuée, elle a été connue de quelques membres du Gouvernement qui ont dû la cacher par tous les moyens, et le meilleur était de faire semblant de croire à l'identité de l'enfant substitué, et d'inscrire son acte de décès au nom du Dauphin. Ils couvraient ainsi leur responsabilité vis-à-vis des républicains. On publia donc officiellement la mort, sans craindre un démenti de l'ambitieux Comte de Provence. Mais, en même temps, on commit la maladresse de rechercher le prince échappé.

En tenant compte des circonstances exceptionnelles dans lesquelles s'est trouvé le Dauphin, des dangers auxquels l'exposait une réclamation d'état, de ses expatriations, de ses emprisonnements, des spoliations de titres dont il a été victime, du dénûment dans lequel on l'a tenu, de l'hostilité fatale de sa famille et des souverains alliés qui profitaient de ses dépouilles, on se convaincra qu'il ne pouvait réclamer. Il l'a fait cependant, à plusieurs reprises, en 1816, 1830, 1848, et les persécutions ou l'indifférence ont étouffé sa voix.

L'inaction et le silence de la duchesse d'Angoulème sont graves, sans doute, quand on pense à la réputation religieuse dont elle jouit. Mais l'expérience apprend qu'en politique la religion, même celle qui n'est pas un manteau, cède à des considérations tout humaines. Ainsi, madame la Dauphine put céder aux violences ou aux menées de Louis XVIII, aux exigences des Puissances étrangères, au désir d'occuper le trône, à son antipathie pour les idées libérales que son frère était accusé de professer, aux suggestions de conseillers habiles à calmer les consciences de Cour, à la honte de dévoiler l'égoïsme des Alliés et de sa famille, d'avouer que la Restauration n'a été qu'une usurpation déloyale, et qu'elle-même a sciemment concouru à dépouiller et à abandonner son frère.

Ce ne sont pas des présomptions seulement qui militent en faveur de l'existence du fils de Louis XVI, ce sont des preuves nombreuses, précises, concordantes. L'affirmation de la femme Simon, soutenue d'une foule de témoignages, les aveux arrachés ou spontanés de la famille royale et des grands, ne sont-ce que des présomptions ?

De ce qu'il y a eu de faux Dauphins, il n'est pas logique de conclure que le véritable n'existe pas. La conclusion contraire serait plus exacte. S'il s'en présentait, c'est qu'il y avait des doutes, des bruits d'évasion et de conservation ; et, dès-lors, n'était-il pas étrange de voir que la famille royale, assez peu certaine du décès du Dauphin pour refuser son prétendu cœur offert par Pelletan et pour n'oser célébrer son service, ne fît et n'ordonnât aucunes investigations ? Elle savait trop bien à quoi s'en tenir. Ce n'est pas sa faute, ni celle de ses amis, s'il n'y a pas eu plus de faux Dauphins. Ceux qui observeront que l'apparition de ces fantômes coïncidait toujours avec quelques rumeurs annonçant la présence ou les réclamations du fils de Louis XVI, reconnaîtront sans peine la mise en scène, l'esprit et les renseignements des différentes polices, soit qu'il s'agisse d'Hervagault et de Bruneau, soit qu'il s'agisse de Naündorff. Nous ne parlons pas des fous. L'intérêt des Gouvernements, dans ces sortes de comédies, se comprend de reste. Donc, au lieu d'infirmer, les imposteurs confirment l'existence du Dauphin.

Les prétextes de prétendance et de complication disparaissent devant une considération morale d'un ordre autrement élevé. La probité, la justice, l'humanité, les devoirs les plus sacrés de la conscience admettent-ils des restrictions de circonstance ? L'orphelin est-il moins dépouillé parce qu'un premier usurpateur s'est emparé de son patrimoine, et que deux ou trois autres se disputent la succession du spoliateur ? Le fils de Louis XVI, d'ailleurs, n'est point prétendant et ne saurait l'être. Avec les principes nationaux de son père, il a l'expérience de soixante années de convulsions, pendant lesquelles le peuple a souvent montré qu'il était libre de choisir ses chefs. Convaincu de ce droit élémentaire, à quel titre se porterait-il prétendant ? Le peuple seul, par ses suffrages, peut créer des prétendants et leur confier le gouvernement. Jusqu'à ce moment le fils de Louis XVI n'a droit qu'à revendiquer son nom et ses biens. Mais, admettant même que, reconnu, il se portât prétendant, sa prétendance, loin de compliquer la situation, la simplifierait; car devant le fils de Louis XVI quelle prétendance oserait se produire ?

Résumons-nous :

Dans ce préambule, assez de jalons sont plantés sur la voie déjà parcourue de notre siècle. Laissons au lecteur impartial le soin de les multiplier. Il peut à leur aide marcher sans crainte d'égarer ses investigations.

A ceux qui n'accordent pas aux combinaisons humaines la force de diriger, de maîtriser les événements ; qui voient au-dessus de l'agitation des peuples une main divine tenant le fil du mouvement général, punissant les nations par les rois, les rois par les nations, — nous avouons franchement qu'en présence des hautes et continuelles leçons de l'histoire, toute autre opinion nous semble folle et mesquine ; — à ceux-là, nous disons : ouvrez les yeux, regardez 93, 1814, 1815, 1830, 1848 ; appliquez aux gouvernants et aux gouvernés les princi-pes de l'éternelle justice ; et décidez s'ils n'ont pas été châtiés pour une grande iniquité commise, « la spoliation des biens, du nom, et de l'existence du fils de Louis XVI. » Nulle autre explication ne fournira le motif raisonnable de tant de cala-mités.

VI. — DISPOSITION DU LIVRE.

Ceci posé, développons notre plan de travail.

Les preuves que je vais produire à l'appui de l'existence du Dauphin consistent en certificats signés des déclarants, ou écrits de leur main, légalisés quand il a été possible d'obtenir des officiers civils une légalisation qu'il est de leur devoir de donner toujours, mais que toujours ils refusent, à Paris du moins, par ordre sans doute. Les certificats qui n'ont pu jouir de ce bénéfice ont été reçus en présence de témoins honorables. Plusieurs noms sont indiqués en toutes lettres, d'autres par des initiales. C'était l'unique moyen de rassurer certaines personnes dans ces temps d'instabilité. Sur ce qu'un honnête homme a de plus respectable, j'affirme qu'aucun de ces certificats, à ma connaissance, n'est dû aux complaisances ou à l'obsession. De la part d'un orphelin, dépouillé de tout, il n'y a pas de corruption à craindre, comme il n'y a point en sa faveur de bienveillance à espérer.

Quelques pièces émanent de l'Autorité. Elles sont peu nom-breuses : on le conçoit dans cette cause. La moralité et la sûreté du gouvernement d'alors et de ses successeurs en pro-bité, les gouvernements de la Restauration et de Louis-Phi-lippe, exigeaient impérieusement l'anéantissement de toute trace écrite. S'il en est échappé à leurs investigations, ce n'est pas leur faute ; la Providence a déconcerté leurs des-seins.

Pour démontrer la vérité d'un fait ordinaire, la loi se con-tente de deux témoignages. Ici j'en ai par centaines. Je choi-sirai les plus concluants que je rapporterai en entier ; j'extrairai des autres les passages essentiels. A leur autorité j'ajouterai celle de quelques écrivains. On ne saurait prendre trop de précautions et accumuler trop de preuves pour un événement qui cause à lui seul une révolution historique.

Je ne demande qu'une faveur au public, c'est qu'il se dépouille de toute prévention, qu'il se pose en juge, qu'il examine et qu'il décide. J'ai examiné sans intérêt et sans passion ; je suis convaincu ; pourquoi ne le serait-il pas ?

Voici l'ordre que je suivrai :

1º Évasion du Temple ;

2º Substitution ;

3º Empoisonnement du docteur Desault ;

4º Mort de l'enfant substitué ;

5º Poursuites du Dauphin par l'Autorité ;

6º Premier asile du Dauphin ;

7º Le Dauphin en Vendée,

8º A l'armée de Condé ;

9º En Égypte, en Italie, en France,

10º Présenté à la duchesse d'Angoulême,

11º Dans la prison de Milan ;

12º Opinion de la famille royale et de quelques grands personnages sur l'existence du Dauphin ;

13º Identité du fils de Louis XVI avec M. le baron de Richemont ;

14º Procès de M. de Richemont en 1834 ;

15º Voyage du fils de Louis XVI à Gaëte, près du souverain pontife ;

16º Intrigues vieilles et nouvelles contre le fils de Louis XVI ;

17º Conclusion.

DÉCLARATION RELATIVE AUX CERTIFICATS.

Les soussignés, prenant Dieu à témoin de leur sincérité, déclarent que tous les certificats, sans exception, cités dans cet ouvrage, émanent réellement des signataires auxquels ils sont attribués, désignés par des initiales ou par les noms ; qu'ils les ont vus, lus, tenus entre leurs mains ; qu'ils en connaissent ou qu'ils en ont connu les auteurs vivants ou morts, soit personnellement, soit par des intermédiaires dignes de foi.

Paris, le 1er octobre 1851.

J. Suvigny, avocat ; Foyatier, sculpteur, membre de l'Institut historique ; Noyer et Pascal, médecins.

Entrons en matière.

PREUVES DE L'EXISTENCE

DU

FILS DE LOUIS XVI.

—◆—

CHAPITRE PREMIER.

ÉVASION DU TEMPLE.

Ce n'est pas une opinion nouvelle que celle de l'évasion et de la conservation du fils de Louis XVI ; traditionnelle dans un grand nombre de familles, populaire à certaines époques, quelquefois personnifiée par l'apparition de faux Dauphins, admise assez facilement par la masse, elle est repoussée obstinément et sans examen par l'esprit de parti. Elle a laissé cependant des traces assez profondes pour fixer l'attention. Dès l'année 1793, et pendant les années 1794 et 95 le bruit de l'enlèvement se répandit. Il fit sensation, car des Conventionnels se crurent obligés de monter à la tribune et de le démentir. Au moment du décès prétendu, il prit une consistance telle que la Convention, détruisant elle-même son œuvre, rendit un décret ordonnant de poursuivre « le fils de Capet échappé. »

Le jeune Dauphin fut en effet sauvé. Était-il possible qu'au milieu de cette épouvantable crise, aussi fertile en dévoûments

sublimes qu'en odieuses barbaries, il ne se trouvât personne
capable de disputer au bourreau cette innocente victime?
Condé veillait sur elle ; MM. de Frotté et Ojardias le secon-
daient; l'enlèvement fut opéré.

Preuves.

PIÈCE 1. —La dame B... P..., veuve St.-M..., demeurant à
Paris, rue de Sèvres, n°..., le 2 septembre 1848, déclare :

« A l'époque de l'enlèvement du Dauphin du Temple, en
janvier 1794, M. PERRÈS m'a certifié et juré qu'il avait lui-
même concouru à cet enlèvement, et que le jeune prince avait
été mis en lieu de sûreté. Il est entré dans beaucoup de détails que je ne me rappelle pas ; je sais seulement qu'il était
question d'un perron de la tour du Temple. Ce monsieur demeurait à Passy ; il venait souvent nous faire des commandes
relatives à notre commerce, nous parlait fréquemment des
événements de cette époque et de son attachement à la famille de Louis XVI. Tout-à-coup il cessa de venir. On m'a dit
qu'il était mort d'une manière mystérieuse. »

« Certifié véritable :

« FOYATIER, MAGINAM. »

PIÈCE 2. —M.ᵉ Arnault, propriétaire, demeurant à Triel, déclare le 9 septembre 1840 :

« Faisant partie de la garde nationale de Paris, je me trouvais de service au Temple au commencement de l'année 1794,
sans pouvoir préciser le jour ; au moment où, pour entrer,
nous défilions par le guichet qui conduit à la tour du Temple,
j'ai vu un homme portant un cheval de carton sur son épaule
et rangé de côté dans le guichet, attendant pour sortir que
nous eussions passé. »

PIÈCE 3. —M. R..., homme honorable à tous égards, écrit :

« Je me rappelle parfaitement avoir entendu dire à ma
mère qu'à l'époque où l'on parlait de la mort de Louis XVII,
juin 1795, elle avait eu une conversation très rassurante à ce
sujet avec sa cousine, madame R..., femme d'un ancien valet
de chambre de Madame, comtesse de Provence, épouse du
prince qui fut depuis Louis XVIII. Cette cousine demeurait à
Versailles. Elle vint à Paris chez ma mère tout exprès pour lui
dire : « Rassurez-vous, le jeune prince est sauvé; » je le tiens
de bonne source.

« Paris, 22 juin 1850.   « Signé : R... »

Pièce 4.—Madame Joubert dit :

« Attachée à la famille de Louis XVI par principes, j'ai suivi avec intérêt tout ce qui avait rapport à ces malheureuses victimes de nos discordes civiles.

« La mort du Dauphin a été proclamée à Paris ; mais, à cette époque, j'ai appris le contraire ; ma sœur aînée avait l'avantage d'être reçue chez madame de Beauharnais, et m'a répété « qu'elle avait entendu de sa bouche que le Dauphin n'était pas mort au Temple, qu'elle l'avait vu le jour de son enlèvement.

« Les publications qui ont eu lieu depuis quelque temps ne me surprennent pas : « Il est constant pour moi que le fils de Louis XVI n'est pas mort au Temple. »

« Fait en présence de madame S..., à Montrouge.

« Signé : A. H. Hulot, femme Joubert,
« née le 25 mars 1767.

« Route d'Orléans, 34. — 27 juillet 1850. »

Pièce 5. — Certificat de madame R... ve L...

« Je soussigné, M..., prêtre, ayant appris que Mme veuve L..., née Marie-Catherine-Henriette R..., demeurant rue du Canivet, n. 4, à Paris, avait connu l'évasion du fils de Louis XVI de la tour du Temple, me suis transporté chez elle le 9 du courant, avec M. C..., habitant à Paris, rue Cassette, n. 8, depuis quelques mois ; et aujourd'hui, avec le même M. C... et M. Pascal, docteur médecin, demeurant rue de l'École-de-Médecine, n. 12 ;

« Mme L... nous a dit habiter ladite maison de la rue du Canivet depuis dix ans, être âgée de 80 ans, et se porter bien, sauf la faiblesse des jambes qui ne lui permet pas d'aller et venir.

« Cette respectable dame nous a paru jouir de la plénitude de ses facultés morales et intellectuelles, ainsi que de l'estime et de la considération de tous ses voisins. Nous avons reconnu en elle un caractère supérieur, actif, intelligent, qui en fait le conseil amical et bienveillant de tous ses voisins.

« Elle nous a raconté avec la plus parfaite conviction,

« Qu'étant femme de confiance de madame la marquise de Genovil, elle avait vu souvent, avant le 10 août 1793, le Dauphin, fils de Louis XVI, au jardin des Tuileries; que, jouant avec son lapin blanc, il l'appelait *Aristocrate*. Elle nous a montré un médaillon qu'elle garde précieusement, et qui représente le duc de Normandie à l'âge de huit ans ;

« Qu'en 1793 et 1794, étant mariée à M. L..., et habitant rue du Temple, n° 126, en face même du Temple, elle avait des nouvelles de la famille royale et du jeune prince par les personnes qui les voyaient; qu'elle vit un jour, dans l'après-midi, elle ne sait à quelle époque de l'année 1794, une voiture s'arrêter à la porte du Temple; quatre hommes en descendirent et détachèrent de dessus la voiture un grand cheval de carton, ayant bien quatre pieds et demi de long. Ils l'entrèrent dans le Temple, et bientôt après ils l'en ressortirent, le rattachèrent de nouveau sur la voiture, montèrent dedans, et s'en allèrent au grand galop du côté du boulevart; elle vit la voiture jusqu'à la hauteur de la rue Meslay;

« Que des personnes employées au Temple dirent à l'un de ces quatre hommes, ainsi qu'elle l'apprit le même jour des personnes qui l'avaient entendu : — Tu remportes donc ton cheval de carton ? et qu'il répondit : — Hé! il fait des cris de Merlusine; ça lui fait peur; il faut bien que je le remporte !

« Que madame Bertrand, rentière, demeurant aussi rue du Temple, qu'elle connaissait beaucoup, et qui avait pour amie une dame de Vitry, croit-elle, laquelle avait été nourrice du fils de Louis XVI, lui raconta quelque temps plus tard, « que cette nourrice avait été mandée au Temple pour reconnaître son élève, qu'en présence de l'enfant on lui demanda : — « Reconnais-tu ton élève? — Non, répondit-elle; mon élève avait les cheveux blonds, celui-ci les a rouges; mon élève avait les yeux bleus, celui-ci les a noirs. — Tu peux te tromper, nourrice, les cheveux changent, lui dit-on. — Oui, répondit-elle, mais les cheveux blonds ne deviennent pas rouges et les yeux bleus ne deviennent pas noirs. »

« Que madame Bertrand, chez qui la nourrice était descendue avant d'entrer au Temple, chez qui elle revint en sortant, avait su d'elle cette anecdote le même jour;

« Que depuis elle a revu et reconnu le fils de Louis XVI chez Mme Lefèvre, rue de la Grande-Chaumière, n. 3, en 1847, et souvent depuis à l'église de Saint-Sulpice.

« En effet, la description qu'elle nous en a faite est exactement celle de M. de Richemont; elle le reconnaît également dans la médaille frappée par M. Houselot.

« Mme L... a entendu lecture de la pièce ci-dessus, l'a approuvée et signée avec nous, en présence de MM. Lemoine, principal locataire de la maison rue du Canivet, n. 4, et y habitant, Naret, cuisinier, rue des Marais-Saint-Germain, n. 18, qui ont signé avec nous.

« Fait à Paris, ce 12 février 1848.

« J'approuve l'écriture ci-dessus et son contenu.

« Signé : Veuve L...

« Et plus bas : LEMOINE, NARET, PASCAL, C..., l'abbé M...

PIÈCE 6.—Madame veuve Chauvet de Beauregard, demeurant à Versailles, rue de l'Orangerie, 52, le 17 janvier 1832, déclare :

« A l'époque du procès de Mathurin Bruneau, une personne de mes amies m'engagea à aller aux Incurables pour y voir la femme Simon. Nous nous y rendîmes ensemble. La femme Simon nous assura que le Dauphin avait été enlevé du Temple, qu'elle l'avait vu depuis et parfaitement reconnu : elle ajouta qu'elle avait eu la visite de madame la duchesse d'Angoulême. Cette princesse, nous dit-elle, ne m'avait point fait avertir de sa visite, et vint me voir dans une toilette très simple qui ne pouvait pas me faire deviner son rang. Elle demanda s'il était vrai que je disais à qui voulait l'entendre que le Dauphin n'était pas mort au Temple. Je lui répondis : « non-seulement il n'est pas mort » au Temple, mais je l'ai revu depuis et parfaitement reconnu — Bah ! me dit la princesse, vous voulez plaisanter. Comment serait-il possible que vous eussiez reconnu un enfant que vous avez quitté si jeune ? — Cela vous étonne, madame ; que diriez-vous donc si je vous disais que je reconnais en vous la sœur du Dauphin, malgré la simplicité de vos habits, et que je ne vous aie pas revue depuis un temps beaucoup plus long ? »

« A cette réponse, ajouta la Simon, la princesse me tourna le dos et se retira.

« La religieuse qui nous avait accompagnées dans le petit cabinet où se trouvait la femme Simon, nous dit que ce que cette femme venait de nous rapporter de sa conversation avec la princesse était exact, et qu'elle avait eu lieu devant madame la supérieure.

« J'ajouterai que la femme Simon jouissait à cette époque de toutes ses facultés intellectuelles ; seulement elle était attaquée d'un asthme qui la forçait quelquefois d'interrompre sa conversation. »

PIÈCE 7. — M. Noyer, médecin, demeurant à Paris, rue Childebert, n° 4, déclare :

« Depuis quelques années j'avais entendu parler de l'existence du fils du roi martyr, sans y prêter aucune attention. Il y a environ un an, cette existence me fut certifiée par une personne qui mérite toute ma confiance, et qui m'assura que sa conviction était basée sur des faits authentiques, qui prouvaient que l'innocente victime avait été réellement sauvée de la prison du Temple. Cette personne me parla, entre autres choses, d'une entrevue qui avait eu lieu dans l'hospice des Incurables entre ce personnage et la femme Simon, veuve de l'ancien gardien de l'enfant royal.

« Désirant m'assurer autant que possible de la réalité de

cette entrevue, je me transportai à cet hospice le 25 mai 1846, jour de la Fête-Dieu, et je demandai à parler à la sœur la plus ancienne de la maison. Introduit au parloir, je vis bientôt venir sœur Sainte-Catherine, à laquelle je demandai si elle était la plus ancienne; elle me répondit que c'était sœur Sainte-Hélène, et qu'elle allait la chercher; en effet, sœur Sainte-Catherine revint bientôt avec la sœur Hélène. Ayant demandé à cette dernière si elle avait connu la femme Simon : « Parfaitement, me dit-elle, quoiqu'elle ne fût pas dans ma salle, mais dans celle de sœur Marie, encore existante, quoiqu'elle ne soit plus dans la maison.»

« Comme je lui adressais d'autres questions, elle refusa d'y répondre, parce que les règlements et ses devoirs lui faisaient une obligation de silence... Je la priai alors, au nom de la charité chrétienne, de me dire si, pendant le séjour de la Simon dans cet hospice, elle avait toujours conservé sa raison et pratiqué sa religion. Sœur Hélène me répondit « que cette femme avait joui de ses facultés intellectuelles jusqu'au dernier moment de son existence; » qu'elle avait exactement et habituellement rempli ses devoirs de religion; seulement, chaque fois que ses compagnes lui parlaient de la part qu'elle avait prise aux tourments et à la mort du fils de Louis XVI, reproche qu'on lui adressait souvent, elle entrait dans une grande colère, et soutenait « que cet enfant n'était point mort, et qu'elle avait elle-même contribué à le faire enlever du Temple. » Sœur Hélène ajouta que sœur Marie lui avait raconté qu'un jour la femme Simon était dans un ravissement inexprimable, et qu'elle ne cessait de répéter: « Je vous l'avais bien dit qu'il n'était pas mort: je l'ai revu, mon Charles.... » c'est le nom qu'elle donnait à l'enfant royal. — Quel Charles? lui dit-on. — Mon Charles!... Eh bien ! mon Dieu, le Dauphin !... « Il est venu me voir! Je l'ai bien reconnu! Et puis il a reconnu le couvre-pieds de mon lit; c'est précisément celui que j'avais au Temple ! » La femme Simon a assuré n'avoir jamais parlé de ce couvre-pieds à qui que ce fût.

« Je fais la déclaration de ce qui s'est passé entre moi et la sœur Hélène, simplement pour l'acquit de ma conscience, et parce que c'est la pure vérité.

« Paris, le 10 avril 1846.

« Signé: Noyer,

« M. P. »

Pièce 8. — M. le docteur Remusat a déposé devant la Cour d'assises de la Seine, le 2 novembre 1834 :

« En 1814 j'étais interne à l'hospice des Incurables, à Paris. Un jour, en faisant mon service ordinaire dans une des salles de cet hôpital, où se trouvait une femme qu'on appelait madame Simon, je l'entendis se plaindre du régime de l'hôpital. Elle ajouta : « Si mes enfants avaient connaissance de ma position, certainement ils viendraient à mon secours. » Est-ce que vous avez des enfants? lui demandai-je. « Non, répondit-elle, mais je les aime comme mes enfants propres; ce sont mes chers petits Bourbons, car j'ai été gouvernante des enfants de France. » Cette qualification m'étonna dans une personne qui me paraissait assez mal élevée. Elle me dit que son mari avait été concierge au Temple, et qu'elle était gardienne des enfants. Je lui objectai que le Dauphin était mort. Elle répondit «qu'elle avait contribué à le faire sauver dans un paquet de linge ou autrement. » A la pharmacie, une des sœurs m'a dit qu'en effet c'était la femme du nommé Simon, fameux concierge du Temple. »

Pièce 9.—Le 1er novembre 1842, madame veuve Rémusat ajoutait à la déposition de son mari :

« Qu'il avait omis de relater que la femme Simon lui avait dit dans le temps : que le Dauphin n'était pas mort au Temple ; qu'il avait été enlevé dans du linge ou un cheval de carton, et que c'était elle qui avait favorisé l'évasion. »

Pièce 10. — Le 19 septembre 1843, madame Digney, née Boulanger, demeurant à Paris, rue du Battoir-Saint-André 10, déclare :

« En 1815, madame Joly, l'une de mes amies, m'ayant engagée à l'accompagner à l'hospice des Incurables, nous nous y rendîmes ensemble ; arrivées toutes les deux auprès de la femme Simon, veuve du geôlier du fils de Louis XVI, nous l'interrogeâmes sur ce qui s'était passé au Temple pendant son séjour dans cette prison. Cette femme nous dit : « que le Dauphin n'était pas mort ; qu'elle avait contribué à le faire évader, et qu'il fut enlevé dans un paquet de linge….. » Ladite femme Simon nous assura en outre: «que le jeune prince n'était pas mort, puisqu'elle l'avait revu depuis. Qu'on les avait faits plus noirs qu'ils n'étaient ; que, d'ailleurs, il fallait bien conserver leur place, et que le Dauphin ne se plaindrait pas de ceux qui avaient contribué à le faire sortir du temple et à le sauver, etc., etc. »

Pièce 11. — Le 22 novembre 1848, Marie G….., pensionnaire à l'hospice Larochefoucaud, déclare :

« De 1810 à 1815 j'ai beaucoup connu, fréquenté et servi à l'hospice des Incurables la femme Simon ; je lui ai souvent entendu dire ce qu'elle disait à tout le monde, «que le Dauphin n'était pas mort, qu'elle avait contribué à le sauver, qu'elle était bien sûre qu'il existait, » et qu'on le reverrait un jour sur le trône ; la duchesse d'Angoulême est venue la voir ; elle a été plusieurs fois conduite aux Tuileries ; une dernière fois

elle a été enlevée dans un équipage, et quand elle fut reve-
nue, elle disait à ceux qui lui parlaient du prince : « Ne me
parlez pas de ça, je ne puis plus rien dire ; il y va de ma vie. »
J'ai appris de personnes respectables et encore vivantes qui
avaient assisté la femme Simon à ses derniers moments qu'elle
déclara, sur la demande qu'on lui en fit, « qu'étant prête à
paraître devant Dieu qui allait la juger, elle maintenait et affirmait de nouveau tout ce qu'elle avait dit concernant le
Dauphin, fils de Louis XVI. »

« Vu pour légalisation de la signature de Marie G...
« Le maire de Mont-Rouge, RADET. »

PIÈCE 12. — M. l'abbé M... déclare :

« Ayant appris qu'il existe encore plusieurs sœurs de Saint-
Vincent-de-Paul, qui ont connu et servi la femme Simon
aux Incurables femmes, j'ai demandé à M. le supérieur-
général des Lazaristes l'autorisation de recueillir leur témoignage, et je me suis transporté à cet effet, le mercredi 6, le
lundi 15 du courant, et aujourd'hui, aux Incurables, rue de
Sèvres, avec mon confrère et ami M. l'abbé A...

« Mme la supérieure de la communauté, attachée au service de cet hospice, a fait venir devant nous les vénérables
sœurs qui ont connu la femme de Simon, qui fut gardien,
à la tour du Temple, de Louis-Charles de France, fils de
Louis XVI, après la mort du roi martyr.

« Ces dignes sœurs sont :

« 1o Sœur Lucie J.... attachée à cet hospice depuis 1810 ;
« 2o Sœur Euphrasie B.... depuis 1811 ;
« 3o Sœur Catherine M.... depuis 1813 ;
« 4o Sœur Marianne E.... aussi depuis 1813.

« Toutes attestent avoir connu la femme Simon, et lui avoir
entendu dire ce qu'elle répétait sans cesse à tout le monde :
« que le jeune prince n'était pas mort, et qu'elle avait contribué à le sauver. »

« Elles disent que fréquemment ses compagnes reprochaient
à la Simon d'avoir fait souffrir le jeune prince et de l'avoir fait
mourir. Alors elle s'emportait, elle criait que ce n'était pas
vrai, qu'elle l'avait au contraire souvent défendu contre les
mauvais traitements que son mari lui faisait subir, « qu'elle
l'avait sauvé et qu'il était vivan t. »

« Sœur Catherine dit que la femme Simon se servait alors
de ces expressions : « Oui je l'ai sauvé, il est vivant, j'en suis
sûre, j'en mettrais ma tête sur le billot, je lui ai épargné bien
des maux et rendu de bien grands services. »

« La même sœur Catherine dit avoir appris de défunte sœur
Augustine, qui avait été chargée de la salle où était la femme
Simon, qu'elle connaissait plus intimement que les autres

sœurs, « que vers 1816, il vint aux Incurables deux jeunes gens qui entrèrent dans le cabinet de la femme Simon, qui n'y était pas; qu'en s'en retournant l'un d'eux dit à l'autre : « Voilà le couvre-pieds; » et que la Simon arrivant s'écria : « Tiens : serait-ce mon Charles! serait-ce possible ! etc. »

« Toutes disent que le couvre-pieds en question était fond rouge avec des fleurs blanches et bleues.

« Sœur Lucie dit avoir souvent entendu la femme Simon parler de l'existence du prince, et qu'elle lui disait entre autres choses : « Vous êtes jeunes, vous, vous le verrez sur le trône, mais moi je suis vieille et je ne le verrai pas. »

« Sœur Marianne, qui, elle aussi, a été chargée du service de la salle où était la femme Simon, dit que cette femme a souvent voulu lui raconter tout son secret, et qu'elle lui disait en pleurant : « Ma sœur, mon petit poupon n'est pas mort. Ecoutez-moi; venez que je vous dise quelque chose, etc.» Mais elle la renvoyait à sa supérieure, et n'a jamais voulu l'entendre.

« Sœur Euphrasie dit avoir souvent entendu la femme Simon se plaindre. Elle disait alors : « Ho ! si j'avais mon petit Louis, je ne serais pas si malheureuse. »

« Sœur Catherine dit que défunte sœur Augustine lui racontait, d'après la Simon, comment eut lieu l'enlèvement de la tour du Temple, qui se faisait par les ordres du prince de Condé : « On amena dans une voiture plusieurs meubles, une manne d'osier à double fond, un cheval de carton et plusieurs joujoux dans la manne pour amuser le prince. Du cheval de carton on sortit l'enfant qu'on substitua au prince, et l'on mit celui-ci dans un paquet de linge sale qu'on mit dans la voiture avec la manne, et l'on tassa le linge sale de la Simon par dessus. La femme Simon était très occupée; elle déménageait du Temple; quand il fallut sortir, les gardiens voulaient visiter la voiture, mais la femme Simon se gendarma, les bouscula, criant que c'était son linge sale, et on la laissa passer. »

« Sœur Catherine dit encore qu'elle était à genoux au pied du lit de la femme Simon lorsqu'on lui administra les derniers sacrements, et que le prêtre ayant demandé à la malade si elle n'avait rien qui l'inquiétât, etc., elle entendit de la réponse de la femme Simon ces mots : « Je dirai toujours ce que j'ai dit. » Qu'ayant demandé à sœur Augustine, qui avait mieux entendu et qui était intime avec la femme Simon, ce que cela signifiait, sœur Augustine lui dit : « Qu'en présence des sacrements et de la mort la femme Simon avait voulu confirmer le témoignage qu'elle n'avait cessé de rendre à l'évasion de la Tour du Temple et à l'existence du prince dont la garde lui avait été confiée. »

« J'ai ensuite adressé à ces vénérables sœurs les questions

suivantes, que je rapporte avec les réponses qui y ont été faites unanimement :

« La femme Simon était-elle folle ? — Non, non, il n'y en a jamais eu aucun signe. — Était-elle imbécille ou idiote ? — Non ; elle n'était pas imbécille, non. — Avait-elle sa tête ?.. — Oui, elle avait sa tête.., et n'a jamais fait aucune extravagance ; seulement elle avait, sur la fin de sa vie, des absences à cause de son grand âge. — Avait-elle du bon sens ? — Oui, elle avait le bon sens naturel et un bon cœur. — Avait-elle de l'ordre et de la tenue dans sa conduite ? — Oui, elle était propre, à part les inconvénients de son asthme, et toujours la même ; elle approchait des sacrements au moins cinq ou six fois par an. Elle est morte très chrétiennement. — N'était-elle pas ivrogne ? — Non ; oh ! non ; jamais, jamais on ne l'a vue ivre ; jamais nous ne l'avons vue ivre, jamais nous n'avons oui dire qu'elle bût ; nous l'aurions su ; mais non. Elle s'emportait souvent contre celles de ses compagnes qui lui reprochaient la mort du prince et la maltraitaient de paroles ; mais il n'y avait point là d'ivrognerie... — L'avez-vous jugée sincère, franche et de bonne foi ? — Oui, oui. — Vous n'avez pas pensé qu'elle eût quelqu'intérêt à inventer l'évasion du Temple ? — Non ; ce qu'elle racontait était, au contraire, contre tous ses intérêts. L'avez-vous vue ou crue sous l'influence de quelqu'un qui eût pu la porter à tenir ce discours ? — Non. Avant 1814 elle ne voyait jamais personne, elle était toujours seule, et, depuis, ses propos ne pouvaient que lui nuire. Il lui venait parfois de grands personnages, mais simplement comme curieux, et nous ne nous sommes jamais aperçues qu'on lui eût laissé de l'argent. Elle avait seulement une petite pension de quelques centaines de francs. — A-t-elle été constante dans ses dires ? — Oui, oui ; elle n'a jamais varié ni failli.

« Fait à Paris le 21 décembre 1848.

> « Approuvé l'écriture ci-dessus, signé : sœur Euphrasie B..., sœur Catherine M..., sœur Lucie J..., sœur Marianne E..., l'abbé A... et l'abbé M...

« Vu pour légalisation des signatures : Montrouge, le 11 janvier 1849, signé : RADET, maire. »

PIÈCE 13. — Le 11 novembre 1849, M. B..., ancien préfet, ancien conseiller d'Etat, homme des plus honorables, déclare, entre autres circonstances :

« J'ai parfait souvenir d'avoir entendu M. le comte Lanjuinais qui, membre de la convention, avait été témoin ou victime des principaux événements de la révolution, dire en 1818, à l'occasion du procès de Mathurin Bruneau, « que la mort du

Dauphin chez le cordonnier Simon était très loin d'être un fait incontestable. » A la surprise qui se manifesta, il entra dans des détails fort curieux sur les tentatives faites pour l'enlèvement du jeune prince, sur la fin prompte et inexpliquée de personnes en tête desquelles était le célèbre chirurgien Desault qui aurait pu donner les preuves d'une substitution de personnes faite dans le prisonnier du cordonnier Simon, sur les peines prises dans le temps pour étouffer les bruits qui se répandaient à ce sujet. Le concours de ces divers faits rendait très plausible l'opinion que le Dauphin avait pu être enlevé. . . . . . .

« Cette conversation avait lieu rue du Pot-de-Fer, 22, chez M. Grégoire, ancien collègue de M. Lanjuinais à la Convention et au Sénat. Sur ce qu'on lui demanda de son opinion sur la fin du fils de Louis XVI, il se contenta de répondre : « Moi ? Je laisse dire Lanjuinais. »

« Je regrette d'avoir oublié le détail de cette conversation, nous n'étions pas plus de cinq ou six personnes, et je ne saurais me rappeler quelles étaient celles que je n'ai pas nommées ; mais je suis sûr que ma mémoire ne me trompe pas sur le fait principal que j'ai plus d'une fois cité. »

Pièce 14. — Le 13 septembre 1842, M. d'Arsac, de Lyon, déclare :

« Feu M. Thomé Gaudin, avocat au parlement de Grenoble, avait des rapports d'affaires et de confiance intime avec la famille du comte de Belmont, dont madame la marquise de Rovère faisait partie. Cette dame avait donné les soins les plus délicats au susdit Thomé Gaudin, pendant le temps de sa détention à Paris, lors de la grande persécution. A son retour à Grenoble, il me fit connaître, en décembre 1794, avoir reçu de la bouche du marquis de Rovère l'avis de la délivrance du fils de Louis XVI des verrous de la prison du Temple, avec la circonstance que ce prince, en sûreté, avait été mis hors d'atteinte de ses ennemis. Il reconnut que le marquis de Rovère, membre de la Convention, faisait partie du comité de sûreté générale, et qu'en cette qualité son nom figurait dans le procès-verbal qui annonçait la mort du prince et qui fut stigmatisé de l'événement de la mort soudaine du docteur Desault. Celui-ci cessa de vivre immédiatement après avoir donné comme positif aux dictateurs du temps « que l'enfant qu'il venait de trouver au Temple n'était pas le fils de Louis XVI. »

« J'ai toujours conservé la certitude de l'existence de ce prince. Je l'affirmai en face des contradictions des émigrés dont j'étais entouré à Lyon, en 1795, et qui me pressaient d'en porter le deuil. Quel ne fut pas mon ravissement, il y a aujourd'hui environ dix ans, lorsque je rencontrai le baron de Richemont en qui il m'a été impossible de ne pas reconnaître Louis-Charles, duc de Normandie, pour lequel je n'ai cessé de faire des vœux, à compter de l'époque si reculée du camp de Famars, qui, tout entier, cria : « Vive Louis XVII ! » dans sa retraite des murs de Valenciennes. »

PIÈCE 15. — Le 20 mai 1819, madame G...., demeurant aux Thermes, rapporte les faits suivants :

« Deux mois après la mort du roi Louis XVIII, j'entrai au service de madame la marquise de Souci, ancienne gouvernante des enfants de France, M. le Dauphin et madame la duchesse d'Angoulème. Un soir, étant seule avec elle, nous arrivâmes à parler des malheurs que la famille royale avait éprouvés, de la fin si triste, si cruelle de l'infortuné Louis XVI, et de celle aussi non moins horrible de Marie-Antoinette. J'arrivai à parler du jeune Dauphin ; c'est là que j'appris la manière miraculeuse dont il fut sauvé du Temple, et comment la femme Simon se prêta à cet enlèvement, au moyen d'un cheval de carton dans lequel on introduisit le royal enfant. — «Mais pourquoi, m'écriai-je, n'en a-t-on pas entendu parler depuis ? — C'est, me répondit cette dame, un mystère. Peut-être un jour heureux viendra où Dieu permettra que le voile qui le cache se déchire. — Mais alors il n'est donc pas mort, dis-je encore ? — Hélas ! non, me fut-il répondu. » Mais craignant d'en avoir trop dit, elle me fit un léger reproche de mes interrogations, et ne put cependant s'empêcher de verser des larmes ; je me tus alors, mais parfaitement convaincue que l'héritier du vertueux Louis XVI n'avait pas cessé d'exister. Ce qui vint doublement corroborer mes idées là-dessus, c'est que quelque temps après, en présence de la vicomtesse de Boulainvilliers, cette conversation fut reprise ; et nul doute ne fut exprimé concernant l'existence de cet enfant ; seulement on ignorait et le lieu où il était, et les intentions du Gouvernement.»

PIÈCE 16. — Le 17 janvier 1848, J... L..., ancien garde royal, ayant été depuis 1835 au service de M. Botot, ex-secrétaire de Barras, déclare :

« Un jour l'historien Dulaure vint chez M. Botot lui demander des renseignements ; celui-ci me fit ouvrir un placard caché sous la tapisserie de son cabinet, et prendre des papiers pliés en paquets et en assez mauvais état. Je les étalai avec précaution sur la table, et M. Dulaure écrivit des notes relatives à l'emprisonnement du Dauphin au Temple, à son enlèvement et à son remplacement par un autre enfant. M. Botot expliqua comment cela s'était fait par des hommes qui étaient dans le secret du mouvement républicain ; il dit que les chefs l'ignoraient, car, pour eux, le Dauphin était une sauvegarde précieuse. Il montra une lettre dans laquelle le plan des chefs était détaillé. Par différentes autres lettres des principaux moteurs de l'époque, il démontra à M. Dulaure « que le Dauphin n'était pas mort comme on l'avait dit. » M. Dulaure demanda la permission d'emporter les papiers. M. Botot refusa en disant : Mon cher Dulaure, j'y tiens comme à ma vie : j'en sais plus que Barras à cet égard ; tu connais maintenant la vérité ; « il n'est pas mort, il doit vivre encore ; il a été notre sauvegarde à tous ; Louis XVIII le savait bien, » etc., etc.

PIÈCE 17. — Le 10 juin 1848, M. H. R... déclare :

« J'ai parfaitement connu MM. de Bremont et de Montciel, le premier secrétaire, le second ministre sous Louis XVI. Ces messieurs croyaient fermement que l'orphelin royal n'était pas mort au Temple, d'où il avait été enlevé secrètement. Ils croyaient avoir la certitude de son existence, et ils possédaient un moyen certain de le reconnaître s'il venait à reparaître. Ils considéraient Louis XVIII, qui lui aussi n'ignorait pas cette existence, comme un roi usurpateur ; et, par ce motif, ils se tinrent constamment éloignés de la Restauration.

« Aussitôt que la nouvelle de la mort de Louis XVIII fut parvenue à ces deux fidèles serviteurs, ils se hâtèrent de venir à Paris pour conférer avec le nouveau roi de l'objet qui les occupait. Charles X les accueillit avec bienveillance ; il leur dit que, personnellement, il ne tenait point à régner, mais que la raison d'Etat, l'intérêt de la France, etc., lui faisaient une obligation de ne rien précipiter et de ne prendre aucune décision sans avoir l'avis de ses conseillers. Il voulait en parler le jour même à M. de Lathil, et il promit une audience pour le lendemain. L'avis des conseillers ne fut sans doute pas favorable à la mission des voyageurs, car, dans la nuit même, un officier de gendarmerie vint leur signifier l'ordre de repartir immédiatement pour la Suisse, qu'ils habitaient. Il monta en chaise de poste avec eux et ne les quitta qu'arrivés à Dôle.

« Les circonstances de ce voyage m'ont été maintes fois racontées par M. de Bremont, dont je me plais à attester ici l'esprit sérieux et le caractère hautement honorable : ce qui ne me laisse pas le moindre doute sur l'exactitude de la narration, de même que sur le mérite de sa foi à l'existence du Dauphin, etc. »

PIÈCE 18. — Le 12 avril 1849, madame F..., née G .., demeurant à Chaillot, rue des Batailles, déclare :

« A l'époque de la terreur, Marchant de Beaumont était, sous un nom que j'ignore, membre de la Commune ou du Comité de salut public. Démagogue exalté et appelé, je ne sais à quel titre, à visiter fréquemment le jeune et infortuné Louis XVII, il en parlait plus tard à sa fille avec une sorte d'intérêt. Il lui disait souvent : « Souviens-toi, ma fille, que j'ai l'intime conviction que le petit Capet n'est point décédé au Temple. Un jour l'enfant étant légèrement indisposé, je retournai le voir le lendemain, et, dans le jeune garçon qui me fut présenté, je ne reconnus aucun des traits de celui que j'avais vu la veille, et que d'ailleurs je connaissais parfaitement, à cause de mes fréquentes visites. » Mademoiselle Lucie Marchant a été mon associée pendant près de vingt ans. Sa parfaite sincérité était bien connue de tous nos amis : en conséquence, il n'est rien de plus certain que le témoignage ci-dessus que je puis rapporter fidèlement, le lui ayant entendu répéter toutes les fois qu'il était question de la tourmente révolutionnaire. Marchant est mort en 1832, sa fille en 1846. »

Discussion et conférence des Preuves.

Dix-huit attestations du même fait doivent le placer à l'abri de toute espèce de doute. Nous aurions pu les multiplier à l'infini; mais à quoi bon? n'y en a-t-il pas assez?

Fort bien, dira-t-on, s'il s'agissait de témoignages directs; les témoignages indirects n'ont pas autant de force, à beaucoup près, et tous, sans exception, même celui de la femme Simon, qui serait le plus concluant si elle n'était morte folle, ont l'inconvénient d'être indirects.

Voyons si dans cette cause il est encore possible de se procurer des témoignages directs, s'il est raisonnable d'en exiger, si, nombreux comme ils le sont, les indirects n'ont pas la même valeur.

Très peu de gens ont coopéré à l'enlèvement, c'est certain; la prudence l'exigeait. A l'exception des époux Simon, de M. de Frotté, d'Ojardias, et, peut-être, de deux ou trois complices nécessaires, personne n'a dû y participer. Ceux-là seuls pourraient témoigner directement du fait. Or, Simon a été guillotiné peu de temps après l'évasion, Ojardias a été assassiné, de Frotté fusillé; les autres ont probablement éprouvé un sort peu différent; la Simon est morte aux Incurables.

D'où donc viendraient les témoignages directs?

Mais, d'un autre côté, beaucoup de personnes ont pu connaître soit les projets d'enlèvement, soit leur exécution, soit les agents de l'entreprise. De ces personnes seulement peuvent émaner les preuves de l'évasion, et on n'a pas le droit d'en demander d'autres.

Il est évident que de tous ces témoignages, le plus important est celui de la femme Simon. Aussi l'ai-je étayé d'une, foule de certificats provenant de personnes respectables, ayant été parfaitement à portée d'étudier et de pénétrer le témoin, de dames du monde, de religieuses qui lui avaient donné des soins, de médecins, de prêtres. Ce sont des garants irréprochables, car aucun n'a d'intérêt à tromper.

La Simon elle-même y avait-elle intérêt? Non; tout au contraire. Car, en supposant que vis-à-vis de ses compagnes d'hospice elle eût voulu se disculper du crime d'avoir maltraité le royal enfant, les « menaces contre sa vie » constatées dans les PIÈCES 11 et 12, et la certitude d'une pension au moins aussi méritée que celle de la sœur de Robespierre, si elle se prêtait aux manœuvres de Louis XVIII, devaient naturellement la porter à nier l'évasion et l'existence du Dauphin. Au lieu de cela, elle affirme l'enlèvement, dit « à qui veut l'entendre » la part qu'elle y a prise, résiste « aux sollicitations de la duchesse d'Angoulême, » sollicitations attestées par les « religieuses et leur supérieure, » lui soutient même que non-seulement « elle a sauvé son frère, mais que depuis elle l'a revu et parfaitement reconnu. » Elle persiste dans ses affirmations si positives « en face même de la mort, » au moment suprême où la vérité n'a plus de craintes et le mensonge plus de motifs.

Ses facultés mentales étaient-elles altérées?

La sœur Hélène, qui l'avait parfaitement connue, affirme au docteur Noyer, PIÈCE 7, « qu'elle avait joui de ses facultés intellectuelles jusqu'au dernier moment de son existence.» Les quatre religieuses des Incurables, dans le service desquelles s'était trouvée la femme Simon, interrogées par MM. A. et M..., prêtres, répondent unanimement, PIÈCE 12 : « Non, elle n'était pas folle; elle n'était pas imbécille; elle avait le bon sens naturel; elle accomplissait ses devoirs religieux; elle n'était point ivrogne; nous l'avons jugée franche, sincère et de bonne foi, et n'ayant aucun intérêt à inventer l'évasion. » Enfin, Madame Chauvet de Beauregard, qui l'interrogeait en 1818, assure, PIÈCE 6, qu'elle « jouissait de toute sa présence d'esprit, » seulement qu'elle était attaquée « d'un asthme » qui la forçait quelquefois d'interrompre sa conversation. Et quand la duchesse d'Angoulême lui demande ironiquement : « Comment serait-il possible que vous eussiez reconnu un enfant que vous avez quitté si jeune ? » et quand la Simon lui répond : « Cela vous étonne, madame, que diriez-vous donc si je vous disais que je reconnais en vous la sœur du Dauphin, malgré la simplicité de vos habits, et que je ne vous aie pas revue depuis un temps beaucoup plus long? » est-ce une réponse de folle ? D'ailleurs, les religieuses, le docteur Rémusat, et les autres signataires des certificats relatifs à la Simon, ne citent rien d'elle qui autorise à présumer la folie. Ainsi, plus d'objection de ce côté.

Maintenant, est-ce bien un témoignage indirect que celui de la Simon précisé et corroboré comme il l'est? Est-ce un témoignage indirect que celui de la PIÈCE 1, dans laquelle madame veuve Saint-M... dit : « M. Perrès m'a juré et certifié avoir concouru à l'enlèvement? » Est-ce un témoignage indirect que celui de M. Arnault, PIÈCE 2, qui dit : « J'ai vu porter le cheval de carton ?» Est-ce un témoignage indirect et sans importance que celui de madame veuve L..., PIÈCE 5, concernant les détails de l'enlèvement, le récit de madame Bertrand, l'introduction au Temple de la nourrice du prince et la déclaration de la non-identité de l'enfant avec son « élève ? » N'est-ce rien que Lanjuinais proclamant « très plausible la croyance à la possibilité de l'enlèvement,» et Grégoire paraissant l'approuver, PIÈCE 13? N'est-ce rien que cette femme d'un valet de chambre de la comtesse de Provence, venant tout exprès de Versailles à Paris, en juin 1795, dire à madame R... « Rassurez-vous ; le jeune prince est sauvé ; je le tiens de bonne source. » PIÈCE 3? N'est-ce rien que madame de Beauharnais racontant « que le Dauphin n'était pas mort au Temple, quelle l'avait vu le jour de son enlèvement, » PIÈCE 4; et le marquis de Rovère annonçant en 1794, à M. Gaudin, « la délivrance du fils de Louis XVI et sa mise en sûreté, » PIÈCE 14; et la marquise de Souci, ancienne gouvernante des enfants de France, et madame de Boulainvilliers s'entretenant ensemble « de la manière miraculeuse dont il avait été sauvé», PIÈCE 15; et l'ex-secrétaire de Barras expliquant à l'historien Dulaure « l'évasion et la substitution » et s'écriant, à propos du Dauphin, « il n'est pas mort, il a été notre sauvegarde à tous, » PIÈCE 16, mot qui donne la clef des faveurs dont furent comblés sous la Restauration les anciens Conventionnels influents, tous ceux en un mot qui avaient pu connaître la vérité ; et MM. de Bremont et de Montciel, secrétaire et ministre de Louis XVI, reconduits brusquement à la frontière pour avoir osé proposer à Charles X de rechercher et reconnaître « le Dauphin sauvé et vivant, » PIÈCE 17 ; et Marchant de Beaumont, membre de la Commune, confiant à sa fille « que le petit Capet n'était point décédé au Temple, qu'après l'avoir vu la veille, il ne le reconnut plus le lendemain dans l'enfant qui lui fut présenté ; » PIÈCE 18 ? Toutes ces assertions, venant à l'appui de celles de la Simon, donnent à son récit un caractère irréfragable de vérité.

Qu'en résulte-t-il ? C'est que :

Louis XVII a été sauvé du Temple ;

La Simon, gagnée, a favorisé l'évasion au moment où elle déménageait ;

Les moyens d'enlèvement ont été un cheval de carton et un paquet de linge ;

La Simon a revu le prince depuis ;

Ayant tout intérêt à accréditer le bruit de sa mort, elle a constamment répété qu'il vivait, et n'a jamais varié dans cette affirmation.

La Simon a fixé l'évasion à l'époque de son déménagement, par conséquent au 19 janvier 1794. C'est à cette époque aussi que madame Elisabeth et la princesse Marie-Thérèse crurent qu'il s'était opéré; car dans un livre intitulé : *Récit des événements du Temple*, publié à Paris, chez Egron, en 1823, page 66, madame la duchesse d'Angoulême écrit : « Le 19 janvier 1793, nous entendîmes chez mon frère un grand bruit qui nous fit conjecturer qu'il s'en allait du Temple, et nous en fûmes convaincues quand, regardant par le trou de la serrure, nous vîmes emporter des paquets. Les jours d'après nous entendîmes ouvrir la porte et marcher dans la chambre, et nous restâmes toujours persuadées qu'il était parti. » C'est en effet la seule occasion favorable qui se soit présentée. Forcé, par la jalousie de ses collègues, d'opter entre la place de municipal et celle de gardien, Simon, après quelques jours de réflexion, donna, précisément le 19, sa démission de gardien du jeune Louis. Elle fut acceptée sur-le-champ. Il demanda son paiement; on l'ajourna. Furieux, il se mit à tempêter, déclara qu'il ne remonterait pas à sa chambre, et fit donner ordre à sa femme par un porte-clefs de déménager sans délai. Consulter le *Louis XVII* de Simien-Despréaux, p. 148 et suiv. Était-ce une scène concertée d'avance avec sa femme ? Il est permis de le penser, car il la prolongea en occupant le conseil et la commission à lui délivrer une décharge du prisonnier, pendant que sa femme faisait et descendait les paquets. Les municipaux s'étaient éloignés pour la laisser libre : auraient-ils osé suspecter les Simon, si brutaux envers l'enfant? Il fut donc facile d'opérer l'enlèvement.

Comment se pratiqua-t-il? Selon la Simon, et certes personne ne peut contester qu'elle sût à quoi s'en tenir, un enfant, dont nous aurons bientôt à nous occuper, fut introduit au Temple dans un cheval de carton qu'aperçurent M. Arnault et madame veuve L..., PIÈCES 2 et 5. Après en avoir tiré l'enfant, endormi par un narcotique, et l'avoir mis à la place du Dauphin, on dut remporter le cheval, et promptement, de peur que la trappe pratiquée sous la housse venant à être découverte ne fît découvrir la ruse. Afin de jouer son rôle, le porteur répond aux curieux : « Il faut bien que je reprenne mon cheval, l'enfant en a peur. » C'est à ce moment que le garde national Arnault vit un homme portant le cheval sur son épaule, rangé sous le guichet, attendant pour sortir la fin du défilé. Une voiture était à la porte ; il fut placé dessus, et la voiture s'éloigna très vite. Peu importe que madame R..., veuve L..., parle de quatre hommes, et M. Arnault d'un seul. Un seul

pouvait le sortir du Temple et les trois autres attendre dans
la rue et aider à l'attacher sur la voiture. Peu importe encore
que cette dame, habitant la rue du Temple et non le Temple,
qui pouvait savoir le « projet » et non les « moyens » d'évasion, ait pensé, comme madame de Souci, que le Dauphin avait
été mis dans le cheval ; toujours est-il qu'un cheval de carton
a été employé. La Simon, mieux au courant de l'affaire que
nul autre, puisque c'est elle qui facilite et consomme l'enlèvement, affirme que le Dauphin fut roulé dans un paquet de
linge, et mis sur la voiture de déménagement...

Ainsi disparaissent les apparentes contradictions des moyens
d'évasion.

Ajoutons à ces preuves, qui trouveront leur développement
et leur complément dans le cours de cet ouvrage, quelques
documents déjà publiés dans des livres ou des journaux :

On lit dans Touchard-Lafosse, livre v, page 244, extrait des *Souvenirs d'un demi-siècle*, à propos de l'enlèvement du Temple :

« . . . . Après cela, les résultats de
l'évasion équivalent à ceux de la mort : « Un roi que l'intrigue a découronné est toujours un imposteur, lorsqu'il n'a
pour juge que la puissance intéressée à le déclarer tel. »

Certains mémoires, publiés en 1836, affirment que M. le
vicomte de Curzay, ancien député de la Vienne et préfet de
la Gironde, disait à un homme digne de foi :

« Je crois que le Dauphin n'est pas mort au Temple, et j'ai
acquis cette conviction de 1816 à 1817. »

On assure que M. le marquis de la Roche-Aymon, pair de
France, avait à son service un homme de confiance qui, « ayant
été à même de connaître des détails très circonstanciés sur
l'enlèvement du Temple, fut arrêté sous le ministère Decaze,
et ne reparut plus. »

Lors du procès de Mathurin Bruneau, l'avocat du roi qui
portait la parole n'hésita pas à dire :

« Que, quant à l'évasion du Dauphin, les recherches qu'il
avait faites lui avaient prouvé qu'elle était certaine. »

Le Conventionnel Courtois, mort à Bruxelles, demeurait,
avant son exil, à quelques lieues de Remblusin, village de la
Lorraine ; là, il eut des rapports fréquents avec M. Aubry,
auquel il dit :

« Un jour viendra où des papiers que j'ai en ma possession pourront être d'une grande utilité « à un auguste personnage qui été enlevé de prison. »

« La Convention avait ordonné de grandes recherches
pour le ressaisir et sans succès ; plus tard, on a déclaré
« qu'il était mort en prison, sans que rien ait constaté qu'il
ait été repris ; » ce qui prouve incontestablement « que ce
personnage était réellement en fuite, et que sa mort prétendue

n'était qu'un mensonge, celle d'un substitué à sa place. »

Le marquis de Champagne a fait connaître également « que Courtois a plusieurs fois assuré que le jeune roi n'était pas mort au Temple. » Nouvelle preuve du grand intérêt qu'avait la restauration à s'emparer des papiers de Courtois.

Dans les *Souvenirs de la reine Marie-Antoinette*, tome III, page 142, on lit la déclaration suivante de madame la comtesse d'Adhémar, veuve de l'ambassadeur de ce nom, et autrefois dame du palais de la reine :

« Malheureux enfant, dont le règne s'est écoulé dans un cachot, « où toutefois il n'a pas trouvé la mort ! » Certes, je ne veux en aucune manière multiplier les chances qui s'offriront à des imposteurs ; mais, en écrivant ceci au mois de mai 1797, « je certifie, sur mon âme et conscience, être particulièrement sûre que S. M. Louis XVII n'a point péri dans la prison du Temple. »

« Mais, je le répète, je ne m'engage pas à dire ce que ce prince est devenu ; le seul Cambacérès, homme de la révolution, pourrait compléter mon récit, car, là-dessus, il en savait beaucoup plus que moi. »

On lit dans le journal *le Commerce*, du 3 décembre 1832, qui rend compte de l'ouvrage intitulé : *Histoire secrète du Directoire :*

« . . . . Il paraît certain qu'on a trompé le public « sur la mort du jeune Louis XVII et sur le lieu. Cambacérès en convenait ; » mais il ne voulut jamais révéler ce qu'il savait sur ce point. On sera porté à croire qu'il y eut là-dessous un grand mystère, et que ce conventionnel y était initié, si l'on se rappelle les ménagements dont les Bourbons rentrés usèrent envers ce régicide, et l'empressement avec lequel ils firent séquestrer ses papiers après sa mort.

« Cette saisie illégale, qui dépouilla momentanément les héritiers de l'archi-chancelier de leurs titres de famille, eut pour objet « d'y faire le triage des papiers qui pouvaient découvrir ces mystères royaux. » Ce triage eut lieu, dans le plus grand secret, au ministère de la justice, et l'on n'a jamais su ce que la dynastie avait trouvé « dans ces écrits qui semblaient lui causer tant d'épouvante. »

Ce faisceau d'arguments est assez compacte pour que nous soyons dispensés de l'augmenter ; nous nous bornerons donc à tirer la conclusion :

Oui, le fils de Louis XVI est sorti vivant du Temple.

CHAPITRE II.

SUBSTITUTION,

A cause de la surveillance exercée dans la prison du Temple, il eût été, sinon impossible, du moins très difficile d'effectuer l'enlèvement sans substitution. Avec la substitution il devenait aisé, moins dangereux surtout. Car un enfant à peu près de même âge et de même figure, dans une pièce sombre, trompait infailliblement l'œil des geôliers pendant le temps nécessaire à la fuite. Les émissaires du prince de Condé conduisaient l'enfant en lieu de sûreté, s'éloignaient et se mettaient à l'abri des poursuites de la police. Sans substitution, l'enlèvement pouvait être immédiatement découvert et entravé. La substitution eut donc lieu, ainsi que l'a dit la femme Simon. Nous allons demander à d'autres la confirmation du même fait, des détails et le nom du substitué.

Preuves.

Pièce 19. — M. J... B... Baillot, ex-sommelier de Louis XVIII, déclare :

« A l'époque de la prétendue mort du Dauphin, un nommé Lapierre, porte-clefs au Temple, me déclara que le fils de Louis XVI « avait été remplacé dans sa prison par un autre enfant. »

Pièce 20.—« Le conventionnel, Prieur, de la Côte-d'Or, membre du comité de salut public, a plusieurs fois avoué à M. X..., ancien pair de France, qui lui-même l'a répété à M. B..., ex-préfet, à propos de M. de Richemont :

«Qu'il était très certain de l'enlèvement du Dauphin du Temple et de la substitution d'un autre enfant à sa place; que l'enfant mort au Temple, à la date officielle du 20 prairial, 8 juin 1795, était le substitué. »

« Paris, le 12 avril 1850. Signé : Foyatier. »

Pièce 21.—.Le 30 janvier 1849, madame veuve P...., demeurant à Paris, rue d'Assas, déclare :

« De 1820 à 1822, je travaillais en qualité de couturière chez madame la comtesse de Bussenne, demeurant alors rue du Four, en face de la rue des Canettes : un monsieur, qui semblait âgé de cinquante ans, se présenta sous le nom de M. le baron de Tardif: je me rappelle bien son nom, car c'est moi qui l'annonçai. Ce monsieur dit « qu'il arrivait de Milan ; qu'il y avait vu le prince fils de Louis XVI ; » il ajouta, après avoir demandé à madame s'il pouvait parler devant moi et sur sa réponse affirmative, que lui, « baron de Tardif, était le père de l'enfant introduit au Temple et mis à la place du Dauphin. » Madame de Bussenne lui ayant exprimé son étonnement sur l'abandon qu'il avait fait ainsi de son fils, il répondit : « Mon pauvre enfant était scrofuleux, et dans un si triste état de santé que je n'avais aucun espoir de le conserver ; je savais d'ailleurs qu'il recevrait tous les soins qui lui seraient nécessaires. »

PIÈCE 22. — « Je soussigné, Etienne Duf... Desg. ., demeurant à Paris, rue du Four-Saint-Honoré, 14, déclare sur l'honneur :

« Que dans les années de 1820 à 1825, M. le baron Tardif, qui demeurait alors à Paris, rue Saint-Thomas-du-Louvre, m'a plusieurs fois répété que le Dauphin, fils de Louis XVI et de Marie-Antoinette, roi et reine de France, « avait été sauvé du Temple ; qu'un enfant lui avait été substitué ; que lui, M. Tardif, pouvait indiquer l'origine de l'enfant substitué ; mais que c'était son secret ;»

« Que madame la comtesse de Bussenne et madame de Montaro m'ont souvent répété la même chose, et que ces dames m'ont prié plusieurs fois de ne pas parler à M. le baron Tardif, avec lequel j'avais de fréquents rapports, de sa famille, « parce qu'il y avait des pertes qui lui laissaient de douloureux souvenirs. »

« Madame de Bussenne est morte à Paris, avant 1830, dans la maison qu'elle habitait rue du Geindre, 5.

« Fait à Paris, le 18 avril 1850, en présence de M. Foyatier, statuaire, demeurant à Paris, rue Madame, 47 ;

« De M. Jean Noyer, médecin, demeurant à Paris, rue Cassette, 8, et de François-Antoine Pascal, médecin, rue de l'Ecole-de-Médecine, 14, à Paris, qui ont signé le présent.

« Signé : D... DESG..., FOYATIER, NOYER, PASCAL. »

Discussion et conférence des preuves.

Déjà madame Bertrand, PIÈCE 5, nous apprenait que la nourrice du fils de Louis XVI, introduite au Temple, près de l'enfant, après le 19 janvier 1794, répondit à ceux qui lui demandaient — « Reconnais-tu ton élève ? — Non ; mon élève avait les cheveux blonds, celui-ci les a rouges ; mon élève avait les yeux bleus, celui-ci les a noirs ; » preuve assez explicite d'une substitution. Nous retrouverons un témoignage identique, presqu'avec les mêmes expressions, dans la première des trois lettres Mennetion, au chapitre 5. Marchant de Beaumont, membre de la Commune, PIÈCE 18, n'est pas moins

positif, qnand il dit à sa fille : « Un jour l'enfant, étant légèrement indisposé, je retournai le voir dès le lendemain, et,
dans le jeune garçon qui me fut présenté, je ne reconnus
aucun des traits de celui que j'avais vu la veille. » La femme
Simon, dans ses aveux aux religieuses des Incurables, Lanjuinais dans sa conversation, le marquis de Rovère, à propos
de la mort de Desault, indiquent unanimement la substitution comme moyen d'enlèvement.

A ces diverses affirmations si on ajoute celle du conventionnel Prieur, rapportée par un honorable pair de France, on
ne manquera pas de m otifs de certitude.

Entrons maintenant dans un autre ordre de témoignages :
Ce ne sont plus des étrangers, c'est le propre père du substitué, c'est M. le baron de Tardif, qui affirme la substitution à
mesdames de Bussenne et de Montaro et à M. Duf... Des...;
c'est lui qui dit : « Mon fils a été introduit au Temple et mis à
la place du Dauphin ; » « mon pauvre enfant était scrofuleux
et dans un si triste état de santé que je n'avais aucun espoir
de le conserver ; je savais d'ailleurs qu'il recevrait tous les
soins qui lui seraient nécessaires. »

Ici, les deux témoins n'ont pas reçu les confidences par intermédiaire ; madame veuve P... et M. Duf... Desg... ont entendu M. de Tardif.

Le témoignage de M. D... Desg... est d'autant plus précieux
que ce monsieur, chargé pendant longtemps des affaires de
la maison de Polignac, était placé de manière à être bien ren-
seigné. C'est à lui-même que M. Tardif et mesdames de Bussenne et Montaro ont fait les confidences qu'il rapporte.

En outre, mademoiselle Tardif elle-même, sœur du substitué, a très souvent raconté dans une pension bien connue de
Paris les circonstances de la substitution.

Ainsi, plus de doutes ; la substitution a eu lieu, et le substitué était un enfant scrofuleux, malade, fils du baron de
Tardif.

Nous apprendrons bientôt, chapitre 4, qu'il était muet.

On voudra bien ne pas oublier que ce qui prouve la substitution prouve également l'évasion. Souvent nous aurons besoin de faire la même observation sur d'autres points de cette
discussion historique, car toutes les circonstances de cet
étrange événement s'enchaînent et se fortifient mutuellement.

CHAPITRE III.

EMPOISONNEMENT DU DOCTEUR DESAULT.

L'enfant substitué était scrofuleux et malade, dès le jour de son introduction au Temple, 19 janvier 1794, comme le certifie son père, et c'est seulement le 17 floréal an III, 6 mai 1795, dix-huit mois après la sortie des Simon, que le Comité, forcé par les rapports réitérés des gardiens, songe à s'occuper de lui. Une telle insouciance s'expliquerait-elle si le prisonnier de cette époque eût été le fils de Louis XVI, qui, suivant l'expression du secrétaire de Barras, PIÈCE 16, était « la sauvegarde des républicains, » et un ôtage à conserver soigneusement?

Le 17 floréal an III, le docteur Desault, premier chirurgien de l'Hôtel-Dieu, recevait un arrêté ainsi conçu :

« Du 17 floréal an III, — 6 mai 1795, — de la République une et indivisible.

« Le Comité de sûreté générale, instruit par les rapports des gardiens de l'enfant Capet qu'il éprouve une indisposition et des infirmités qui paraissent prendre un caractère grave, arrête que le premier officier de santé de l'hospice d'Humanité se transportera auprès du malade, pour le visiter et lui administrer les remèdes nécessaires; il ne pourra faire sa visite qu'en présence des gardiens.

« Les représentants du peuple composant le Comité de sûreté générale, Signé: MATHIEU, PEMARTIN, AUGUIS, SEVESTRE, KERVELEGAN, PIERRE GUYOMARD, PENIN, CALÉE. »

Remarquez ces termes de l'arrêté : « il ne pourra faire sa visite qu'en présence des gardiens. » Serait-ce une simple formule de style? Non ; on l'aurait supprimée par égard pour Desault. Craignait-on qu'il ne favorisât l'évasion? Mais il y avait assez de guichets, de surveillants et de troupes pour rassurer ; et puis d'ailleurs ce n'était plus le Dauphin, et tout indique qu'on le savait. Craignait-on que Desault ne soignât trop bien l'enfant, ou ne blâmât ouvertement les procédés dont on avait usé envers lui. Alors on ne l'aurait pas nommé. Avait-on peur qu'il ne le fît périr? Desault ne pouvait être soupçonné d'une telle action, ni le Gouvernement d'une telle crainte. La restriction n'a donc plus que deux motifs raisonnables, ou celui de faire croire, à force de précautions affectées, que l'enfant était encore le fils de Louis XVI, ou bien d'empêcher, au moyen des gardiens, Desault, qui avait vu

plusieurs fois le jeune prince avant le 10 août 1792, qui avait
soigné le Dauphin aîné, mort à Meudon en 1789, de faire
transporter l'enfant dans un lieu moins obscur, d'observer sa
physionomie, de l'interroger et de découvrir la fraude. Dans
tous les cas, la restriction est significative.

En exécution de l'arrêté transmis régulièrement au docteur, il se rendit au Temple, visita l'enfant qu'on lui présenta, et s'apercevant immédiatement qu'il n'était pas le fils
de Louis XVI, il en témoigna son étonnement aux gardiens et
leur fit diverses questions auxquelles ils ne surent ou ne voulurent pas répondre. Après plusieurs jours d'hésitation, de recherches, d'investigations et de démarches, Desault envoya
son rapport au Comité. Il y déclarait : « que l'enfant qu'il venait de visiter, d'après l'invitation du gouvernement, n'était
pas le dauphin, qu'il connaissait pour l'avoir vu à Meudon et
ailleurs, avant le 10 août 1792. »

Lors de la délégation du 6 mai, le Comité ignorait-il l'évasion et la substitution ? Ou, la sachant, pensait-il que Desault
se méprendrait sur l'identité, ou qu'accompagné des gardiens
il n'oserait s'expliquer, ou qu'enfin la crainte des vengeances
de la Convention le retiendrait ? Comptait-il sur sa complaisance ? Si le Comité ignorait l'évasion, il dut être étrangement
surpris du rapport de Desault, et dut chercher immédiatement
les moyens d'arrêter l'ébruitement de cette révélation compromettante. S'il comptait sur sa crainte ou sa complaisance,
il se trompa. Dans tous les cas, Desault devenait un témoin
redoutable dont il fallait se débarrasser. Sa perte résolue, il
fut invité à un repas donné par les Conventionnels. Au sortir
de table, à peine rentré chez lui, il est pris de violents vomissements, meurt, et sa famille et ses amis demeurent convaincus et attestent qu'il a été empoisonné.

Preuves.

PIÈCE 23. — Madame veuve Thouvenin, nièce du docteur
Desault écrit :

« Je, soussignée, Agathe Calmet, veuve de Pierre-Alexis
Thouvenin, demeurant à Paris, place de l'Estrapade, 34 ;

« Déclare que, du vivant de M. Thouvenin, mon mari, neveu
de M. le docteur Desault, j'ai souvent entendu madame Desault, ma tante, me raconter que le 17 floréal an III de la République, mai 1795, le docteur Desault, chirurgien en chef de
l'Hôtel-Dieu, fut appelé pour visiter « l'enfant Capet, » qui était
à cette époque enfermé au Temple, ce sont les expressions
dont se servirent les membres du Comité de sûreté générale
de la Convention dans l'ordre écrit qui fut transmis à M. Desault.

« Lorsque le docteur Desault fit sa visite au malade qui était au Temple, on lui présenta un enfant « qu'il ne reconnut pas pour être le Dauphin, » qu'il avait vu quelquefois avant l'arrestation de la famille royale.

« Le jour où M. Desault déposa son rapport, après avoir fait quelques recherches pour tâcher de découvrir ce que pouvait être devenu le fils de Louis XVI, puisqu'on lui avait présenté un autre enfant à sa place, un dîner lui fut offert par les conventionnels. Au sortir de ce repas, en rentrant chez lui, le docteur Desault fut pris de violents vomissements, à la suite desquels il cessa de vivre, ce qui laissa croire « qu'il avait été empoisonné. »

« Paris, le 5 mai 1845.   Signé : A. Thouvenin. »

Pièce 24. — M. L... S..., ancien fournisseur de Desault, dit :

« Je, soussigné, J.-A.-L. S..., ancien coutelier des hôpitaux et hospices civils de Paris, y demeurant, rue de Sèvres, hospice des Petits-Ménages, certifie que vers la fin de mai 1795, mon père, qui fournissait des instruments de chirurgie au docteur Desault, nous dit, étant en famille rassemblée, qu'il perdait sa meilleure pratique; que quelques jours après avoir réglé ses comptes avec ce docteur, la Convention l'avait empoisonné parce qu'il n'avait pas voulu reconnaître dans l'enfant qu'on lui présentait au Temple le fils de l'infortuné Louis XVI.

« Paris, le 28 août 1848.

« J'approuve l'écriture et le contenu ci-dessus.
« Signé : L. S. »

Pièce 25. — L'honorable M. R..., ancien employé de la Grande-Aumônerie, déclare :

« Aux nombreuses preuves de l'existence du fils de l'infortuné Louis XVI, vient encore se joindre une circonstance qui semblerait confirmer, si cela était possible, cette vérité aujourd'hui devenue irrécusable pour un grand nombre de personnes. Feu M. Capelle, connaissance intime de ma famille, a répété bien souvent en ma présence une conversation qui eut lieu entre lui et un monsieur Lesueur, son voisin, établi coutelier rue des Canettes, lequel avait parmi ses clients une grande partie des membres de la Faculté de médecine. Au nombre de ces messieurs se trouvait M. Desault, chargé par la Commune de Paris de donner ses soins au Dauphin pendant sa maladie au Temple. Un jour M. Desault arriva tout ému chez M. Lesueur et lui dit : «Mon cher ami, dites-moi, je vous prie, au plus vite, combien je vous dois, car je veux mettre ordre à mes affaires; « je suis un homme perdu, j'ai trop parlé. »

« Le pauvre coutelier, étonné, effrayé même du désordre dans lequel était M. Desault, lui demanda des explications; alors il lui raconta qu'ayant été au Temple, pour voir comment allait le jeune prince, il n'avait trouvé, dans l'enfant présenté, qu'une espèce de cadavre et s'était écrié : « Mais ce n'est pas l'enfant royal! » Paroles imprudentes, mais qui lui échappèrent et dont il fut la victime, car peu de temps après l'on criait sur la voie publique la mort du jeune Louis XVII et celle du docteur Desault; ce dernier avait accepté un dîner donné par la Commune de Paris, le lendemain de sa dernière visite au Temple, et l'on ne douta pas qu'il n'eût été « empoisonné. »

« Paris, le 22 juin 1850.

« Signé : R..., rue de S... »

PIÈCE 26. — M..., prêtre, recueille ainsi le témoignage de madame F..., née T... :

« Me trouvant chez M. Boucher Lemaistre avec M. F..., docteur médecin de la Faculté de Paris, j'y ai rencontré madame E..., née Louise T..., qui nous a déclaré habiter rue Neuve Saint-Méry, n° ..., avoir été chez M. Doulcet, caissier des hospices, de 1808 à 1814, avoir beaucoup connu madame veuve Desault et sa famille, leur avoir souvent entendu dire que : « M. le docteur Desault n'avait « pas reconnu dans l'enfant qu'on lui avait présenté au Temple le Dauphin, fils de Louis XVI, » qu'il connaissait beaucoup, « qu'il l'avait déclaré dans son rapport, » et qu'il « était mort empoisonné à la suite d'un repas. »

« Nous avons reconnu la véracité de madame F..., qui a signé la présente déclaration avec nous, le 21 février 1849.

« Signé : BOUCHER LEMAISTRE ; F. F...; H. F..., docteur médecin ; M...., prêtre. »

PIÈCE 27. — « Je, soussigné, P... Louis, propriétaire demeurant rue de Belle-Vue, commune de Passy, barrière de l'Étoile,

« Déclare que madame P..., ma nièce, m'a raconté, et a souvent raconté devant moi le fait suivant dont elle avait été témoin :

« Se trouvant chez madame Rousse, fourreuse, rue des Déchargeurs, au coin de celle de la Limande, le docteur Desault, lié d'amitié avec cette dame, y arriva. Son air inquiet et chagrin lui permit à peine de saluer, et il s'écria aussitôt : « Je suis un homme perdu; l'enfant auquel la Convention m'a ordonné d'aller donner des soins dans la prison du Temple et que je viens de visiter « n'est pas le fils de Louis XVI que je connaissais parfaitement; c'est un autre enfant qui lui a été substitué. »

« Avant et depuis la mort de ma mère j'ai moi-même raconté ce fait à qui a voulu l'entendre. Si j'en donne aujourd'hui la déclaration par écrit, c'est uniquement pour servir à la connaissance de la vérité.

« Passy, 21 juillet 1849.

« Signé : P..., propriétaire. »

Ajoutons à ces attestations :

1° Celle de M. Abeillé, rapportée par M. Labreli de Fontaine, ancien bibliothécaire de madame la duchesse douairière d'Orléans, dans une brochure publiée en 1831 :

« M. Abeillé, élève en médecine sous le docteur Desault, à l'époque de sa mort, a déclaré à qui a voulu l'entendre, en France, et aux États-Unis où il s'est réfugié depuis, « que l'assassinat de ce docteur suivit immédiatement le rapport qu'il fit que l'enfant qu'on venait de lui présenter « n'était pas le Dauphin, » qu'il connaissait parfaitement!... » l'*Abeille américaine*, rédigée par M. Chaudron, mentionne ce fait dans un article inséré en 1817. Madame Delisle, habitante de New-Yorck, et actuellement à Paris, a déclaré avoir entendu raconter cette anecdote par M. Abeillé lui-même, et avoir en outre lu l'article précité dans un journal américain. »

2° Celle de M. le comte de la R..., ancien colonel du génie, qui souvent a raconté que :

« Sa belle-mère encore vivante avait entendu le docteur Desault, médecin de son père, dire, immédiatement après sa visite au Temple, « qu'il venait d'examiner l'enfant qui y était détenu, mais que ce n'était pas le Dauphin qu'il connaissait parfaitement; » qu'en conséquence, ne sachant ce qu'il pouvait être devenu, il se trouvait très embarrassé pour faire à la Convention un rapport à ce sujet, et « qu'il en craignait les suites... »

De nombreux auditeurs nous ont proposé de certifier la vérité de ces rapports.

Rappelons enfin ce passage de la conversation de Lanjuinais, PIÈCE 13 : « Il entra dans des détails fort curieux... sur la fin prompte et inexpliquée de personnes en tête desquelles était le célèbre Desault, qui aurait pu donner les preuves d'une substitution de personne faite dans le prisonnier du cordonnier Simon ; » et celui-ci du certificat de M. d'Arsac, PIÈCE 14 : « Desault cessa de vivre immédiatement après avoir donné comme positif aux dictateurs du temps que l'enfant qu'il venait de trouver au Temple n'était pas le fils de Louis XVI. »

Discussion et conférence des preuves.

Ce n'est ni aujourd'hui, ni par nous, pour la première fois, que la mort de Desault a été attribuée au Gouvernement et au poison. Le bruit s'en répandit à l'instant même, et acquit d'autant plus de consistance que le pharmacien Choppart, qui avait commencé avec son ami Desault le traitement du malade, mourut subitement. Les uns, suivant Eckart, p. 296, disaient : il a été empoisonné parce qu'il a refusé d'exécuter les desseins criminels qui lui ont été confiés ; les autres, suivant Cléry, p. 235, prétendaient qu'il l'avait été après avoir lui-même administré du poison à l'enfant. Notez qu'Eckart et Clery sont des partisans déterminés de la mort du Dauphin.

L'une et l'autre opinion sont également insoutenables. En supposant que le Gouvernement eût poussé l'infamie jusque-là, il n'aurait pas choisi pour de telles confidences et une telle mission un homme aussi généralement estimé que Desault. Puis, en présentant Desault comme victime d'un refus, on ne s'aperçoit pas que c'est accuser Pelletan et Dumangin, ses successeurs, d'avoir été moins scrupuleux. Ils ne méritent pas une pareille flétrissure. D'autre part, manifestant ses craintes, Desault ne les aurait pas motivées sur ce que dans son rapport il déclarait que l'enfant malade n'était point le fils de Louis XVI.

D'ailleurs, et c'est la raison péremptoire, le Gouvernement, depuis le 19 janvier 1794, n'avait plus aucun intérêt à se débarrasser d'un prisonnier sans importance.

Desault a donc été empoisonné par d'autres motifs.

Laissant de côté des suppositions, présentables tout au plus à une époque où les documents étaient aussi rares que le désir de trouver la vérité, hâtons-nous de rentrer dans le domaine du positif.

Il résulte des certificats qui précèdent que, d'après l'opinion de sa veuve, de sa famille, de ses fournisseurs, d'après ses propres craintes, ses révélations à des amis, à ses clients,

Desault a vu, au Temple, dans l'enfant qu'on lui a présenté comme fils de Louis XVI, « un enfant étranger ; »

Desault a fait à la Convention un rapport en ce sens ;

Desault a été invité à un repas politique ;

Desault est mort « empoisonné » à la suite de ce repas.

Desault avait été appelé près de l'enfant le 6 mai 1795 ; il mourait le 1er juin.

Acte de décès.

« Ville de Paris. — Rég. 51, no 548.

« Extrait du registre des actes de décès de la municipalité de Paris, pour l'an III.

« Du « quatorze » prairial de l'an III, acte de décès de Pierre-Joseph Desault, du jour « d'hier, » dix heures du jour, chirurgien, âgé de cinquante ans, natif de Lure, département de la Haute-Saône, demeurant à Paris, enclos de la Raison, 18, marié à Marguerite Thouvenin.

« Sur la déclaration faite à la maison commune par Xavier Bichat, âgé de 22 ans, officier de santé, demeurant à l'hospice de l'Humanité, le déclarant a dit être l'ami du défunt, et par Antoine Fontaine, âgé de trente-sept ans, demeurant à Paris, même enclos, 18, le déclarant a dit être aussi ami.

« Signé : X. Bichat, Fontaine, Bois.

« Pour extrait conforme :

« Paris, le 31 août 1842.

« Le maître des requêtes, secrétaire-général,
« Signé : illisible. »

Malgré cette date du 13 prairial, la Convention, qui ne s'en accommodait pas, à cause des rapprochements possibles, fait insérer dans le *Moniteur* du 16 prairial an III, 4 juin 1795, une notice nécrologique « du jour » ainsi conçue :

« Desault, fut un excellent citoyen ; nos derniers tyrans l'avaient persécuté, leurs derniers complices ont causé sa mort. La journée du 1er prairial a déterminé « la crise désespérée » qui l'a précipité, à l'âge de quarante-neuf ans, dans le tombeau. »

Dans sa séance du 21 prairial an III, la Convention renouvelait ses mensonges officiels, à l'occasion du rapport de Sevestre sur la mort du prétendu Dauphin.

Sevestre, en effet, *Moniteur* du 21 prairial an III, — 9 juin 1795, — s'exprime en ces termes :

« Citoyens, depuis quelque temps, le fils de Capet était incommodé par une enflure au genou droit et au poignet gauche. Le 15 floréal — 4 mai, — les douleurs augmentèrent, le malade perdit l'appétit et la fièvre survint. Le fameux Desault, officier de santé, fut nommé pour le voir, etc. Le 16 de ce mois, — prairial, — Desault mourut. Le comité nomma, pour le remplacer, le citoyen Pelletan, officier de santé, très connu, et le citoyen Dumangin, premier médecin de l'hospice de Santé, lui fut adjoint. Leur bulletin d'hier, onze heures du matin, annonçait des symptômes inquiétants pour la vie du malade, et à deux heures un quart après midi, nous avons reçu la nouvelle de la mort du fils de Capet.

« Le Comité de sûreté générale m'a chargé de vous en informer. Tout est constaté. Voici les procès-verbaux qui demeureront déposés aux archives. »

Je ferai remarquer la fausseté de l'assertion énoncée dans le *Moniteur* du 16, et répétée dans le rapport de Sevestre : la mort de Desault, qu'ils fixent au 16 prairial, — 4 juin, — est, selon l'acte civil de décès, du 13 prairial, — 1er juin.

Il suffit de relever un mensonge aussi effronté pour arguer de faux et frapper de nullité tous les actes de la Convention relatifs au fils de Louis XVI.

L'empoisonnement du docteur, sur lequel le *Moniteur* du 16 essayait de faire prendre le change, en attribuant la mort à « une crise désespérée, » occasionnée par la journée du 1er prairial,» a été publiquement affirmé par sa veuve, qui ne craignait pas de dire à qui voulait l'entendre : «Mon mari est mort empoisonné aussitôt après le dépôt de son rapport, et au sortir du dîner qui lui fut donné par les Conventionnels. »

Ni la veuve, ni la nièce, ni les amis, ni les clients de Desault n'avaient intérêt à parler de ses craintes, s'il n'en a pas manifesté, et de son empoisonnement, s'il n'est pas mort empoisonné ; ils s'exposaient au contraire à des persécutions, à la mort, peut-être. Leur témoignage n'est donc pas récusable.

Si nous en étions réduits à des soupçons, les mensonges de Sevestre et du *Moniteur* qui cachent aux conjectures du public la « date » et les « causes » de la mort de Desault, les changeraient en certitude. On ne pourrait pas excuser la Convention en disant que l'inexactitude des dates du *Moniteur* et de Sevestre provient d'une simple erreur. Ils avaient comme moi l'acte de décès à leur disposition ; s'ils ont menti, c'est qu'ils avaient intérêt à mentir. Or, quel intérêt leur supposer autre que celui d'ensevelir le secret de l'évasion ?

Mais, objecte-t-on, Desault n'était pas le seul qui connût ou pût connaître la substitution. Sa mort devenait inutile s'il restait un seul témoin. Je réponds : Les docteurs Pelletan et Dumangin, successeurs de Desault, n'avaient jamais vu le fils de Louis XVI ; par conséquent on n'avait point à craindre de leur part une contestation d'identité. Quant aux auteurs ou complices d'une évasion qui déjà remontait à plus d'un an, ils s'étaient échappés, ou restaient inconnus.

Sevestre et le *Moniteur* n'avaient pas besoin de mentir et la Convention d'empoisonner Desault si l'enfant mort au Temple était le Dauphin. C'était donc un autre enfant ; c'était le fils du baron Tardif.

En prouvant l'empoisonnement de Desault et ses causes, nous rendons de plus en plus incontestables la substitution et l'évasion.

CHAPITRE IV.

MORT DE L'ENFANT SUBSTITUÉ.

I. — FAITS ET PIÈCES OFFICIELS.

Après le départ de Simon, il avait été décidé qu'il ne serait pas remplacé, et que la surveillance de l'enfant serait exercée par des membres du conseil général de la Commune. Quant à l'enfant, on le relégua au fond d'une pièce obscure ; il dut même recevoir ses aliments au moyen d'une espèce de tour, sans être vu et sans voir. Eckard, p. 218, 219 et 230, Prévault, *id*. Tant de précautions décèlent la substitution.

Le 28 juillet 1794, aux commissaires spéciaux tirés du sein de la Commune succéda Laurent, auquel on adjoignit en novembre le sieur Gomin. Plusieurs membres du Comité de sûreté générale visitèrent l'enfant le 31 juillet. Ils le trouvèrent « immobile, le dos voûté, les bras, les jambes et les cuisses singulièrement allongés aux dépens du buste ; la tête et le cou rongés par des plaies purulentes, des tumeurs formées aux poignets et aux genoux, couvert de vermine... » Eckard, p. 232, 233 et 224. Pouvaient-ils être dupes d'un état constitutionnel si différent de celui du Dauphin ?

A l'occasion d'un article du *Spectateur*, le public et par suite la Convention parurent se préoccuper des prisonniers du Temple, et Cambacérès, au nom des Comités réunis, fit, le 22 janvier 1795, un rapport dans lequel il conseillait de retenir le fils de Louis XVI à la Tour. Il le terminait en disant : « Lors même qu'il aura cessé d'exister, on le retrouvera partout ; et cette chimère servira longtemps à nourrir de coupables espérances. » Eckard, p. 249 et 250. Phrase étrange ! qui, dans la bouche de ce rusé diplomate, annonce d'avance quel parti on comptait tirer de la mort prochaine de l'enfant substitué, et prévient les bruits d'évasion et d'existence.

Du reste, on prenait toutes les mesures possibles pour le soustraire à la vue de ceux qui connaissaient le Dauphin. De là la défense de le laisser se promener au jardin ou sur la plate-forme de la tour, et de communiquer avec la princesse Marie-Thérèse. Eckard, p. 251. De là le refus éprouvé par M. Hue, qui demandait à le soigner. Eckard, p. 280.

Cependant, l'enfant substitué, scrofuleux et languissant, dépérissait à vue d'œil. Depuis son introduction au Temple, son état maladif s'était aggravé ; non pas qu'il manquât du nécessaire ou qu'il fût maltraité ; les mauvais traitements avaient disparu avec Simon, et, s'il existait des haines politiques à assouvir contre le fils de Louis XVI, il n'en existait pas contre le fils du baron de Tardif; mais parce que la nature de son mal réclamait impérieusement pour remède le mouvement et le grand air, et qu'il était privé d'exercice et renfermé.

Dans le courant de février 1795, la Municipalité crut devoir en prévenir le Comité de sûreté générale, qui envoya des commissaires. Sur leur rapport, on députa MM. Harmand, Mathieu et Reverchon, qui constatèrent, outre les progrès du mal, « qu'ils n'avaient pu tirer une seule parole de l'enfant.» Eckard, p. 261, 262 et suiv; Prévault, p. 112.

On ne voit pas que le Gouvernement se soit alarmé ni de ce rapport, ni de ceux qu'avaient fréquemment adressés les gardiens, puisque Desault ne fut commis à la visite de l'enfant que le 6 mai. Nous savons quel sort l'attendait.

A sa mort, le docteur Pelletan fut désigné le 5 juin, et le docteur Dumangin le 7, pour lui succéder. Les délégations qu'ils reçurent portaient, comme la précédente, « qu'ils eussent à visiter l'enfant Capet, détenu au Temple..., seulement en présence des gardiens. »

Ils virent effectivement le malade et se contentèrent de rescrire la continuation du traitement ordonné par Desault. Celui-ci avait vainement essayé de faire parler l'enfant ; les nouveaux médecins cherchèrent aussi à le questionner; averti par le gardien et les municipaux « qu'il ne disait mot, » ils s'abstinrent de l'interroger plus longtemps.

Le 8 juin 1795, 20 prairial an III, l'enfant mourut.

Acte de décès.

« Extrait du registre des actes de décès du 24 prairial de l'an III de la République,—12 juin 1795.

« Acte de décès de Louis-Charles Capet, du 20 de ce mois, — 8 juin,—trois heures après-midi, âgé de dix ans et deux mois, natif de Versailles, département de Seine-et-Oise, domicilié aux tours du Temple, section du Temple, fils de Louis Capet, dernier roi des Français, et de Marie-Antoinette-Joséphine-Jeanne d'Autriche ; sur la déclaration faite à la maison commune par :

« Etienne Lasne, âgé de trente-neuf ans, gardien du Temple, domicilié à Paris, rue et section des Droits de l'Homme, 48, le déclarant a dit être voisin ;

« Et par:

« Rémi Bigot, employé, domicilié à Paris, Vieille rue du Temple, 61 ; le déclarant a dit être ami.

« Vu le certificat de Dusser, commissaire de police de ladite section, du 22 de ce mois,—10 juin.

« Signé : LASNE, BIGOT, et ROBIN, officier public. »

L'enfant mourait le 8 juin... et, le 12 seulement, l'acte de décès était dressé ! Or, alors comme aujourd'hui, en cas de décès dans une prison, il devait en être sur-le-champ donné avis à la Municipalité, qui s'y transportait immédiatement, vérifiait le décès, et rédigeait l'acte. Mais il fallait bien le temps de délibérer s'il convenait d'avouer l'évasion ou de faire un faux ; quatre jours n'étaient pas trop ; le faux fut adopté.

Cette irrégularité n'est pas la seule.

Capet, surnom du chef de race, n'est pas le nom de famille du fils de Louis XVI.

L'acte indique le décès à trois heures ; Sevestre, dans son rapport du 9 juin, pag. 47, l'indique à deux heures et un quart.

L'acte est matériellement, légalement et moralement inapplicable au fils de Louis XVI.

Ce n'est pas tout.

Le 9, MM. les docteurs Pelletan et Dumangin, commis par arrêté du Comité de sûreté générale, daté de la veille, à l'effet de procéder à l'autopsie, assistés des docteurs Lassus et Jeanroy qu'ils s'étaient adjoints, rédigèrent le procès-verbal suivant :

« Arrivés tous les quatre à onze heures du matin à la porte extérieure du Temple, nous y avons été reçus par les commissaires, qui nous ont introduits dans la tour. Parvenus au deuxième étage, dans un appartement, dans la seconde pièce duquel nous avons trouvé dans un lit le corps mort d'un enfant qui nous a paru âgé « d'environ » dix ans, que les commissaires « nous ont dit être » celui du fils de défunt Louis Capet, et que deux d'entre nous « ont reconnu pour être l'enfant auquel ils donnaient des soins depuis quelques jours... »

Suit l'énoncé de l'opération.

« Tous les désordres, ajoutent les docteurs en terminant, dont nous venons de donner le détail, « sont évidemment l'effet d'un vice scrofuleux existant depuis longtemps » et auquel on doit attribuer la mort de l'enfant... » *Journal de la Tour du Temple*, par Cléry, p. 240 et 243.

Les docteurs, comme on le voit, ne se compromettent pas ; au lieu de dire : Nous avons trouvé le corps du fils de défunt Louis Capet, et ils eussent pu le dire si le corps eût été réellement celui du fils de Louis XVI, puisque deux d'entre eux, MM. Lassus et Jeanroy le connaissaient ; ils déclarent : « Nous avons trouvé le corps... que les commissaires nous ont « dit être » celui du fils de..., et que deux d'entre nous ont reconnu pour être l'enfant « auquel ils donnaient des soins depuis quelques jours. »

Quels sont ces deux ? Évidemment Pelletan et Dumangin,
qui n'avaient jamais connu le Dauphin. Encore Dumangin
a-t-il publié une réfutation des complaisantes explications de
Pelletan sous la Restauration.

« Il est à remarquer, écrit l'historien Léonard Gallois, dans
sa continuation d'Anquetil, tome Ier, page 254, que les médecins qui procédèrent à l'autopsie du cadavre de l'enfant
mort au Temple le 8 juin 1795, ne connaissaient point personnellement le fils de Louis XVI, et qu'ils furent obligés de
s'en rapporter, quant à l'identité, à la déclaration des commissaires de la prison. »

Ainsi toute la constatation se réduit à ce point : que l'enfant mort était celui auquel on donnait des soins depuis quelques jours. Qui était-il ? Les médecins se taisent. Et puis cet
enfant leur paraît âgé : « d'environ dix ans. » Pourquoi cet
« environ ? » On conçoit une approximation dans le cas d'incertitude sur l'identité d'un cadavre ; mais ici rien de semblable ; s'il s'agissait du fils de Louis XVI, n'avait-on pas son
acte de naissance du 27 mars 1785 ? Il n'était pas besoin du
mot « environ. » Mais l'accident de Desault fit adopter sans
doute cette prudente rédaction.

Le 10 juin, à huit heures du soir, cinquante-quatre heures
après le décès, Dusser, commissaire de police de la section
du Temple, accompagné de deux commissaires civils, se rendit à la tour pour faire enlever le corps de l'enfant. Il fut mis
dans un cercueil de bois, transporté sur-le-champ, sans aucune cérémonie, au cimetière de la paroisse de Sainte-Marguerite, au faubourg Saint-Antoine, et déposé dans la fosse
commune. Eckard, p. 289.

II. — DISCUSSION.

Sont-ce là, je le demande, non pas seulement à l'esprit de
critique et d'observation, mais au sens commun le plus vulgaire, sont-ce des circonstances et des faits propres à établir
que l'enfant mort au Temple était le fils de Louis XVI ?

Non ; évidemment non.

Car,

Si c'eût été le fils de Louis XVI, —après avoir, antérieurement
au 19 janvier 1794, constitué un gardien spécial, exigé de
Simon une surveillance active, sévère, cruelle, le Gouvernement, changeant tout-à-coup de système au départ de Simon,
aurait-il supprimé le gardien spécial, abandonné l'enfant
pendant six mois à des commissaires presque inconnus, re-
nouvelés chaque jour, et à la vigilance desquels il ne devait
ni ne pouvait se fier ? — Non.

Ou il avait des remords de sa conduite envers le prince, ou
il n'en avait pas ; s'il en avait, la prudence conseillait de n'en

rien faire paraître, par conséquent de ne rien changer ouvertement au régime de la prison ; s'il n'en avait pas, il fallait choisir un nouvel et unique exécuteur de ses ordres secrets. L'institution d'une surveillance mobile prouve clairement qu'il craignait l'œil d'un geôlier permanent, qu'il voulait empêcher l'attention de se fixer sur le prisonnier, et surtout qu'il n'avait plus le même intérêt à le garder ou à le tuer... parce qu'il n'était plus le même enfant.

Mais, peut-on objecter, au bout de six mois le Gouvernement rétablit des gardiens spéciaux ; l'argument tiré de leur suppression est donc sans portée ? — Non. Avouera-t-il, cachera-t-il l'évasion ? L'avouer, c'est s'exposer à une accusation d'incurie, de connivence et de trahison. La cacher est plus sûr ; sa résolution est arrêtée en ce sens ; l'état maladif du substitué la détermine. Six mois se passent en démarches infructueuses pour arrêter le fils de Louis XVI et pour trouver des gardiens discrets ou ignorants.

Si c'eût été le fils de Louis XVI, — aurait-on donné de lui ce signalement : « Dos voûté, bras, jambes et cuisses singulièrement allongés aux dépens du buste. » — Non. Car cette description suppose un cou long et une poitrine étroite, tandis que les bustes authentiques du Dauphin montrent qu'il avait le cou court, les épaules larges et la poitrine très développée. Il n'y a pas de tortures capables d'opérer une pareille désorganisation osseuse.

Si c'eût été le fils de Louis XVI, — l'aurait-on, malgré les réclamations des commissaires et des gardiens, malgré les rapports des députés conventionnels, délaissé sans médecin depuis le 19 janvier 1794 jusqu'au 6 mai 1795 ? Aurait-on refusé à M. Hue la permission de le soigner ? Aurait-on empêché sa sœur d'approcher de lui ? — Non.

Le Gouvernement avait antérieurement, il est vrai, recommandé de faire périr le jeune prince à force de mauvais traitements, mais, par simple pudeur politique, il n'aurait pas osé violer à ce point les principes de l'humanité, s'il n'avait eu la certitude que le médecin, que M. Hue, que Marie Thérèse verraient dans le malade un enfant étranger.

Si c'eût été le fils de Louis XVI, — aurait-on choisi pour lui donner des soins des médecins qui, excepté Desault, victime de sa franchise, ne l'avaient jamais vu, tandis qu'il existait encore une foule de médecins de sa famille ? — Non.

Si c'eût été le fils de Louis XVI, — aurait-on, pour dérober sa figure à toute investigation, affecté de le reléguer au fond d'une pièce obscure, et rétabli les abat-jour précédemment enlevés ? — Non.

Si c'eût été le fils de Louis XVI, — serait-il, de bruyant qu'il était, devenu subitement muet ? — Non.

Si c'eût été le fils de Louis XVI, — serait-il mort « d'un

vice scrofuleux existant depuis longtemps, » lui qui, de notoriété publique, n'en était point atteint, lui si pétulant, si vif, si gai, caractère essentiellement différent de celui des personnes affectées de cette maladie? — Non.

Si c'eût été le fils de Louis XVI, — les termes du procès-verbal d'autopsie seraient-ils vagues au point de n'affirmer ni l'âge, ni l'identité? — Non.

Si c'eût été le fils de Louis XVI, — l'aurait-on mis dans le cercueil à une heure du soir assez avancée pour qu'il fût impossible de distinguer ses traits? L'aurait-on transporté au cimetière clandestinement et sans appareil funèbre? — Non.

Il était au contraire du devoir et de l'intérêt du gouvernement de requérir l'intervention d'hommes qui eussent notoirement connu le fils de Louis XVI, de leur faire constater au grand jour la personnalité du cadavre, et de procéder à l'inhumation avec un certain éclat, ne fût-ce qu'afin d'apprendre au peuple que la République venait d'être délivrée de l'héritier légitime d'un roi.

Enfin, signalement, mutisme, affection scrofuleuse, procédés du Gouvernement, rien ne s'applique au fils de Louis XVI; tout convient parfaitement au substitué, au fils du baron de Tardif.

Nous pourrions borner là notre discussion, et elle serait concluante ; mais, tout récemment, on a saisi l'occasion d'un procès intenté par les héritiers d'un aventurier à madame la duchesse d'Angoulême pour rajeunir les vieilles objections des complaisants de la Restauration ; nous allons les réfuter malgré leur faiblesse.

III.—OBJECTIONS ET RÉFUTATION.

Ces objections peuvent se réduire à deux :

1° La surveillance active organisée dès les premiers moments de l'incarcération de la famille royale au Temple ne s'est jamais ralentie jusqu'à la mort de l'enfant, et par conséquent n'a jamais permis l'enlèvement ; les rapports des Conventionnels l'attestent.

Cette objection ne nous arrêtera pas longtemps : nous avons, en racontant d'après des documents officiels ce qui s'était passé au Temple le 19 janvier 1794, démontré combien au moyen des Simon gagnés, l'enlèvement devenait facile, et combien, en donnant décharge de l'enfant, les municipaux durent se montrer coulants envers un confrère qu'ils avaient mille raisons de ne pas soupçonner.

Quant aux rapports des Conventionnels, leur affirmation vaut en histoire ce que vaut une assertion politique du *Mo-*

niteur. On conçoit qu'ils aient prôné la vigilance de leurs agents et nié l'évasion ; c'était l'intérêt du Gouvernement. Mais, est-ce une preuve que l'évasion n'ait pas eu lieu ? Nullement.

2° L'identité du fils de Louis XVI et de l'enfant mort au Temple a été surabondamment constatée par une foule de témoins. Et on cite à l'appui de cette objection les dépositions de Lasne et de Gomin, deux gardiens de l'enfant, recueillies en 1837.

Nous extrayons de la *Gazette des tribunaux* du 7 juin 1851 les passages de ces dépositions sur lesquels on se fonde.

Déposition de Lasne.

Etienne Lasne, âgé de 83 ans...., dépose :

« Je suis entré aux gardes françaises en 1774, et j'en suis sorti en 1782, puis, en 1789, je fis partie de la garde nationale de Paris, et en 1791 je fus nommé capitaine des grenadiers du bataillon du poste Saint-Antoine. J'eus, dans cette position, et toutes les fois que j'étais de garde au Château, occasion de voir les enfants du roi Louis XVI. Le jeune Dauphin se faisait remarquer par la beauté de ses traits, la vivacité de son caractère et son regard imposant et plein d'expression ; il avait l'abord brusque de son père ; ses gestes étaient vifs et saccadés ; le premier moment passé, personne dans la conversation n'était plus affable ; il étonnait par l'à-propos et la maturité de ses reparties.

« Après la journée du 10 août, je fus nommé commandant en chef de la section des Droits de l'Homme. En cette qualité, j'allai au Temple pour y inspecter les hommes de service, et j'y voyais les enfants de Louis XVI, lorsqu'ils jouaient dans le jardin. J'ai parfaitement reconnu le Dauphin pour celui que j'avais vu et sur la terrasse des Feuillants et dans les promenades aux Tuileries.

« En germinal an III, avril 1795, je fus chargé par le Comité de sûreté générale de la garde du prince et de sa sœur. A mon arrivée au Temple, je visitai le Dauphin ; c'était bien assurément le même ; mais l'incurie de ses anciens gardiens l'avait mis dans un tel état, que ce malheureux enfant inspirait la pitié et presque le dégoût. . . . .
. . . . Déjà l'enfant allait mieux lorsque Desault fut enlevé par « une attaque d'apoplexie foudroyante. »

« . . . .
Au milieu des souffrances les plus aiguës, le prince montrait une impassibilité extraordinaire ; aucune plainte ne sortait de sa bouche et « jamais il ne rompait le silence. »

« Dans une seule circonstance, il daigna m'adresser la parole. Un jour, plus souffrant que de coutume, il était étendu

sur son lit ; la douleur avait altéré ses traits, il cherchait encore
à dissimuler son mal. Je lui présentai une potion stomachique
qu'on m'avait recommandé de lui donner dans ses moments
de crise ; il refusa. Je revins à la charge à différentes reprises :
même refus. Enfin, fatigué de mes importunités, il prit le
verre qui renfermait le breuvage et contractant sa figure d'une
manière toute particulière, signe manifeste de son mécontentement, il en jeta le contenu par terre. Sans me dé-
concerter, sans lui adresser le moindre reproche, je remplis
de nouveau le verre, et pour lui inspirer plus de confiance,
je le portai à ma bouche et bus moi-même devant lui : « Tu
as donc juré que je le boirais ? me dit-il en se levant brusquement sur son séant, eh bien ! donne, je vais le boire...»
Et d'un trait il avala ce qu'il y avait dans le verre, puis me
le remit. « Ce sont les seules paroles que je lui aie entendu
proférer pendant tout le temps que j'ai passé près de lui. »

« . . . .

« J'ajouterai que, pendant deux jours, le corps du prince
fut exposé dans sa chambre. Il a pu facilement être vu et reconnu par toutes les personnes qui allaient et venaient dans
le Temple, ainsi que par les hommes de garde. Je ne l'ai
quitté que lorsque les derniers devoirs lui furent rendus. C'est
dans le cimetière Sainte-Marguerite-Saint-Antoine qu'il a
été enterré, « dans une fosse à part. »

Déposition de Gomin.

Jean-Baptiste-Marie Gomin, âgé de 83 ans..., dépose :

« Je suis entré au Temple, vers le 9 thermidor an II, 26 août
1794, en qualité de gardien du prince Charles-Louis, duc de
Normandie, fils de Louis XVI. Je ne le perdais pas de vue un
seul instant. . . . .
« . . . .

« Pendant sa maladie, le prince, que je voyais à tous les
instants de la journée, « causait sans effort ; il a même parlé
une heure avant de mourir. » Il était impossible, surtout en
raison de la surveillance continuelle dont il était l'objet, qu'il
fût enlevé furtivement. . . . .

« Je suis d'autant plus certain que l'enfant que j'ai vu mourir au Temple était le duc de Normandie, fils de Louis XVI,
qu'antérieurement à la détention, je l'avais vu plusieurs fois
et de très près,—étant à cette époque commandant d'un bataillon de la garde nationale de Paris,—dans le jardin, dit du
prince, aux Tuileries, où il avait l'habitude de jouer, accompagné de sa gouvernante, madame de Tourzel.

« . . . .

« Quant au fait de l'identité du duc de Normandie, fils de Louis XVI, avec l'enfant confié à ma garde au Temple, et à celui d'un enfant muet qui lui aurait été substitué, mes souvenirs sont précis, et j'ai à cet égard la conviction la plus entière. Ainsi, je le déclare en mon âme et conscience :

« Je connaissais parfaitement, avant sa détention, le duc de Normandie, fils de Louis XVI, l'ayant vu souvent, et à une distance fort rapprochée, dans le jardin du prince, aux Tuileries, où il jouait sous la surveillance de madame de Tourzel.

« C'est cet enfant dont la garde m'a été confiée; c'est lui que j'ai soigné, c'est lui qui est mort sous mes yeux en juin 1795, à la tour du Temple ; c'est lui, enfin, « qui parlait encore une heure avant de mourir. »

« J'ajouterai que plusieurs membres de la Convention sont venus visiter cet enfant à l'époque où il était confié à ma garde, et que jamais il n'a fait de réponse aux questions qu'ils lui adressaient, ce qui a pu accréditer cette version que cet enfant était muet; « il répondait volontiers aux sieurs Laurent et Lasne ainsi qu'à moi. » Cette circonstance se rapporte aux derniers temps de sa vie.

« Au moment de l'ouverture de son corps, je fis entrer dans sa chambre plusieurs gardes nationaux et officiers, qui tous l'examinèrent ; peut-être retrouverais-je sur mes notes de Paris les noms de plusieurs d'entre eux.

« . . . . »

Occupons-nous d'abord de Lasne.

Outre sa déposition de 1837, il y a son interrogatoire de 1834 dans le procès de M. de Richemont.

Le voici :

« Avez-vous causé avec l'enfant? — « Tous les jours. » — « Sur quels objets ? — « Jamais que sur des objets sérieux et graves. » Un enfant de dix ans!! « Ces conversations ont laissé des souvenirs profonds chez moi. Jamais il n'entamait la conversation. Il avait beaucoup d'intelligence ; « je surprendrais l'auditoire si je voulais dire ce qu'il me disait. » *Gazette des trib. du 31 octobre 1834.*

Il est bon de noter qu'à la même époque Lasne avouait que « l'enfant ne disait jamais rien. »

PIÈCE 28. — Le 2 novembre 1842, M. J.-Casseux, professeur, demeurant à Paris, rue Bourtibourg, déclare :

« En 1834, lors du procès Richemont, j'interrogeai le sieur Lasne, qui disait avoir gardé le fils de Louis XVI au Temple, afin de savoir quelles étaient les réponses que lui faisait cet enfant sur ses parents, et autres choses, le sieur Lasne me répondit « que l'enfant ne disait jamais rien. »

Rapprochons maintenant de l'interrogatoire de 1834 la déposition de 1837 :

« . . . Jamais il ne rompait le silence.

« Dans une seule circonstance il daigna m'adresser la parole... Ce sont les seules paroles que je lui aie entendu proférer pendant tout le temps que j'ai passé auprès de lui. »

Ainsi, le Lasne de 1834 « causait tous les jours avec l'enfant qui lui tenait des conversations à surprendre l'auditoire,» et le Lasne de 1837 « ne l'a entendu parler qu'une fois. » Lequel des deux ment, ou plutôt lequel des deux ne ment pas ? Il faudrait avoir de la mémoire quand, avec de pareils témoins et de pareils témoignages, on s'avise de faire de l'histoire ou de réfuter ceux qui la font sérieusement et religieusement; on ne s'arrêterait pas aux radotages d'un vieillard qui n'a plus la conscience de ses souvenirs, ou qui les forge pour se rendre utile ou important,

Il y a plus ; la déposition de Lasne est infirmée par celle de Gomin, qui la contredit.

Gomin dit : « Pendant sa maladie, le prince, que je voyais à tous les instants de la journée, « causait sans effort; il a même parlé une heure avant de mourir. »

Voilà deux vieillards de 83 ans dont l'un affirme que le Dauphin « n'a parlé qu'une seule fois, » Lasne; et l'autre, « qu'il causait sans effort et qu'il répondait volontiers aux sieurs Laurent et Lasne ainsi qu'à lui, » Gomin. Qu'en conclure? Qu'ils mentent tous deux.

Examinons maintenant la véracité de Gomin.

Gomin a été pendant la Restauration gardien du château de Meudon ; la duchesse d'Angoulême l'affectionnait et l'anoblissait sous le nom de Pongerville ; le tout au témoignage écrit de sa propre famille.

Premier motif de suspicion ;

Second motif :

Tous les détails qu'il a donnés, même dans l'intimité, sur sa conduite envers les prisonniers du Temple sont un tissu de faussetés. Qu'on en juge par ceux que raconte, d'après ses confidences, un membre de sa famille.

PIÈCE 29. — Lettre de M... A... M... du 27 mai 1851. :

« . . . .

« Gomin, en sa qualité de commissaire, a protégé plus d'une fois la famille royale contre la fureur populaire qui voulait faire invasion dans sa prison ; il avait fait de fausses cloisons derrière lesquelles il faisait cacher le Dauphin et sa famille, pour les soustraire aux mauvais traitements dont ils auraient été victimes de la part des scélérats qui parvenaient à entrer dans le Temple ; les enfants étaient laissés dans un état de dénûment complet ; il leur procurait ce dont ils avaient besoin, le leur mettant sur le lit où ils reposaient, leur laissant ainsi croire qu'ils ne tenaient rien de sa générosité ; malgré la défense, il obtint, parce que leur santé s'altérait, la permission de les faire sortir pour respirer l'air, à condition qu'il en répondît sur sa tête ; enfin, il était si bon pour ces pauvres enfants, que le petit Dauphin, n'ayant rien, ne pouvant témoigner sa reconnaissance par quelque cadeau, trouva cependant moyen de lui laisser un souvenir : il lui donna une boucle de ses cheveux blonds.... »

Il y a dans ce récit des services de Gomin autant d'impossibilités matérielles que de faits énoncés.

Car, et ce sont des vérités notoires,

Après la mort du roi, la famille royale ne courut aucun danger ;

Il n'y eut nul besoin de placer de fausses cloisons pour protéger les enfants royaux qui n'étaient ni ensemble, ni dans le même appartement ;

Gomin n'a pu s'apercevoir seul de l'état de dénûment des captifs, ni seul y remédier ;

Il n'a pu leur procurer ce dont ils avaient besoin, en le leur mettant sur le lit où ils reposaient, attendu que les enfants, n'habitant pas le même compartiment de la Tour, ne reposaient point dans le même lit ;

Les enfants ne descendirent plus dans le jardin après le départ de la reine, et ils ne se sont revus qu'une seule fois, le 12 octobre 1793, lors des confrontations ordonnées par le tribunal révolutionnaire ;

Enfin le prince n'a pu donner à Gomin une boucle de ses cheveux blonds, puisqu'il n'était plus au Temple, et que celui qui lui fut substitué avait les cheveux rouges.

Gomin a voulu se rendre intéressant, et nous l'avons prouvé par son emploi à Meudon, c'était son intérêt.

De tout ce que dessus nous inférons que, comme Lasne, Gomin en a imposé à la justice.

Menteurs sur des points tellement essentiels, peut-on les croire sincères sur les autres, par exemple quand ils affirment avoir eu souvent la facilité de voir et de connaître le Dauphin avant son incarcération, comme chefs dans la garde nationale, et l'avoir reconnu depuis dans l'enfant dont ils ont été les gardiens et qui est mort sous leurs yeux ? Assurément non.

Poursuivons cependant notre examen jusqu'au bout.

« Plusieurs membres de la Convention, dit Gomin dans la dernière partie de sa déposition, sont venus visiter l'enfant, à l'époque où il était confié à ma garde ; jamais il n'a fait de réponse aux questions qu'ils lui adressaient, ce qui a pu accréditer cette version que l'enfant était muet; « il répondait volontiers aux sieurs Laurent et Lasne, ainsi qu'à moi. »

Qui ne reconnaîtrait à ce paragraphe la main du Pouvoir qui a sollicité et dicté la déposition? Il craignait l'objection tirée du rapport des Conventionnels et s'efforçait de la prévenir. C'est absolument comme Lasne faisant mourir Desault d'apoplexie!!

Lesquels croire, ou des députés Harmand, Mathieu et Reverchon, qui déclarent « n'avoir pu tirer une seule parole de l'enfant, » Eckard, p. 261 et suiv., et Prévault, p. 112, ou de Lasne affirmant, tantôt « avoir tenu conversation avec lui, » tantôt « ne l'avoir entendu qu'une seule fois, » ou de Gomin, attestant effrontément « qu'il causait sans effort? »

Evidemment, s'il eût parlé à Laurent, à Lasne et à Gomin, il aurait parlé à M. Harmand, qui l'interrogea longtemps avec bonté et lui témoigna beaucoup d'intérêt.

Mais ce terrible rapport officiel gêne visiblement les adversaires de la non-identité ; puisqu'il constate, s'écrient-ils, « qu'à la prière des députés, l'enfant se leva, marcha, mangea, » donc il n'était pas sourd-muet. — N'est-ce pas assez qu'il fût muet pour qu'il n'y ait pas identité entre le Dauphin et lui.

Que de tergiversations pour échapper par des mensonges à la constatation du mutisme de l'enfant, c'est-à-dire de la substitution !

Sentant tout le poids de ce mutisme relativement à la solution de la question d'identité, ils y reviennent encore. Selon eux, Desault aurait rapporté à Beaulieu, qui l'aurait consigné dans ses mémoires: « que l'enfant lui parlait; » selon eux toujours, le même enfant aurait dit à Pelletan : « Parlez plus bas : je ne veux pas que ma sœur apprenne que je suis malade » *Gazette des Tribunaux* du 7 juin 1851.

Or, Beaulieu, qui du reste ne connaissait Desault que par une entrevue de prison, ne lui fait point dire «que l'enfant parlait, » mais, « que l'enfant n'était point empoisonné, » ce qui est bien différent. Si Beaulieu lui avait prêté ce propos, il aurait eu le malheur d'être en contradiction avec madame veuve Desault, avec madame Thouvenin, nièce du docteur, avec plusieurs de ses amis, qui sont à cet égard un peu plus compétents que lui, et qui affirment que le docteur déclara: « ne pas reconnaître l'enfant ; » quant aux paroles adressées à Pelletan, elles n'ont pour garant que Cléry, du journal duquel Eckard et les autres compilateurs les ont tirées. Pelletan lui-même, plusieurs fois démenti par Dumangin, son confrère, n'a pas insisté. Il suffit de se rappeler l'obséquiosité de Cléry envers la duchesse d'Angoulême, sa bienfaitrice, pour assigner à cette phrase sa juste valeur. C'est dommage ! car elle était sentimentale. Nous y trouvons cependant un petit inconvénient : c'est que, pour qu'elle fût vraisemblable, il eût fallu que la sœur eût pu l'entendre ; et elle demeurait dans un autre appartement, éloigné, sans communication.

Un dernier document : On lit dans les *Mémoires d'un prêtre régicide*, imprimé à Paris chez Tilliard, en 1829, tome 2, pages 366 et précédentes, qu'au mois de février 1795, par arrêté du Comité de sûreté générale, l'auteur fut chargé de visiter l'enfant du Temple. Un sentiment d'humanité lui fit accepter pour compagnon un ancien serviteur de la famille royale qui brûlait d'entretenir le fils de ses maîtres et qu'il désigne sous le nom de Fabricius. Ils allèrent ensemble au Temple et firent tous leurs efforts pour égayer l'enfant et obtenir de lui quelques paroles.

« Nous restâmes seuls avec le prince, dit l'auteur. Je crus pouvoir alors renouveler mes instances : elles furent inutiles. Je me rappelai que mon compagnon était connu du prince, qu'il lui avait parlé ; je l'engageai à le faire de nouveau ; mais il m'apprit « qu'il n'en avait pu obtenir une parole ; il lui parla devant moi et inutilement : » je m'éloignai ; rien de plus. »

Assez de mutisme ; revenons sur quelques points secondaires des dépositions de Lasne et de Gomin.

Lasne débute par un portait fidèle du caractère et de la personne du Dauphin avant l'incarcération ; comment ne s'aperçoit-il pas que la gaîté, la vivacité, la brusquerie, sont incompatibles avec l'impassibilité silencieuse qu'il est forcé d'avouer chez le prisonnier ?

Gomin et Lasne s'accordent à nier la possibilité de l'évasion pendant leur surveillance, soit. Mais qu'est-ce que cela prouve ? Qu'ils ont bien gardé l'enfant substitué ; nous ne le contestons pas.

Lasne dit : « Pendant deux jours le corps du prince fut exposé dans sa chambre. Il a pu facilement être vu et reconnu par toutes les personnes qui allaient et venaient dans le Temple, ainsi que par les hommes de garde. » — « Au moment de l'ouverture du corps, dit Gomin, je fis entrer dans sa chambre plusieurs gardes nationaux et officiers, qui tous l'examinèrent. » Deux jours d'exposition aux regards de tout venant, d'après l'un ; introduction de quelques gardes nationaux au moment de l'ouverture, d'après l'autre. L'accord pourrait être plus parfait. Mais, quand cela serait, si on se souvient de l'obscurité de la pièce attestée par les conventionnels, on trouvera les visiteurs peu compétents dans la question d'identité.

D'après Lasne, l'enfant aurait été inhumé « dans une fosse à part ; » d'après le procès-verbal de Dusser, il l'a été dans la fosse commune. Je ne mentionne cette contradiction que pour signaler les écarts d'imagination du principal témoin de nos antagonistes; car, pendant la nuit, le corps fut en effet retiré de la fosse commune, mais à l'insu de Lasne et du Gouvernement.

Nous aurions pu nous abstenir de réfuter des dépositions sans valeur et sans portée, puisque Lasne et Gomin n'étaient entrés au Temple qu'après le départ de Simon, par conséquent après l'évasion du Dauphin. Qu'importait dès lors qu'ils eussent pu le voir avant sa détention ? Qu'importe qu'ils aient dit l'avoir reconnu dans l'enfant mort, puisqu'ils ont menti sur le point le plus important, celui de savoir s'il parlait ou non ? Leur témoignage, infirmé quant au fils de Louis XVI, concerne une vie que nous ne disputons pas à la mort. Mais comme on y attachait une grande importance, nous avons voulu le détruire de fond en comble, uniquement pour démontrer le néant absolu de ces argumentations de commande.

Il nous reste à produire une dernière preuve de la non-identité de l'enfant mort avec le Dauphin, preuve matérielle, sans réplique, contre laquelle viendront se briser toutes les intrigues.

IV. SQUELETTE DE L'ENFANT MORT AU TEMPLE.

En confiant son secret à la terre, le gouvernement espérait qu'il y serait enseveli pour toujours, et qu'au pis aller, les investigations se borneraient à des conjectures impossibles à vérifier. Mais l'éternelle justice en a autrement ordonné : le squelette de l'enfant retrouvé il y a quelques années, et scrupuleusement examiné par quatre anatomistes distingués, MM. M... D... B... et T.., les uns anciens internes, l'autre médecin des hôpitaux, outre les traces de l'autopsie, et celles de scrofules congéniales dont jamais le fils de Louis XVI n'avait été atteint, a révélé un âge de treize à quinze ans, et le fils de Louis XVI n'en avait que dix !!

Ces médecins, hommes consciencieux, honorables et bien connus, complétement désintéressés dans la question, nous ont eux-mêmes raconté les circonstances de la découverte, le mode, les détails et le résultat de leurs observations ; l'un d'eux en a conservé procès-verbal, et tous ont promis leur affirmation judiciaire au besoin.

PIÈCE 30.—M. l'abbé Ne... écrit à M. A...

« Monsieur,

« Je suis prêtre, jadis ennemi déclaré de la cause du fils de Louis XVI, dont j'ai regardé longtemps l'histoire comme une fable, mais aujourd'hui, pleinement convaincu de son existence, et cherchant à réparer, par mon respect et mon amour,

mon indifférence passée, que l'espèce de bonne foi où j'étais
peut rendre excusable, permettez-moi donc d'ajouter un nouveau témoignage à tous ceux que vous avez déjà publiés. J'espère que cette petite pierre contribuera pour sa faible part à
l'édifice de la reconnaissance du fils du roi martyr.

« J'ai souvent entendu plusieurs personnes s'étonner de ce
que la Restauration ne fit pas rechercher les restes de l'enfant
mort au Temple, puisqu'elle professait que cet enfant était
l'infortuné Dauphin. L'on dit, pour l'excuser, que ces restes
étaient difficiles à découvrir, et que, d'ailleurs, des fouilles
commencées quelque part n'avaient pas eu de résultat. L'*Inflexible* a également publié que ces restes furent, il y a trois
ans environ, découverts près de l'église Sainte-Marguerite, et
que des médecins appelés déclarèrent que cet enfant, que tout
prouvait être celui mort au Temple, devait avoir au moins
quinze ans. Or, voici un témoignage que j'ai recueilli ces
jours-ci, et qui vient jeter un nouveau jour sur ce sujet ; le
public en jugera la valeur.

« Le 20 juin 1850, étant à Paris, je me transportai à l'é-
glise Sainte-Marguerite, près de laquelle la tradition rapporte
qu'on déposa les restes de l'enfant mort au Temple en 1795.
Mon but était donc d'acquérir une connaissance détaillée de
ce qui se passa, il y a environ trois ans, lors de la découverte
du cercueil de cet enfant. J'étais accompagné de M. l'abbé B...,
prêtre, agrégé à une congrégation religieuse. M. le curé de
Sainte-Marguerite étant absent, M. le prêtre sacristain de cette
paroisse, à qui l'on m'adressa comme le plus capable de me
fournir les renseignements que je cherchais, me raconta les
faits suivants :

« 1° Il est hors de doute que « les restes de l'enfant mort au
Temple furent déposés au cimetière de Sainte-Marguerite. » On
les mit d'abord « dans la fosse commune ; » mais, quand la
nuit fut venue, ils en furent tirés par les soins du fossoyeur,
en présence de témoins, « et placés tout près d'une petite
porte de l'église. » Ce fait est certain et ne peut être révoqué
le moins du monde en doute.

« 2° Il était tellement avéré que les restes de l'enfant mort
au Temple avaient été déposés dans ce lieu, que, la Restauration venue, M. Lemercier, curé de Sainte-Marguerite, prédéces-
seur immédiat de M. le curé actuel, crut devoir faire une démarche formelle auprès de madame la duchesse d'Angoulême.
Il lui proposa donc « de faire chercher ces restes, » afin de les
mettre dans un lieu plus convenable, et il offrit même de les
placer dans une chapelle de son église qu'on aurait disposée
à cet effet. Madame la duchesse d'Angoulême pleura beaucoup, mais refusa d'ordonner aucune recherche, alléguant
pour prétexte qu'il « fallait bien se garder de réveiller le souvenir de nos discordes civiles, que les rois étaient dans une

position terrible et qu'ils ne pouvaient pas faire tout ce qu'ils voulaient. » J'interrogeai minutieusement M. le prêtre sacristain sur cette déclaration qui me paraissait infiniment grave, et il m'assura, à plusieurs reprises, tenir ce fait de M. le curé actuel de Sainte-Marguerite, qui le tenait à son tour de M. Lemercier. Il me répéta de nouveau que M. Lemercier, en faisant cette proposition, savait positivement où étaient déposés les restes de l'enfant mort au Temple, et proposait par conséquent de faire une recherche bien facile et dont le résultat devait être infaillible.

« 3° Il y a trois ans environ, l'on creusait des fondations pour un petit bâtiment annexé à l'église. M. le prêtre sacristain surveillait les travaux, et était présent quand on découvrit, à trois pieds au-dessous du sol, « un cercueil en plomb placé dans le lieu même où l'on disait qu'était le corps de l'enfant mort au Temple. » Le cercueil pouvait avoir cinq pieds de long à peu près. Aussitôt, M. le prêtre sacristain fit suspendre les travaux et courut prévenir M. le curé. Ce dernier, jugeant le cas extrêmement grave, n'osa pas prendre sur lui de faire enlever ce cercueil, et ordonna d'ouvrir tout à côté une tranchée juste de sa longueur et de l'y faire glisser, sans le retirer de la fosse. Ainsi fut-il fait. Mais, la nuit suivante, M. le curé, de l'avis de M. de Rambuteau, préfet de la Seine, « fit enlever le cercueil et le fit ouvrir. » Depuis, qu'est-il devenu? C'est ce que M. le prêtre sacristain ignore ; il sait seulement qu'on ne l'a pas remis dans son ancienne place.

« Tels sont, monsieur, dans leur plus grande exactitude, les faits que m'a rapportés M. le prêtre sacristain de Sainte-Marguerite. Il est inutile que je les commente. Ne parlent-ils pas assez d'eux-mêmes ? Que le public juge. Il trouvera sans doute d'abord très étonnant que la duchesse d'Angoulême refuse d'ordonner des fouilles à Sainte-Marguerite.—Le prétexte « qu'il ne faut pas réveiller le souvenir de nos discordes civiles, » ne lui paraîtra guère plausible. N'a-t-on pas cherché et transporté à Saint-Denis les restes de Louis XVI et de Marie-Antoinette? Et cela paraîtra d'autant plus étonnant que, je le répète, il n'était pas seulement probable, mais certain que l'enfant mort au Temple était enterré à Sainte-Marguerite. Il tirera aussi de grandes conséquences du fait qui s'est passé il y a environ trois ans. En effet, on trouve un cercueil ; évidemment, c'est celui de l'enfant mort au Temple. Il est dans le lieu précis où l'on a mis ce dernier. De plus, les médecins déclarent l'avoir parfaitement reconnu « aux marques de l'autopsie et aux traces des scrofules. » Mais ce cercueil a cinq pieds de long ; mais les médecins déclarent que c'est le squelette d'un enfant « d'au moins quinze ans ; » donc l'enfant mort au Temple avait « au moins quinze ans. » Donc il n'était pas le Dauphin, qui n'en avait que dix !

« Voilà, monsieur, ce que ma conscience m'obligeait de dire. Faites de mon témoignage ce qu'il vous plaira. Je suis prêtre et Français; ni l'un ni l'autre ne doivent savoir dissimuler; et, puisque nous reconnaissons dans M. le baron de Richemont le fils de Louis XVI, rien au monde ne doit nous empêcher de le publier tout haut.

« Agréez, monsieur, l'assurance de ma parfaite estime et de mon entier dévoûment.

« Paris, 27 juin 1850.

    « Signé : NE....., prêtre du diocèse de Lyon. »

« J'atteste que ce récit est parfaitement exact. J'étais présent lorsque le prêtre sacristain de Sainte-Marguerite nous a raconté les faits ci-dessus relatés.

« Paris, 27 juin 1850.

      « Signé : B..., prêtre. »

Voilà, ou nous nous trompons fort, une découverte décisive.

Hâtons-nous de prévenir les quelques objections qu'on ne manquera pas de soulever.

Le commissaire de police Dusser dit que le corps de l'enfant fut placé dans un cercueil de bois et mis dans la fosse commune; le squelette a été trouvé dans un cercueil de plomb et dans une fosse à part; avec des dispositions si différentes, comment reconnaître l'identité?

L'inhumation eut en effet lieu de la manière indiquée au procès-verbal de Dusser. La nuit venue, des royalistes, aidés du fossoyeur ou de tout autre employé du cimetière ou de l'église agissant par dévoûment ou par intérêt, exhumèrent le corps, le changèrent de cercueil et le descendirent dans une fosse creusée près de l'église. Il n'y a pas de fossoyeur qui ne se rappelle aisément, par le nombre des convois, la place d'un cadavre dans une fosse commune, surtout quand l'inhumation a lieu à huit heures du soir et l'exhumation dans la même nuit. A plus forte raison a-t-il pu se rappeler la fosse distincte, et perpétuer en confidence la tradition du fait et du lieu. Je dirai la même chose de ceux qui l'assistaient ou à l'instigation desquels il agissait.

Le cercueil est comme ceux de cette époque qu'on tenait en réserve dans les caveaux des églises; il affecte grossièrement la forme des contours du corps. On voit à sa longueur qu'il a été choisi à la hâte.

Est-il possible qu'on se soit trompé sur l'identité? Non. En dehors de la tradition, il existait un autre fil d'Ariane, le procès-verbal d'autopsie, et une déclaration de Pelletan du 17 août 1817, Eckard, p. 490, dans laquelle il décrit minutieusement l'endroit où il a scié le crâne, et le procédé qu'il a employé pour le remettre et le maintenir en place. C'est avec ces deux pièces authentiques en main que les docteurs ont examiné le squelette. Or, ils ont trouvé le trait de scie exactement à l'endroit du crâne désigné dans la déclaration de Pelletan, et les traces des tumeurs scrofuleuses au côté interne du genou droit et à l'os *radius* près le poignet du côté gauche, conformément au procès-verbal d'autopsie.

Une particularité plus frappante et plus concluante, s'il se peut : au crâne adhérait encore un toupet de cheveux *rouges !!* Qu'on se souvienne de l'exclamation de la nourrice en voyant l'enfant du Temple après le 19 janvier 1794 : « Mon élève avait les cheveux blonds, celui-ci les a rouges ! » PIÈCE 5.

Même en l'absence de toute tradition, de toute désignation, y a-t-il meilleure et plus sûre constatation d'identité du squelette ? Pour la rejeter, il faudrait admettre qu'un même cimetière, en même temps, a reçu la dépouille de deux individus offrant identiquement la même analyse cadavérique, le crâne scié dans les mêmes régions, les mêmes os attaqués des mêmes tumeurs scrofuleuses, aux mêmes endroits, les cheveux de la même couleur ! Ce serait aller jusqu'à l'absurde ; car, même en négligeant le trait résultant de l'opération chirurgicale, aux yeux de l'anatomiste, entre deux cadavres comme entre deux hommes, il ne saurait exister de ressemblance parfaite.

Donc l'enfant mort au Temple était, selon l'aveu du Conventionnel Prieur, PIÈCE 20, un *substitué* et non le Dauphin.

Démonstration de l'identité du cadavre; démonstration de la non-identité de l'enfant mort au Temple avec le fils de Louis XVI; nouvelle démonstration de l'enlèvement et de la substitution.

CHAPITRE V.

POURSUITES DU DAUPHIN PAR L'AUTORITÉ.

L'autorité fut-elle instruite de la disparition du Dauphin le jour même du départ des Simon, ne le fut-elle que plus tard ? C'est ce qu'il est impossible d'affirmer. Comme les commissaires-gardiens se renouvelaient chaque jour, comme la plupart d'entre eux n'avaient jamais vu ni connu le fils de Louis XVl, comme la pièce où se tenait l'enfant était obscure, il est assez présumable qu'on ne s'aperçut de rien sur-le-champ. Mais quand vint l'heure du repas ou du coucher, et quand, interrogeant l'enfant, on n'obtint de lui aucunes paroles, le soupçon dut éclater. Ce ne fut cependant pas à qui des commissaires irait instruire l'autorité de ce qui s'était passé, car une terrible responsabilité pesait sur leur tête pour avoir négligé de-vérifier l'identité du prisonnier. La fraude a donc pu n'être officiellement découverte que longtemps après ; et pourtant les modifications apportées au service intérieur du Temple, la suppression du gardien spécial, l'abandon de l'enfant, sa séquestration complète de tous ceux qui connaissaient le Dauphin, tout, en un mot, dans la conduite du Gouvernement, semble indiquer clairement qu'il la savait.

Des recherches furent faites, sourdement d'abord, ensuite plus ostensiblement, à partir du 8 juin 1795, jour du décès de l'enfant substitué. Le Gouvernement possédant dès lors un titre mortuaire authentique, se dispensa de garder autant de mesures.

Est-ce à l'époque intermédiaire, est-ce à celle qui suivit la mort de l'enfant qu'il faut rapporter les recherches dont je vais fournir des preuves ? Je n'oserais trancher la question. Quelle que soit, du reste, l'opinion qu'on adopte, le fait principal, celui de la poursuite du fils de Louis XVI par l'Autorité, n'en sera pas moins avéré, et on ne poursuit ni les prisonniers qu'on tient en sa puissance, ni les morts.

Pièce 31. — Le 21 décembre 1849, M. B. D..., horticulteur, né à Saint-Romain-de-Colbose, arrondissement du Hàvre, Seine-Inférieure, déclare : ·

« En 1794 ou 95, requis pour servir sous les drapeaux, je me rendis à la municipalité afin de justifier que la réquisition ne pouvait m'atteindre, attendu que je n'avais pas encore l'âge révolu. Pendant que je luttais pour ainsi dire corps à corps avec les membres du comité, Petit, Condé, Duval, Dupuis, etc., tout-à-coup le citoyen Berthelot se précipite plutôt

qu'il n'entre dans la salle du conseil, et, sans m'apercevoir,
parce que j'étais masqué par la porte, s'écrie, tout effaré en
patois du pays :

« Citoyens , *no* va recommencer les perquisitions domiciliaires : Capet est *écappé.* » — On va recommencer les visites
domiciliaires : Capet est échappé.

PIÈCE 32. — Le 6 décembre 1849, madame P..., née M...,
propriétaire, demeurant à Paris, rue d'Enfer, déclare :

« En 1818, à l'époque du procès de Mathurin Bruneau,
j'habitais avec ma mère à Pithiviers ; j'avais vingt-six ans.
Nous reçûmes la visite d'un ancien et intime ami de ma famille, qui avait succédé à mon père en qualité de maire de la
commune de Gobertin, arrondissement de Pithiviers, en 1794.
Il s'appelait M. Pierre Mennetion.

« Il dit à ma mère que le Dauphin n'était pas mort, qu'il
en avait eu la preuve entre ses mains ; qu'il avait autrefois
reçu trois lettres fort importantes à ce sujet, qui lui avaient
été adressées confidentiellement par un de ses amis membre
d'un des districts de Paris ; qu'il lui avait recommandé de les
brûler, mais qu'il les avait conservées et confiées, pensait-il,
en dépôt à notre famille en 1795, date de leur envoi. -

« Ma mère crut, en effet, se rappeler le dépôt et me pria
de chercher. Je retrouvai bientôt trois lettres enveloppées soigneusement dans un papier. M. Mennetion n'eut pas de peine
à les reconnaître ; il témoigna beaucoup de joie de leur conservation, les prit et nous les lut.

« La première était à peu près ainsi conçue : « Mon ami , je
« t'apprendrai un singulier événement ; on vient de nous en-
« lever le fils de Louis XVI et de lui substituer un autre en-
« fant malade, contrefait, presque mourant, et qui, je crois,
« n'a jamais su parler. Il a les cheveux rouges , l'autre les
« avait blonds. Nous ne savons ni par qui ni comment a été
« fait le coup. Je te prie , mon ami , de faire d'actives re-
« cherches dans les environs, et de prévenir le district de
« Bois-Commun. Tu ne montreras pas ma lettre et tu la brû-
« leras. »

« La seconde, datée de deux ou trois jours plus tard, disait :
« Mon ami, j'ai oublié de t'envoyer le signalement de l'enfant
« enlevé ; il est blond, a la peau blanche, les yeux bleus, les
« sourcils blonds et clair-semés... » — La lettre parlait aussi
du teint, de la bouche et du menton, mais je ne sais plus en
quels termes ; je me rappelle aussi qu'il était question d'une
marque au côté gauche, et que la lettre se terminait ainsi :
« Le chirurgien Desault est mort ; on le présume empoisonné.
« On fait des recherches de tous côtés en sous main ; je ne
« sais pas comment cela va se passer. Brûle cette lettre. »

« La troisième est moins présente à ma mémoire ; elle était moins intéressante ; on énumérait les endroits où les recherches avaient été faites, leur inutilité et la mort au Temple de l'enfant substitué. On recommandait encore de brûler.

« M. Mennetion emporta les lettres en disant : Je vais les envoyer à Louis XVIII ; je suis content de lui prouver que son neveu n'est pas mort au Temple, et qu'il en a été enlevé... »

On lit dans l'*Illustration* du 30 août 1845 :

« Le 14 juin 1795 , six jours après le décès de l'enfant qui était renfermé au Temple, la Convention rendit un décret qui ordonnait de poursuivre le fils de Capet sur toutes les routes de France... »

Personne n'a contesté ce décret.

Il en résulte, et il résulte des PIÈCES 31 et 32 que des ordres furent donnés, des Municipalités prévenues et des recherches pratiquées dans le but d'arrêter le Dauphin. Si les membres de la commune de Saint-Romain-de-Colbose , si ceux du district de Bois-Commun reçurent des instructions en ce sens , il est évident que la mesure s'étendit à d'autres Municipalités.

Quoi de plus précis que ce témoignage d'un vieillard vénérable, M. D..., rapportant la communication de Berthelot aux membres du Comité : « Citoyens, on va recommencer les visites domiciliaires ; Capet est échappé. » Et ce passage de la première lettre adressée par un membre des districts de Paris, à M. Mennetion : « On vient de nous enlever le fils de Louis XVI... Nous ne savons par qui a été fait le coup. Je te prie , mon ami , de faire d'actives recherches dans les environs , et de faire prévenir le district de Bois-Commun... » La recommandation de brûler la lettre prouve le désir qu'on avait de ne pas trop divulguer les poursuites.

L'autorité ne s'en tint pas aux ordonnances de poursuites, il y eut des arrestations opérées.

PIÈCE 33. — Le 5 janvier 1849 , M. J. C..., chanoine, déclare :

« J'ai su qu'en 1795 , à l'époque de la prétendue mort du jeune prisonnier du Temple , un ecclésiastique , qui est mort depuis chanoine d'Angers , revenait de Paris avec un jeune enfant dont il faisait l'éducation. Arrivés à Orléans, les voyageurs y couchèrent. Au milieu de la nuit, la justice arrive, entre dans l'appartement où reposaient le précepteur et son élève ; on visite l'enfant avec soin, et on se retire ; ce n'était pas celui qu'on cherchait. »

M. Léon-Louis Maillard , demeurant autrefois boulevart et

hôtel Beaumarchais, fut aussi arrêté en 1795, par ordre du Comité de sûreté générale, comme étant le Dauphin évadé, et fut retenu quelque temps dans le département de la Charente.

Mais l'arrestation la plus importante, par les circonstances et les résultats, celle dont il nous reste des traces authentiques et incontestables, est celle de M. Morin de Guérivière. Pour ne lui rien enlever de sa force, je suis contraint d'anticiper sur les chapitres suivants et d'entrer dans des détails qui se rapportent à la manière dont le Dauphin sortit de France.

A cette époque il était caché dans la Vendée ; on n'attendait que l'occasion de le faire passer à l'étranger.

Pour favoriser cette fuite, l'émissaire du prince de Condé, Ojardias, s'était entendu avec un royaliste de sa connaissance, M. Morin de Guérivière, greffier du Comité civil de la section de Bonne-Nouvelle, et celui-ci lui avait confié son fils à peu près de l'âge et de la taille du Dauphin. Ojardias fit monter le jeune Morin dans une berline de voyage à quatre chevaux, le plaça debout vis-à-vis de la portière afin qu'il fût aperçu, et, dans cet équipage, il traversa Paris avec fracas, prenant la route du Bourbonnais, après avoir répandu le bruit du prochain départ du prince qu'on croyait caché dans la capitale.

La Convention donna dans le panneau : elle adressa de suite au représentant Chazal, délégué dans les départements situés sur le chemin présumé qu'Ojardias allait parcourir, une dépêche dans laquelle il était dit qu'un enfant avait été enlevé la veille, et, comme tout portait à croire que c'était le détenu du Temple, qu'il fallait le faire arrêter le plus promptement possible.

Le jeune Morin de Guérivière, parti de Paris le 7 juin 1795, fut conduit dans la ville de Thiers, et mis par Ojardias entre les mains d'un de ses amis, M. Barge-Beal, l'un des plus riches propriétaires du pays ; puis, par mesure de prudence, l'émissaire du prince de Condé crut devoir s'éloigner dans le premier moment.

Les ordres de la Convention ne tardèrent pas effectivement à arriver, et l'enfant fut mis en état d'arrestation dans la maison où il était ; mais bientôt on apprit du jeune Morin son nom et sa famille, ce qui calma les esprits. Ojardias, informé par M. Barge-Béal de tout ce qui s'était passé, jugea qu'il pouvait alors sans crainte se présenter aux autorités. Il se rendit donc auprès du représentant Chazal, qui, satisfait de ses explications, écrivit au procureur syndic de Thiers la lettre suivante :

PiÉce 34.— « Du Puy, le 22 messidor an iii,—10 juillet 1795.

« J.-P. Chazal, représentant du peuple, délégué par la Convention nationale dans les départements du Puy-de-Dôme, de la Haute-Loire, du Cantal, de l'Aveyron et de la Lozère, au procureur syndic du district de Thiers.

« J'ai entendu Ojardias, il a justifié de sa conduite ; le fait qui lui était imputé est faux, je vous autorise à lever les ordres qui retiennent l'enfant dans la maison de Barge-Béal, ainsi que ceux qu'on aurait pu donner contre la liberté d'Ojardias.

　　　　　　« Salut et fraternité, signé : J.-P. Chazal ,
　　　　　　　　« Certifié conforme :
　　　　　　　　« Le procureur syndic du district ,
　　　　　　　　　　« Signé : Brugière-Barante. »

On n'a jamais révoqué en doute l'arrestation de M. Morin ; les organes les plus dévoués du légitimisme en sont euxmêmes convenus.

La *Quotidienne* du 6 novembre 1823 contient la note suivante :

« S. A. R. Monsieur a bien voulu accueillir une réclamation qui lui a été faite par M. Morin de Guérivière, inventeur d'un nouveau mode d'ornements, dont la fabrique est rue Chapon, n° 2. Le sieur Morin a eu l'honneur de mettre sous les yeux de S. A. R. une pièce qui atteste qu'à l'époque où courut le bruit de l'enlèvement de Louis XVII du Temple, il fut arrêté comme soupçonné d'être l'auguste enfant, etc., etc.»

Ajoutons un témoignage du brave général Lapoype , mort il y a peu de temps.

Piéce 35. — « J'étais à Paris pendant la Terreur, et j'ai été au courant des bruits qui ont circulé touchant l'enlèvement du fils de Louis XVI. J'ai beaucoup connu la famille Morin de Guérivière, et j'étais surtout très lié avec le fils aîné, père de celui qui fut dirigé vers Thiers, pour donner le change à la Convention, pendant que le duc de Normandie était conduit en Hollande, auprès du prince de Condé. »

Ce décret de poursuites du 14 juin 1795, ces recommandations secrètes ou publiques aux Municipalités de rechercher le Dauphin, tant d'arrestations d'enfants opérées dans le but avoué et non dénié de saisir le prisonnier du Temple échappé, et ces mesures prises ou renouvelées précisément après la mort du captif, après le 8 juin, après la rédaction d'un acte officiel de décès inscrit le 12 au nom de Louis-Charles Capet, tout prouve que l'enfant mort au Temple à cette date, et désigné comme fils de Louis XVI n'était pas le fils de Louis XVI;

par conséquent que l'acte de décès est faux; par conséquent, qu'il y a eu substitution, qu'il y a eu enlèvement.

Ces cinq chapitres forment un ensemble que nous livrons sans crainte à la bonne et à la mauvaise foi, défiant l'une et l'autre de le désunir et d'ébranler notre conclusion-type, à laquelle nous revenons : Le fils de Louis XVI a été sauvé du Temple.

CHAPITRE VI.

PREMIER ASILE DU DAUPHIN.

La nécessité de lier entre elles les diverses circonstances qui font de l'évasion du fils de Louis XVI un événement incontestable nous a détourné de l'ordre chronologique; nous y rentrons pour ne plus nous en écarter.

Au sortir de la prison du Temple, le fils de Louis XVI fut conduit par Ojardias dans une maison où se trouvaient M. de Frotté et deux dames, dont l'une était madame de Beauharnais, depuis impératrice Joséphine. Dans quelle rue? Combien de temps resta-t-il? Sur ces deux points, heureusement peu importants, il y a divergence complète. Les uns désignent la rue Phélippeaux, d'autres, la rue Neuve-des-Petits-Champs, quelques-uns, des rues plus retirées; certaines personnes affirment que l'enfant y demeura plusieurs jours, d'autres, peu d'heures : le plus intéressé dans la question, le fils de Louis XVI, nous apprend dans ses *Mémoires d'un Contemporain*, p. 55, non d'après ses propres souvenirs, car il était trop faible et trop malade pour garder mémoire de ce qui se passait alors autour de lui, mais d'après quelques mots échappés au prince de Condé, recueillis à la dérobée, « qu'il alla rue Phélippeaux, et n'y séjourna qu'un petit nombre d'heures. » C'est en effet ce qu'il y a de plus présumable. On ne dut être en repos qu'en le voyant hors de Paris. Cependant, il ne serait pas impossible que la surveillance exercée aux barrières eût contraint M. de Frotté à prolonger son séjour, et qu'afin de mieux dépister la police, le Dauphin eût changé plusieurs fois de résidence.

Quoi qu'il en soit, si on n'est pas d'accord sur le lieu et la durée du séjour, on est unanime sur la présence de Joséphine dans la maison choisie.

A cause de l'apparente contradiction de renseignements sur l'endroit précis de la retraite, je me bornerai à établir la présence de Joséphine, objet culminant de ce chapitre.

PIÈCE. 36. — « Je, soussignée, Marie-Françoise-Duplessis, femme Richard, demeurant à Paris, rue Saint-Jacques, 126, déclare sur mon âme et conscience que les faits suivants sont vrais et de toute exactitude.

« Lors du deuxième mariage de l'empereur Napoléon, l'impératrice Joséphine, ne voulant pas se trouver présente aux fêtes et aux réjouissances qui devaient naturellement avoir lieu en France, quitta secrètement et momentanément son château de Navarre, et se rendit en Suisse, où elle passa quelques semaines à Montchoisi, près de la petite ville d'Orbe, canton de Vaud, chez madame Duplessis, née comtesse d'Aumale, qu'elle connaissait beaucoup.

« L'impératrice parlait souvent à madame Duplessis, ma marraine, « des malheurs du fils de l'infortuné Louis XVI, de son évasion et des autres vicissitudes de sa vie; elle savait qu'il avait été reconnu par la femme Simon, qu'il avait trouvée aux Incurables... L'impératrice l'avait elle-même vu le jour de son enlèvement du Temple, et revu plus tard à son retour d'Italie.... »

« Ce fut encore cette princesse qui facilita sa sortie de France, où il n'était plus en sûreté depuis l'arrestation de Pichegru, chez lequel on avait trouvé des papiers compromettants.

« Dans le moment où l'on me croyait le plus occupée des jeux de mon âge, — j'avais environ dix ans, — mon attention fut tout-à-coup détournée par l'exclamation suivante faite par ma marraine : Eh quoi! le fils de l'auguste et infortuné Louis XVI existe encore!... — Oui, répondit la princesse, j'en ai la certitude.

« Cette conversation, dont je n'entendis pas la suite, parce que ces dames sortirent du salon, est encore présente à ma mémoire.

« Bien des années se sont écoulées depuis, et après une foule d'événements à la suite desquels je perdis mon mari de vue, je me suis fixée en France, où je réside depuis 1837.

« En 1843, parut une brochure intitulée : *Le Contemporain...* Ayant parcouru avec attention cet ouvrage, qu'on disait écrit par le fils de Louis XVI lui-même, je fus étrangement surprise d'y trouver, dans les premières pages, une partie de ce que j'avais entendu raconter par l'impératrice Joséphine à ma marraine en 1810.

« Les connaissances que j'avais acquises en peinture, en travaillant avec mon mari, grand amateur de cet art que j'avais cultivé dans ma jeunesse, m'avaient permis de faire plusieurs portraits qui étaient toujours présents à ma pensée... Après la lecture de la brochure, je désirai ardemment voir l'auteur de cette publication qui m'avait intéressée au dernier point, afin de juger par moi-même de l'analogie qui devait naturellement exister entre ses traits et ceux des augustes victimes de la révolution française.

« Pendant que je cherchais les moyens d'arriver à mon but, la personne qui m'avait confié la brochure et qui en connaissait l'auteur, vint me voir, je lui fis part de mon désir et du motif qui m'engageait à me trouver en présence du personnage... Elle me dit que ce serait assez difficile; qu'elle ferait cependant son possible pour qu'une entrevue pût avoir lieu.

« Quelques mois après, au moment où j'étais occupée dans ma maison qui, à raison de mon commerce, était constamment ouverte à tout venant, un monsieur se présente inopinément chez moi ; quoique je fusse loin de me douter de sa qualité, il me parut néanmoins, par sa tenue et ses manières, bien au-dessus de la classe ordinaire, ce qui m'engagea à l'examiner attentivement... Je fus si frappée de sa ressemblance, de face, avec la reine Marie-Antoinette, et de profil, avec le roi martyr, que je ne pus m'empêcher de lui raconter alors ce qui m'était arrivé dans mon enfance... Après un entretien dans lequel j'eus occasion de parler de M. Bryon, qui avait présidé la cour d'assises de Paris, et que j'avais vu chez un homme respectable, le personnage me dit qu'il était effectivement la victime qui fut condamnée en 1834, non pour être ou ne pas être le fils du roi Louis XVI, incident que la cour s'obstina, malgré son insistance et celle de son conseil, à écarter ; mais pour avoir fait un complot avec des complices demeurés inconnus... Il portait alors le nom de baron de Richemont... Il ajouta que, depuis l'amnistie de 1840, il pouvait paisiblement et ostensiblement résider dans sa patrie, dont les événements et les révolutions l'avaient tenu si longtemps éloigné...

« Pensant qu'une attestation de ma part pourrait être un jour utile à ce rejeton de tant de rois, j'ai signé la présente déclaration que je certifie ne contenir que la vérité.

« Signé : Marie-Françoise DUPLESSIS, femme RICHARD.

« Fait à Paris, le 15 mai dé l'an 1844. »

Qu'y a-t-il de plus croyable que le témoignage de l'impératrice elle-même, déclarant à madame la comtesse d'Aumale, son amie, « qu'elle a vu le fils de Louis XVI le jour de son enlèvement du Temple? » Et non-seulement elle l'a dit à cette dame, mais elle l'a répété à la sœur de madame Joubert, qui le raconte dans les mêmes termes, PIÈCE 4, p. 21.

N'est-ce pas évidemment à cette circonstance que se rapporte encore le passage suivant, extrait d'un ouvrage attribué à M. de Canisy, intitulé : l'*Empire, ou dix ans sous Napoléon*, par un ancien chambellan, tome III : « Il courut dans le temps un bruit singulier : on dit qu'au moment de sa dernière séparation, Joséphine sollicita de son époux une conversation secrète... Napoléon n'en répéta rien, Joséphine garda le même silence... Une fois, pourtant, ses enfants la pressèrent de dévoiler ce mystère. « J'ai promis de ne jamais révéler, sans le consentement de Bonaparte, ce que vous souhaitez de savoir, leur répondit-elle ; contentez-vous d'apprendre que, dans un moment décisif, j'ai été assez heureuse pour donner à l'empereur un dernier gage de mon amour, en le prévenant d'un fait qui, plus longtemps ignoré de lui, aurait pu avoir plus tard une influence sur sa destinée !... Mes enfants, « les morts ne reposent pas tous dans les tombeaux, etc. »

A ces affirmations non équivoques de la présence de Joséphine dans la maison où fut caché le fils de Louis XVI enlevé du Temple, certaines personnes, s'étayant de l'autorité verbale de l'historien des *Guerres de la Vendée*, opposent une fin de non-recevoir péremptoire, à leur avis : Joséphine, disent-elles, n'a pu se trouver à l'endroit désigné, ni voir le Dauphin le 19 janvier 1794, parce qu'elle était incarcérée à Sainte-Pélagie depuis 1793.

Cette objection est fondée sur un passage des *Hermites en prison*, de Jay et Jouy, 2e édit., Paris, 1823, 1er vol., p. 63, 5e Consolation, Histoire de ma chambre, Chambre n° 4, Sainte-Pélagie, où il est dit, à propos de Joséphine : « Elle fut arrêtée par les hommes de la Terreur, en 1793, et elle est restée « plusieurs » mois à Sainte-Pélagie. » Sans même vérifier à quelle époque de 93 avait eu lieu l'arrestation, et quelle foi méritaient les paroles de MM. Jouy et Jay, qui, certes, ne sont point historiens, on a eu le tort de faire de 93 une date sacramentelle et des « plusieurs » mois de MM. les *Hermites* assez de mois pour que Joséphine se trouvât en prison le 19 janvier 1794.

Or, de tout cela, il n'y a pas un mot de vrai, si ce n'est que MM. Jay et Jouy se sont trompés, et qu'on a répété et propagé leur erreur, involontairement ou à dessein.

Afin de fournir à l'historien des *Guerres de la Vendée* et à ceux qui, d'après lui, croiraient fausse l'assertion des *Mémoires d'un Contemporain* relative à Joséphine, une preuve irrécusable de l'erreur de MM. Jouy et Jay, nous allons copier l'excellente note que nous remet M. l'abbé M...:

PIÈCE 37. — « Il est constant que Joséphine Tascher de la Pagerie, femme du général Alexandre de Beauharnais, a été incarcérée aux Carmes, comme son mari, qui fut condamné par le tribunal révolutionnaire le 5 thermidor, an II, 23 juillet 1794, et exécuté le 7 du même thermidor. Il est certain que Joséphine sortit de la même prison après la chute de Robespierre, c'est-à-dire le 19 thermidor ; son élargissement ayant été obtenu par Tallien.

« Mais on veut absolument qu'elle ait habité la prison de Sainte-Pélagie en 1793 ; on va jusqu'à affirmer qu'elle y fut incarcérée en novembre 1793. M. Barthélemy Maurice, dans son *Histoire politique et anecdotique des prisons de la Seine*, 1840, est moins affirmatif, lui qui fouilla, par ordre supérieur, tous les documents conservés dans les archives publiques.

« Il commence son article sur Sainte-Pélagie, par célébrer cette prison illustrée par la détention de Joséphine ; puis, arrivé à cette incarcération, il dit, page 130 : « Tous les bio-

« graphes s'accordent à dire que Joséphine Beauharnais fut
« enfermée à Sainte-Pélagie en même temps que le général
« l'était à la Conciergerie. » Ce n'est pas l'avis de la Biographie
universelle de Michaud. Voyez au tome 68, page 226, col. 2.

« En note, M. Maurice réfute le baron Gaston, et expose
ainsi ce qu'il y avait de plus raisonnable dans l'opinion fausse
que je combats : « Nous croyons qu'il y a erreur dans ce ré-
« cit ; l'emprisonnement de Joséphine n'a pas duré 18 mois,
« et c'est probablement à Sainte-Pélagie qu'il a eu lieu, du
« moins pour une partie de sa durée. Il faut un fond au bruit
« généralement répandu à cet égard ; il n'y a pas un prison-
« nier un peu marquant auquel on n'ait dit qu'il y occupait
« sa chambre, le numéro 6 du corridor rouge. Cependant
« son écrou ne se trouve pas.

« Dans son texte, M. B. Maurice exposait la seule opinion
véritablement raisonnable, et qui depuis est devenue pour
lui une conviction arrêtée : « Nous avons vainement cherché
« son écrou, dit-il ; peut-être y a-t-il eu confusion, et lui
« a-t-on attribué, — à Joséphine, — celui de sa tante, la com-
« tesse Marie-Françoise de Beauharnais, plus connue sous le
« nom de Stéphanie, ou de Fanny de Beauharnais, inscrite
« effectivement à la date du 4 novembre 1794, sans cause
« connue, et qui mourut à Paris en 1813. »

« Mais depuis la publication de M. Barthélemy Maurice, l'é-
crou et même l'ordre d'arrestation de Joséphine se sont
trouvés, et ils m'ont été communiqués avec une complaisan-
sance toute française, par un honorable archiviste qui n'a
pas hésité à me dire : « L'opinion de l'incarcération de José-
« phine à Sainte-Pélagie est une erreur. » Je copie l'ordre
d'arrestation, à cause des négligences dont il est plein, qui
ne sont pas répétées dans l'écrou, et qui auront pu induire en
erreur un lecteur superficiel. Je souligne ce qui est écrit à la
main. Le protocole est imprimé, et l'était à l'avance,
dès 1793.

« Section des Tuileries.

COMITÉ DE SURVEILLANCE RÉVOLUTIONNAIRE.

« Le concierge de la maison d'arrêt *des Carmes*, — ensuite
« les mots : *anglaises, rue de l'Oursine* sont biffés, — recevra
« le citoyen *ne Beauharnais femme du gener* suspect, aux
« termes de la loi du 17 septembre dernier, pour y être dé-
« tenu jusqu'à ce qu'il soit autrement ordonné *et par mesure*
« *de sûreté générale.*

« Fait au Comité, le 2 *floréal* 1793,
« L'an ii de la République française une et indivisible. »
— Suivent les signatures des membres et du prési-
dent du Comité. —

« Il est évident que la date imprimée, 1793, a été laissée
par mégarde, et que Joséphine fut incarcérée le 21 *avril*
1794. Il est évident que Joséphine avait été dirigée d'abord
sur la prison de l'Oursine, ce qui a pu donner lieu à des rumeurs d'emprisonnement ailleurs qu'aux Carmes, comme la
date de 1793 aura pu faire croire à une incarcération antérieure à celle qui eut lieu aux Carmes le 21 avril 1794. Mais
cet ordre-rectifié par la réflexion et par l'écrou, qui est de la
même date, 2 floréal an ii, fournit la preuve authentique et
instrumentale que Joséphine a été incarcérée à la date du
2 floréal an ii, 21 avril 1794, et non à une autre, en la prison
des Carmes et non ailleurs.

« Et du reste, l'opinion de l'incarcération de Joséphine à
la prison de Sainte-Pélagie est expliquée par la confusion de
personnes, si facile à faire à une époque de désordres, et par
les négligences de celui qui a écrit l'ordre d'arrestation dont
j'ai donné copie.

« Donc Joséphine est restée libre pendant la Terreur jusqu'au 21 avril 1794.

« Signé : l'abbé M... »

Ainsi, contrairement au dire de MM. Jouy et Jay, et à la reproduction verbale de l'historien de la Vendée, Joséphine fut
arrêtée le 21 avril 1794, et non en 1793 ; elle fut incarcérée aux
Carmes et non à *Sainte-Pélagie* ; elle était libre au 19 janvier
1794 ; par conséquent, « elle a pu voir le Dauphin dans la
maison où il fut caché après son évasion. »

L'erreur de MM. Jouy et Jay vient probablement de ce que
le mandat d'arrêt est écrit sur papier portant formule et date
de 1793 imprimées ; ils auront lu, s'ils ont lu quelque chose,
la date imprimée, et non la date écrite au pied du mandat,
qui est du 2 floréal an ii. De la part de romanciers, la faute
est pardonnable ; elle ne le serait plus de la part d'auteurs
sérieux.

Voilà comment naissent les erreurs historiques ; voilà comment elles se propagent sur parole, jusqu'à ce qu'un écrivain
consciencieux les détruise, en remontant à leur source.

Il est donc incontestable maintenant que Joséphine a vu et
pu voir le fils de Louis XVI le jour de son enlèvement.

CHAPITRE VII.

LE DAUPHIN EN VENDÉE.

Aussitôt qu'il devint possible de sortir de Paris sans danger, MM. de Frotté et Ojardias emmenèrent le fils de Louis XVI et le dirigèrent vers les provinces de l'Ouest.

Ils ne voyageaient que la nuit, par des chemins étroits et détournés ; la demeure retirée d'un homme fidèle au malheur servait d'étape. Déguisé en fille, le prince était presque partout, pour sa sûreté comme pour celle de ses hôtes, un inconnu. Constamment caché pendant le jour, il changeait le soir de chaumière ou de château, sans sortir des limites du pays occupé par les armées royales. Telle fut sa vie depuis janvier 1794 jusqu'à juin 1795.

La participation de M. Frotté à l'enlèvement et le séjour du Dauphin en Vendée sont attestés dans la lettre suivante, extraite du *Times*, journal anglais :

« A M. l'éditeur du *Times*,

« Dans votre feuille d'hier se trouve un long article concernant les infortunes du Dauphin. Quelque étranges que soient ces détails et l'existence du fils de Louis XVI, pour ceux qui connaissent les premières années du prince, cependant, il y a de fortes raisons pour croire à la réalité des documents rapportés par le duc de Normandie, dans la publication dont vous entretenez vos lecteurs.

« Un des principaux agents qui se sont employés pour arracher le Dauphin du Temple, fut le comte de Frotté, général vendéen, à la famille duquel je suis allié : ma sœur avait épousé son frère ; « j'ai eu, par conséquent, les moyens de m'assurer que le comte de Frotté a été le principal instrument de l'évasion du Dauphin et de sa fuite dans la Vendée, » où quelque temps après il organisa la guerre si célèbre dans l'histoire de France.

« Napoléon, premier consul, voulant rétablir la paix, négocia sur ce point avec le comte de Frotté, et lui déclara que si le général mettait bas les armes et rendait ainsi la tranquillité à cette portion du pays, il lui accorderait un sauf-conduit pour aller résider où bon lui semblerait. Cette proposition fut agréée par M. de Frotté, qui choisit Paris pour le lieu de sa résidence. Sur sa route vers cette ville, néanmoins, en approchant de Verneuil avec son sauf-conduit à la main, le général fut brusquement arrêté, puis barbarement et traîtreusement fusillé. Je défie qui que ce soit de contredire ce fait. Maintenant, pourquoi le chef du pouvoir d'alors en France

commit-il un acte si contraire au droit des gens, à la justice
et à l'humanité, si ce n'est parce que le général de Frotté
connaissait le lieu où le Dauphin était caché, et parce qu'il
importait à la police de Bonaparte de détruire le moindre
vestige d'une existence si dangereuse pour l'exécution de ses
desseins, etc., etc.

« Je suis, etc., et ».

« Signé : baron F. THIERRY.

« Londres, le 2 décembre 1838.

« 4, Clevelan square, Saint-James. »

Ce n'est point là un témoignage étranger, suspect, provoqué;
il émane directement et spontanément du frère de la belle-
sœur de M. de Frotté, d'un homme qui, comme il le dit lui-
même, « a eu les moyens de s'assurer que le comte de Frotté
a été le principal instrument de l'évasion du Dauphin et de
sa fuite en Vendée ; » au lieu d'être adressé au fils de Louis XVI,
il l'est au rédacteur d'un journal, à l'occasion d'un article
concernant les infortunes du Dauphin. Il réunit donc toutes
les conditions de crédibilité.

Le pape Pie VI, dont nous avons, sur la foi de Lafont-d'Aussonne, consigné les paroles à la page 8 de notre préambule,
indique également, dans son allocution de 1798, « le jeune
Louis-Charles de Normandie comme retiré dans le Bocage, et
jouissant d'une parfaite santé. » A cette époque il n'y était
plus depuis longtemps ; mais cette phrase prouve que le Saint-
Père connaissait l'enlèvement et le séjour en Vendée.

Quoiqu'au milieu d'amis et dans un pays ami, M. de
Frotté n'était pas sans inquiétude sur le sort du prince. Fal-
lait-il garder complétement le silence, l'*incognito*? Valait-il
mieux le présenter publiquement aux populations et le proclamer roi ? Était-il plus prudent de confier le secret à quelques chefs de l'armée royale que de l'apprendre à tous ? M. de
Frotté hésitait. Le silence et l'*incognito* lui semblaient plus
sûrs ; mais déjà des bruits d'enlèvement avaient transpiré.
Montrer le fils sauvé du roi-martyr aux Vendéens et aux Bre-
tons, il savait bien que c'était remuer jusqu'au fond des en-
trailles leurs instincts monarchiques, amener la proclamation
immédiate du prince, mais en même temps provoquer une
guerre d'extermination contre ce malheureux pays. Il ne dou-
tait pas de l'impression que produiraient sur ces braves gens
l'âge, l'innocence, les infortunes de leur jeune roi ; il trem-
blait de trouver dans leur enthousiasme leur perte et la sienne.
S'ouvrir à quelques chefs offrait moins d'inconvénients ;
M. de Frotté choisit ce dernier parti ; il eut avec eux des entrevues dans le Bocage, à Beaupréau.

Pièce 38. — « Je, soussignée, R.-M. C.... dite F..., veuve en premières noces de M.-J.-L. P..., capitaine au régiment de la reine, infanterie, sous Louis XVI, et en secondes noces de F... de B..., ancien garde-du-corps de LL. MM. Louis XVI, Louis XVIII et Charles X, atteste avoir vu S. A. R. le duc de Normandie, fils de Louis XVI, d'abord à la cour, avant 89, « puis à Beaupréau, après son enlèvement du Temple. J'affirme avoir été témoin de la reconnaissance du jeune prince par les chefs vendéens, rassemblés dans ce but. »

« Paris, ce 20 juin 1847.

« Signé : Veuve de B... »

Malgré ces expressions, qui semblent indiquer une reconnaissance publique, tout porte à croire qu'elle fut secrète et n'eut pour témoins qu'un très petit nombre de chefs.

Cependant beaucoup de personnes assurent, les unes « que le Dauphin fut amené à l'état-major vendéen, » les autres « qu'un enfant mystérieux parut au camp de Charette, qu'on monta la garde devant sa tente, que le général lui parlait chapeau bas, et qu'il passa ses troupes en revue devant cet enfant, aux cris de : vive Louis XVI !! » Toutes s'accordent à dire « que presqu'aussitôt on ne le vit plus et qu'on n'en entendit plus parler ; » l'une d'elles va jusqu'à donner le motif de sa disparition : « on redoutait une minorité. »

Pièce 39. — M. l'abbé J. C..., chanoine, rapporte :

« Mgr Soyer, évêque de Luçon, disait qu'il tenait de deux officiers supérieurs vendéens que le captif du Temple avait été amené à l'état-major, et qu'il n'en avait pas été question, parce qu'on redoutait une minorité.

« 16 janvier 1849.

« Signé : J. C... »

Pièce 40. — M. B..., architecte, raconte à M. G... et à M. Foyatier :

« Que madame de M... tenait du général T... qu'à l'époque des guerres de la Vendée il avait été de garde à l'entrée d'une tente où un enfant mystérieux avait passé la nuit, et que le lendemain il avait disparu. Cela se passait au camp de Charette.

« Signé : G... et Foyatier. »

Pièce 41. — Le 31 janvier 1849, M. l'abbé A..., curé de ..., atteste qu'une de ses paroissiennes nommée Louise Bernard, ancienne gouvernante de M. Bâcher, chanoine, à Nantes, lui a raconté :

« Qu'étant en 1794 au quartier général de Charette, elle avait vu, pendant quelques jours, un enfant mystérieux que personne ne connaissait. Le général ne paraissait devant lui que chapeau bas. Il fit passer en revue sa petite armée devant cet enfant, et le général donnant l'exemple, on répéta bien des fois ce cri : Vive Louis XVII ! Louise Bernard désirait beaucoup connaître le nom de cet enfant ; elle n'a jamais pu en venir à bout. Après quelques jours l'enfant disparut. »

Constatons en outre l'existence d'une proclamation de Charette à son armée, sous les murs des Sables-d'Olonne, postérieure au 8 juin 1795, dans laquelle il dit : « Voulez-vous laisser périr l'enfant miraculeusement sauvé du Temple, comme ont péri ses augustes parents ? » Cette proclamation est avouée par l'adversaire le plus déclaré du fils de Louis XVI, car nous empruntons notre citation à l'*Univers* du 6 juillet 1850.

Entourés de tous ces témoignages, il est impossible de révoquer en doute le séjour du Dauphin en Vendée et sa présentation à certains chefs.

Mais cet enfant mystérieux devant lequel Charette passe ses troupes en revue, est-ce le fils de Louis XVI? est-ce un autre enfant, à l'aide duquel le général voulait essayer l'esprit de son armée? y a-t-il eu revue aux cris de : Vive Louis XVII? C'est ce qu'on ne saurait affirmer sur l'unique autorité de Louise Bernard. Cependant, que ce soit le Dauphin, que ce soit un autre, cet acte n'est point inconciliable avec la politique de Charette, surtout quand on songe à la disparition subite de l'enfant. Car, à cet élan de royalisme succéda la réflexion, et Charette envisageant ses forces dut en rester là.

Ici se présentent plusieurs objections :

Pourquoi conduire le Dauphin dans la Vendée au lieu de l'emmener immédiatement hors de France?

S'il a été présenté aux chefs vendéens et à l'état-major de Charette, si les troupes royales ont crié : Vive Louis XVII! pourquoi ne pas continuer à le saluer roi? pourquoi les historiens n'en parlent-ils pas? pourquoi cet enfant mystérieux disparaît-il tout-à-coup? pourquoi Charette lui-même, qui s'était fait général au nom de la légitimité, proclame-t-il Louis XVIII? pourquoi de tant de personnes qui ont pu voir le Dauphin ou savoir son passage en Vendée, s'en trouve-t-il si peu qui l'attestent ?

La réponse ne se fera pas attendre :

Où conduire le jeune prince pour le mettre en sûreté, si ce n'est en Vendée? La Convention avertie de l'enlèvement dirigea nécessairement la plus active surveillance vers les frontières; s'exposer à les franchir immédiatement, c'était commettre une imprudence impardonnable. Tandis que, retiré dans un pays fidèle à sa famille, il échappait aux agents du gouvernement, laissait refroidir leur zèle, épiant l'occasion de gagner l'étranger.

Après un premier cri de dévoûment excité par la conservation et la présence du Dauphin, les chefs vendéens, qui le virent à l'assemblée de Beaupréau ou à l'armée de Charette, certainement en très petit nombre, aperçurent immédiatement le danger d'une reconnaissance ouverte dans leur position. L'histoire nous apprend qu'en 1794 ils étaient traqués de tous côtés, à la veille de traiter de leur soumission avec la République. Il y aurait donc eu folie de leur part à persister dans la résolution de publier que le roi se trouvait au milieu d'eux. Cette mesure inconsidérée allait le désigner aux intrigues et aux poignards des Conventionnels, attirer contre leurs troupes épuisées les efforts des armées républicaines, et les faire écraser tous. Aussi l'enfant mystérieux rentre-t-il presqu'aussitôt dans l'obscurité. Et ce fut fort heureux; car au commencement de 1795 les Vendéens, Charette et Stofflet, étaient obligés de demander et de conclure la paix.

D'autres considérations non moins graves purent et durent imposer silence au bon vouloir : une minorité était impossible, impolitique, dans ces temps difficiles où la République ne rencontrait pas d'hommes assez forts pour lutter d'énergie avec elle ; des envoyés secrets du comte de Provence parcouraient la contrée et circonvenaient les chefs dans un intérêt qui n'était point celui du Dauphin. Il fallait donc prévenir les troubles inséparables d'une régence, l'anarchie monarchique et la division des amis de la royauté ; il fallait soustraire la vie du fils de Louis XVI aux embûches d'un oncle ambitieux, qui, par soif du trône, s'était montré capable de tous les crimes. Ces considérations étaient certes de nature à comprimer les sentiments de loyauté et d'amour de légitimité de Charette. Elles l'entraînèrent à reconnaître et proclamer Louis XVIII.

Les historiens se taisent sur toutes ces circonstances ; la raison en est bien simple. M. de Frotté et la plupart des chefs vendéens périrent dans la guerre civile assassinés ou fusillés ; ceux qui survécurent, gagnés à la politique de Louis XVIII, n'eurent garde d'avouer que, contrairement aux principes rigoureux de la conscience et du droit, ils s'étaient prêtés à la proclamation du comte de Provence au détriment du fils de Louis XVI, qu'ils avaient vu et qu'ils savaient vivant. Parmi les rares témoins de ces faits et les rares confidents du secret, les uns, royalistes innocents, à la façon de M. Mennetion, PIÈCE 32, eurent la bonhomie de remettre au monarque restauré les documents relatifs à son neveu qu'ils possédaient ; le reste, troupeau muet, retenu par l'intérêt ou par une fausse idée de fidélité, n'a pas voulu déshonorer la royauté, son idole, en revelant sa honteuse usurpation.

Quant aux cris de : vive Louis XVII ! ils sont consignés dans les histoires du temps. Je n'y attacherais qu'une médiocre importance s'ils n'avaient été proférés qu'à l'époque de la mort de Louis XVI, parce qu'en vertu du vieil adage : le roi est mort, vive le roi ! les Vendéens durent crier : vive Louis XVII ! Mais la proclamation de Charette place la date de ces acclamations après la mort de l'enfant du Temple, ce qui est très différent.

Dès que M. de Frotté se fut convaincu par la faiblesse des insurgés, par la vigueur de la République, par les menées du comte de Provence, par les dissensions des chefs, par l'état général des affaires, que la royauté du fils de Louis XVI n'avait aucunes chances et que sa vie était exposée, il n'eut plus qu'une pensée désormais, celle de le soustraire à tous les regards, de préparer les moyens de le faire échapper de France, et de le remettre entre les mains du prince de Condé.

C'est alors que, de concert avec Ojardias, au commencement de juin 1795, il imagina le voyage éclatant du jeune Morin de Guérivière, chapitre V, pour attirer du côté de l'Auvergne l'attention du gouvernement, pendant qu'il s'embarquait à la Rochelle avec son précieux dépôt.

PIÈCE 42. — La sœur Saint-Sauveur, née ...., religieuse supérieure de l'hôpital de..., écrit à M. ...., chanoine :

« Le 27 juillet 1851.

« Monsieur,

« Je réponds à votre lettre, sans aucune gêne de conscience. Voici les faits :

« Nous demeurions à la Rochelle, sur le port. Ma mère tenait un très fort commerce d'eaux-de-vie et de liqueurs ; elle avait une nombreuse famille, dix enfants, à cette époque ; son mari était absent. Moi, j'avais neuf ans. Un de mes frères, qui en avait quatorze, étudiait pour être prêtre. Les malheurs des temps ne lui permettaient plus de continuer ses études. Pour ne pas lui en laisser perdre le fruit, ma mère fit un échange avec un capitaine hollandais qui voulait que son fils apprît la langue française ; elle lui confia mon frère pour qu'il apprît la langue hollandaise. Le capitaine était un parfait honnête homme. Elle profita de cette bonne circonstance pour faire évader huit prêtres qui étaient dans une grande peine.

« Le soir du départ, elle en avait renfermé dans une chambre sept qui s'étaient rendus déguisés ; le huitième manqua la bonne occasion, fut pris et n'eut pas la force de soutenir le combat ; il prêta le serment exigé.

« Le même soir, sur les onze heures, arrivèrent deux messieurs, une dame et « un jeune enfant à peu près de mon âge.» Me voilà à vouloir jouer avec lui. Il nous dit qu'il s'appelait «Capet.» Nous nous mettons, mes frères et moi, à l'appeler de son vrai nom, Louis Capet. Ma mère sort du salon avec vivacité, nous donne à chacun un bon soufflet et nous envoie coucher.

« A nos cris, on nous accorda bien vite notre grâce, parce qu'on craignait nos mauvais voisins, et parce que nous voulions faire nos adieux à mon frère, qui partit avec cette respectable compagnie, à minuit. Ma mère nous fit des recommandations très sérieuses sur le profond silence que nous devions garder.

« Plusieurs années après le retour de mon frère, il me dit que, pendant toute la traversée, on avait tenu l'enfant caché, et qu'on l'avait fait débarquer avant d'arriver en Hollande.

« Mon frère est parvenu à être prêtre, curé, et moi je suis devenue religieuse. J'ai eu l'occasion de lui parler deux fois de cette soirée, en passant quelques jours avec lui; il m'a toujours confirmée dans la croyance de l'existence du fils de Louis XVI.

« Voilà, monsieur, ce que je puis vous certifier.

« J'ai l'honneur d'être, etc...

« SŒUR SAINT-SAUVEUR. »

Les sentiments de simplicité, d'honnêteté, de vérité, qui règnent au milieu des détails circonstanciés de cette lettre me dispensent de longs commentaires.

Les conducteurs du jeune enfant arrivent à onze heures du soir, dans le plus grand secret, s'embarquent à minuit; l'âge de l'enfant est fixé par celui de la religieuse; elle avait neuf ans, et l'enfant était à peu près de son âge; en effet, le fils de Louis XVI avait eu dix ans le 27 mars 1795; les enfants se mettent à jouer, lui demandent son nom; il répond avec la franchise et l'étourderie de son âge : je me nomme Louis Capet; et eux de l'appeler Louis Capet, exclamation immédiatement réprimée par des soufflets; enfin, on le tient caché pendant la traversée et on le débarque avant d'arriver en Hollande; c'était le meilleur itinéraire pour éviter les frontières et arriver à l'armée de Condé; tout cela, même l'imprudent aveu du nom, convient parfaitement au fils de Louis XVI, et ne convient qu'à lui.

Le Dauphin a donc été conduit en Vendée par M. de Frotté; il y a séjourné un peu plus d'un an; il en est sorti en s'embarquant à la Rochelle dans le courant de juin 1795.

CHAPITRE VIII.

LE DAUPHIN A L'ARMÉE DE CONDÉ.

Le capitaine hollandais débarqua sur les côtes de Belgique son mystérieux passager et ceux qui l'accompagnaient. De là, M. de Frotté conduisit le fils de Louis XVI en Allemagne, et le remit au prince de Condé, alors à Steinstadt.

Informé de l'évasion dès la fin de janvier 1794, le prince de Condé n'avait plus entendu parler du Dauphin depuis; il l'accueillit comme un fils retrouvé. Dans un entretien sans témoins, M. de Frotté lui raconta les particularités de l'enlèvement, de la fuite et du séjour en Vendée, et l'instruisit des dispositions et de la conduite des chefs de l'armée de l'Ouest.

Condé ne dissimula ni ses craintes, ni les difficultés de la situation, et témoigna le désir de consulter son conseil intime. En conséquence, les ducs de Bourbon et d'Enghien, les comtes de Viomesnil et de Peccadeuc et le chevalier de Ligneville se réunirent avec le comte de Frotté. Reconnaîtrait-on Louis XVII? proclamerait-on Louis XVIII? quel parti prendre à l'égard du Dauphin? Discussion faite de l'opportunité d'une reconnaissance, des inconvénients d'une minorité, du danger de confier le fils de Louis XVI à un oncle-régent qui avait protesté contre la légitimité de sa naissance, ou à des souverains alliés qui convoitaient son royaume, il fut résolu, par mesure de prudence, de proclamer Louis XVIII, de tenir cachées la conservation et l'arrivée du Dauphin, et de le placer sous la surveillance spéciale de M. de Viomesnil, qui le ferait passer pour son neveu. Le plus profond secret était recommandé.

Cependant, malgré les précautions, le bruit de la présence du fils de Louis XVI ne tarda pas à se répandre. Il parvint même aux oreilles de Louis XVIII, qui, craignant pour son usurpation, fit annoncer immédiatement qu'il allait se rendre à l'armée de Condé.

Celui-ci redoutait ses machinations; sentant d'ailleurs la difficulté d'éviter les questions de son entourage, s'il conservait près de lui un enfant de dix ans dont on ignorait l'origine, d'autant plus que les agents du comte de Provence avaient les yeux fixés sur ceux qui, par leur position ou leurs liens de famille, pouvaient être soupçonnés de porter intérêt à l'auguste orphelin, il reconnut l'impossibilité de le garder au camp et décida qu'il fallait l'en éloigner avant l'arrivée de Louis XVIII.

Quel asile lui choisir? Il s'en présentait un à l'esprit de Condé où personne n'irait le découvrir; c'était l'armée républicaine. Mais comment y pénétrer? quel général charger d'un si précieux et si dangereux dépôt? qui voudrait en accepter la responsabilité? Entre héros on s'estime, et le prince de Condé ne trouva point d'homme plus digne que Kléber d'abriter le dernier rejeton de la monarchie. Il fut donc arrêté qu'on le sonderait, et un émissaire partit à cet effet. Bientôt il revint avec une réponse favorable; dès-lors on n'attendit plus que l'occasion de remettre, sans éveiller l'attention, le jeune prince au général.

Pour prémunir le Dauphin contre l'incertitude des événements et lui laisser un titre constatant son identité, Condé rédigea et signa un écrit dans lequel étaient détaillées les circonstances de sa naissance, de son emprisonnement, de son évasion, de son arrivée en Allemagne, de son séjour près de lui, des raisons qui le forçaient à le condamner momentanément à l'obscurité, et à le confier à Kléber plutôt qu'à sa famille ou à l'un des souverains de l'Europe.

Cet écrit fut donné à son conducteur. C'est le même qu'on saisit sur le Dauphin le 12 avril 1818, lors de son arrestation en Lombardie.

Vers la fin de 1796, le corps d'armée de Kléber se trouvant rapproché des bords du Rhin, Condé choisit ce moment pour confier au guerrier républicain l'orphelin-roi. Le comte de Viomesnil, chargé de cette délicate mission, s'en acquitta fort heureusement. Il conduisit secrètement le Dauphin aux environs de Mayence; un aide-de-camp de Kléber, M. Auguste de Damas, le reçut et l'introduisit près du général, auquel il remit l'écrit de Condé.

Preuves.

Le bruit de l'arrivée du Dauphin s'était, comme nous l'avons dit, répandu dans l'armée. Aussi, beaucoup d'officiers qui en faisaient partie en ont-ils parlé dès lors et depuis.

Citons entre autres

1° Le général comte de Foucault, qui s'exprime en ces termes :

Pièce 43. — « Je me rappelle qu'à l'époque de 1795, faisant alors partie de l'armée du prince de Condé, « le bruit se répandit subitement dans mon cantonnement que le Dauphin, sauvé avec habileté du Temple, venait d'arriver auprès du

prince de Condé. » J'étais éloigné du quartier-général, j
n'ai pu m'assurer par moi-même si ce bruit avait quelqu
fondement, et je n'en ai plus entendu parler.

« Signé : le comte DE FOUCAULT,

« Maréchal-de-camp en retraite.

« Le 2 décembre 1842. »

2° M. le chevalier de Saint-Louis Desfontaines qui, d'aprè
le certificat suivant, a « vu » le Dauphin :

PIÈCE 44. — « Je soussigné, ancien supérieur-général de
Frères de l'Instruction chrétienne du Sacré-Cœur, et au
mônier des jeunes Orphelines des Dames de Jésus-Marie,
Fourvières, Lyon,

« Certifie que le chevalier de Saint-Louis Desfontaines, capi
taine dans l'armée de Condé, m'a assuré avoir « vu en Alle
magne, dans les rangs de l'armée, le fils de Louis XVI. »

« Cette déclaration me fut faite avant 1830, à Monistrol-l'E
vêque, Haute-Loire.

« Je certifie encore que dans le courant d'octobre 1848
ayant fait part au comte de Croy de la connaissance que j'a
vais de l'existence du fils du roi-martyr, il me répondit : « L
chose est possible ; plusieurs fois avec d'autres de mes amis
étant à la cour, « nous avons interrogé la duchesse d'Angou
lême sur le fait de l'existence de ce prince, elle passait outre
sans répondre à la question, ni pour le oui, ni pour le non. »

« En foi de quoi j'ai signé le présent pour être joint à un
certificat dont ma signature est légalisée par le maire de
Lyon.

« Lyon, le 2 février 1849.

« Signé : L... »

3° M. le chevalier d'Olry, ancien diplomate, placé de ma
nière à vérifier mieux que personne le plus ou moins de fon
dement de ces bruits, qui nous écrit :

PIÈCE 45. — « Le soussigné, conseiller intime actuel de
S. M. le roi de Bavière, son ancien ministre auprès de diffé
rents Etats, et en dernier lieu auprès de la cour royale de
Sardaigne, grand'croix de l'ordre du Christ, commandeur
de celui de Saint-Michel, chevalier de l'ordre de la couronne
de Bavière et de celui de Saint-Louis de France,

« Certifie et atteste qu'au commencement de l'an 1796, et
peu avant l'ouverture de la célèbre campagne de cette année,
alors que le quartier-général de S. A. S. Mgr le prince de
Condé se trouvait établi successivement à Mühlheim et à Rie
gel, grand-duché de Baaden, et pour ainsi dire dans le voisi

nage de Basle, le soussigné était établi momentanément dans cette ville pour y remplir une commission dont il avait été chargé par le prince; les officiers et soldats de l'armée de Condé et du Directoire affluaient des deux rives du Rhin dans cette ville riche et commerçante; que dans ces conjonctures il se trouvait souvent en compagnie avec les militaires émigrés, ses compatriotes, entre autres, un jour, avec le chevalier de Beaufort, chasseur noble, et le comte de Montgaillard, le même qui avait été chargé de conduire les négociations entamées précédemment avec le général en chef de l'armée du Rhin, le général Pichegru; que la conversation venant naturellement à tourner sur les chances de la guerre et de la politique, ces messieurs me dirent « qu'il était bien singulier et fort remarquable qu'il se fût répandu sous main, dans quelques quartiers de l'armée, l'incroyable bruit que le Dauphin de France, échappé du Temple, recueilli dans la Vendée, et envoyé de là au prince de Condé, avait été et passé quelque temps incognito à son quartier-général, sans qu'aucune mention publique n'en ait été faite; que ce bruit avait acquis d'autant plus d'importance aux yeux de ceux qui se mêlaient de politique, qu'effectivement, à la suite de cette espèce d'ébruitement le Prétendant, depuis Louis XVIII, informé de ces dires à l'oreille, s'était hâté de quitter sa retraite en Allemagne et de faire annoncer son arrivée à l'armée de Condé, qui eut effectivement lieu, peu après cette annonce, au quartier-général, à Riegel. »

« En foi de quoi, c'est-à-dire, pour constater ces bruits au sujet du Dauphin sauvé du Temple, et de son passage au quartier-général du prince de Condé, j'ai signé la présente attestation, et y ai apposé le sceau de mes armes à Kientzheim, canton de Keysersberg, Haut-Rhin, le 24 avril 1849.

« Signé : le chevalier D'OLRY. »

« Vu par nous, maire de la commune de Kientzheim, pour servir de légalisation à la signature ci-dessus apposée de M. le chevalier d'Olry, domicilié en cette commune.

« Kientzheim, le 24 avril 1849.

« Le maire, signé : illisible. »

Non content de ce témoignage, M. d'Olry y joint la lettre suivante, adressée à M. le baron de Richemont :

PIÈCE 46. — « Monseigneur, en relisant la parfaite et incisive récapitulation de vos mémoires par M. de la Sallette, j'ai vu, Monseigneur, dans la *Revue catholique* du 15 février dernier, qu'un gentilhomme, M. le comte de Foucault, avait certifié que « le bruit de l'évasion du Dauphin Louis XVII avait couru à l'armée de Condé, et qu'il y était attendu ou venait d'y arriver ; » cela m'a rappelé le fait tel que je l'ai consigné dans l'attestation ci-jointe ; j'ai pensé, Monseigneur, qu'il pouvait vous être agréable de voir le témoignage de M. de Foucault confirmé par un autre que ma conscience et mon souvenir étaient à même de rendre en toute loyauté. Je l'ai accompagné de circonstances concomitantes et postérieures de 8 à 10 mois à celles dont M. de Foucault fait mention sous la date de « vers la fin de juin 1795. » Les circonstances dont je parle caractériseront davantage le fait en lui-même, et pourront aussi en corroborer les inductions rationnelles.

« Lorsque tout ceci se passait, j'avais été forcé de m'expatrier ; un ordre proconsulaire motivé sur les dénonciations de nos clubs de Jacobins, sous la courte formule « d'agent de Pitt et de Cobourg, » portait au général en chef Pichegru, dans l'armée duquel je venais d'être nommé adjoint aux adjudants-généraux, l'injonction péremptoire et dictatoriale de me faire arrêter et fusiller dans les vingt-quatre heures.

« Averti à temps, je passai le Rhin et rejoignis le quartiergénéral du prince de Condé. C'est ce qui me mit à même de connaître, de voir et d'entendre ce que je certifie dans ma déclaration ci-jointe. Pour l'éclaircissement de ma position d'alors, je dois ajouter que c'est sur ma conduite en France pendant la première révolution et à l'armée française du Rhin qu'est motivé le brevet si honorable que le roi Charles X me fit remettre en m'envoyant, par le canal de son ministère des affaires étrangères, la croix de Saint-Louis, pendant que je remplissais les fonctions de ministre de S. M. le roi de Bavière auprès de la Confédération. J'étais entré à son service dans la carrière diplomatique en 1801, alors que l'armée de Condé avait été disloquée et se rendait en Russie.

« J'ai dû expliquer, Monseigneur, cette position, pour mieux faire comprendre le témoignage que je suis heureux de pouvoir vous rendre, en aidant à provoquer, aujourd'hui que votre cause paraît dans le sanctuaire de la magistrature, cette justice que Dieu semble ne pas attendre en vain d'une nation qui a une si sainte et si magnifique vocation en Europe, et qui, après tant de désastres, a vu s'engloutir, dans l'abîme ouvert sous l'échafaud de Louis XVI, tout ce qui a surgi de systèmes, de constitutions, de gouvernements, ainsi que son repos, sa prospérité et sa puissance. Sa gloire, si elle veut en parler encore, sera donc un retour aussi sérieux que nécessaire sur elle-même, retour sur lequel rayonnent les destinées du fils de Louis XVI.

« Recevez, Monseigneur, avec cette libre expression de ma

pensée et de mon espérance, l'hommage de mon vieux dévoûment et du plus profond respect avec lequel je suis

« Le chevalier d'OLRY.

« Kientzheim, Haut-Rhin, le 25 avril 1849. »

Discussion.

Fixons-nous tout d'abord sur quatre dates importantes, celle du départ de France et de l'arrivée en Belgique, celle de l'introduction au camp de Condé, celle de l'ébruitement, et celle du voyage précipité du comte de Provence. L'époque du départ et de l'arrestation du jeune Morin de Guérivière, la PIÈCE 42, et les documents qui précèdent, permettent d'établir la première entre le 8 et le 15 juin 1795; la seconde, entre le 15 et le 30; la troisième, de la fin de juin 1795 au commencement de 1796; la quatrième, enfin, dans les premiers mois de cette même année.

Ces préliminaires arrêtés, discutons :

Le général comte de Foucault, le chevalier Desfontaines, le chevalier de Beaufort, le comte de Montgaillard et le chevalier d'Olry, tous officiers de l'armée de Condé, hommes honorables, confirment le bruit de la « présence du Dauphin au quartier-général. » M. Desfontaines l'y a « vu. » Sans aller aussi loin, M. d'Olry, qui, par sa position diplomatique, a pu connaître les faits, les circonstances, et apprécier les inductions qui en découlaient naturellement, constate qu'à la suite de l'ébruitement de cette nouvelle, « le comte de Provence, instruit de ces dires à l'oreille, » et alarmé de leurs conséquences, « se hâta de quitter sa retraite, d'annoncer son arrivée au quartier de Riegel et de s'y rendre aussitôt. »

Pourquoi ce voyage « subit, » co-incidant avec les bruits d'arrivée du Dauphin, si le comte de Provence eût regardé comme impossibles sa conservation et cette arrivée? Par ses relations avec Robespierre, il pouvait savoir la réalité. Mais, connaissant la loyauté du prince de Condé et craignant de voir le vieux et brave guerrier révoquer l'acte qui le proclamait roi, il venait lui-même surveiller ses démarches, sonder ses dispositions, les combattre par sa politique, et, peut-être, à défaut d'autre expédient, achever l'œuvre de Robespierre, incomplète à ses yeux, puisqu'il lui avait écrit: « Vous avez détruit le soliveau, mais vous n'avez rien fait tant que le bâtard existera. »

Le voyage du comte de Provence me semble concluant : supposons contre toute vraisemblance et contre toute réalité qu'il crût son neveu mort, les on-dit de l'armée ne l'auraient guère inquiété. Un instant accrédités, ils seraient tombés d'eux-mêmes. Il s'en émeut ; il vient ; donc il les redoute ; donc il sait que le Dauphin vit, donc il le croit au quartier du prince, donc il craint d'être supplanté par le véritable héritier du trône. Ces inductions sont logiques et puissantes.

Avouons-le cependant, car la bonne foi, nécessaire partout, est essentielle ici ; le séjour du jeune prince à l'armée de Condé n'est point étayé de preuves directes et péremptoires, mais seulement de présomptions graves, précises, concordantes, puisées à des sources respectables, et qui, groupées et comparées avec tant d'autres points de fait surabondamment démontrés, acquièrent l'autorité de preuves.

En se reportant aux circonstances, à la position du Dauphin, à celle de ses défenseurs, il est impossible d'exiger plus que des présomptions ; car au camp de Condé comme dans la Vendée, le silence et l'*incognito* furent une nécessité. Les témoignages directs doivent être excessivement rares ; plus de cinquante années nous séparent des événements ; presque tous les personnages qui y ont figuré sont affaiblis par l'âge ou morts ; la plupart subissant la force des choses ont adopté la légitimité de Louis XVIII et de ses successeurs ; la honte de revenir en arrière et de flétrir ceux qu'ils ont adorés les retient ; d'ailleurs quelques-uns seulement purent connaître le secret. Quant à celui qui le possédait entièrement, le prince de Condé, il a cessé de vivre en 1818, non sans avoir manifesté sa croyance à la conservation du Dauphin, puisqu'il l'accueillit de la manière la plus paternelle en 1816, qu'il le présenta à la duchesse d'Angoulême, et qu'il s'efforça de provoquer, mais vainement, sa reconnaissance.

Comment se fait-il, dira-t-on, que le prince de Condé, sachant vivant le fils de Louis XVI et l'ayant sous sa garde, ait proclamé Louis XVIII le 4 juillet 1795 ?

Cette objection, grave sans doute, déjà soulevée à propos des chefs vendéens, se résout par d'excellentes raisons :

A la première nouvelle de la mort de l'enfant du Temple, le comte de Provence s'était hâté de prendre le titre de roi ; la proclamation du fils de Louis XVI allait diviser les émigrés.

Une régence alors était impraticable ou dangereuse ; elle affaiblissait le parti, suscitait les intrigues ; comme elle revenait de droit au comte de Provence, elle laissait la vie du Dauphin à sa discrétion, et Condé connaissait trop son caractère pour s'y fier. Une marque solennelle d'adhésion à l'acte de décès par la reconnaissance de Louis XVIII fut, je n'en doute pas, le seul moyen de sauver le jeune prince.

Mais, répliquera-t-on, Condé pouvait le mettre aux mains et sous la protection des Puissances alliées.

C'est mal apprécier le patriotisme de Condé que de le croire capable d'une telle faute. Agir ainsi, c'était, dans la supposition d'une conquête, livrer la France à ses ennemis; ayant le roi en leur pouvoir, ils imposaient telles conditions que bon leur semblait; 1815 en est la meilleure preuve.

Les intentions des Puissances, à cette époque, étaient assez incertaines et surtout assez défavorables à l'Émigration. On n'ignore pas les prétentions du duc de Brunswick à la couronne de France.

Enfin, les divers gouvernements avaient reçu la notification du décès; et, bien que tous ou presque tous eussent été secrètement instruits de l'évasion du Temple, leur propre intérêt et les promesses du comte de Provence pouvaient entraîner la balance de son côté, aux dépens de l'orphelin royal. Dans quel embarras se serait trouvé Condé, si, proclamant le Dauphin, les puissances avaient reconnu Louis XVIII? et cela pouvait arriver.

Tous ces motifs posés, je dis que la prudence défendait à Condé de reconnaître le Dauphin immédiatement et directement. En proclamant Louis XVIII, il s'est conduit sagement, comme il devait se conduire dans des circonstances aussi critiques. Rien ne s'opposait, du moins le croyait-il, à ce que, plus tard, le danger étant passé, il proclamât Louis XVII. Ce fut peut-être une des suggestions du comte de Provence; elle était spécieuse, et dut triompher des scrupules de Condé.

Surtout, surtout, qu'on ne le perde pas de vue; en Vendée et près de Condé, le salut du Dauphin dépendait du silence et de l'*incognito*.

CHAPITRE IX.

LE DAUPHIN EN ÉGYPTE, EN ITALIE, EN FRANCE, AU BRÉSIL.

I. — EN ÉGYPTE.

Une fois dans les rangs de l'armée française, le Dauphin n'avait plus rien à redouter de ses ennemis ; il s'agissait seulement pour lui de s'habituer à la réserve et à la prudence, d'oublier qu'il était fils de Louis XVI, et d'échanger des titres périlleux contre le simple nom de Louis.

Telles furent les instructions de Kléber, et, sous la direction de ce guerrier, aussi distingué par les qualités du cœur et de l'esprit que par la bravoure et la science militaire, le jeune Louis ne manqua ni de conseils, ni de leçons, ni d'exemples. Il serait à désirer que tous les princes eussent de pareils Mentor.

Pendant le reste des opérations de la campagne, le capitaine de Damas emmena le prince dans le Haut-Rhin, près de Colmar. Il demeura confié à une personne sûre jusqu'au moment où Kléber, mis en disponibilité, le rejoignit. -

Peu de temps après, l'expédition d'Egypte ayant été résolue, Kléber fut désigné pour en faire partie ; il emmena le jeune Louis avec lui. Redoutant à la fois ses imprudences et les soupçons qu'elles pourraient exciter, au lieu de l'embarquer sur le vaisseau l'*Orient* qu'il montait lui-même, il l'embarqua à bord du *Spartiate*, en le recommandant au capitaine Emériau comme un orphelin, fils d'une de ses sœurs. La flotte partit de Toulon le 19 mai 1798 ; le Dauphin entrait alors dans sa quatorzième année.

Pendant la traversée, il se lia d'amitié avec un jeune aspirant de marine nommé Anglade.

Après la prise de Malte, Kléber rappela le prince à son bord, afin de ne plus le perdre de vue.

La flotte arriva le 1er juillet 1798 devant Alexandrie ; on débarqua ; le fils de Louis XVI attaché à Kléber remplit les fonctions d'aide-de-camp, montra la plus grande bravoure, reçut plusieurs blessures, et partagea tous les périls et toutes les gloires de notre armée dans ces fameuses campagnes d'Egypte et de Syrie.

Il se trouva constamment en compagnie des généraux, des officiers, vit et connut MM. Bossu, Anglade, Pajol, Chambellan, Philippon, Hérard de Villiers, Gillet, Laroche et Forest qui l'ont revu depuis, et ont parfaitement reconnu le passager du *Spartiate* et le protégé de Kléber dans la personne du baron de Richemont.

Preuves.

PIÈCE 47. — «Je soussigné, Laurent-Joachim Asselin, rentier, demeurant à Paris, rue d'Astorg, 45, certifie en mon âme et conscience la vérité des faits suivants :

«Un de mes amis, M. Gillet, ancien officier attaché à l'état-major du général Kléber, lors de la campagne d'Egypte, m'a dit, en 1830, qu'il avait connu auprès de ce général, « un tout jeune homme qui passait pour être son neveu, et qu'un jour, en présence des généraux Desaix, Menou et autres officiers supérieurs, le général Bonaparte demanda à Kléber qui était ce jeune homme, Kléber lui répondit que c'était un de ses neveux, orphelin de père et de mère, » à qui il apprenait le métier des armes pour le mettre en état de servir un jour la République.

« A la campagne d'Italie, M. Gillet, officier d'état-major de l'armée, a reconnu, m'a-t-il dit, le même jeune homme « attaché à la suite du général Desaix, » jusqu'à la mort de ce brave général à la bataille de Marengo.

« En 1833, étant allés, M. Gillet et moi, faire une visite à M. Boucher-Lemaistre, rue Saint-Merry, 46, nous y avons rencontré M. le baron de Richemont, que M. Gillet « a parfaitement reconnu pour être le même qu'il avait vu en Egypte auprès de Kléber, et en Italie à l'état-major de Desaix. » La conversation s'est engagée sur les mouvements de l'armée d'Egypte et sur les généraux qui en faisaient partie. M. le baron de Richemont a rappelé à M. Gillet une quantité de circonstances particulières que celui-ci a dit être parfaitement exactes. Dans le cours de l'entretien qui dura près de trois heures, et auquel je fus toujours présent, M. de Richemont, en parlant de Kléber, raconta qu'avant de partir pour l'Egypte, ce général avait une amie à Strasbourg, et qu'il chargea un jour un de ses officiers de lui porter, de sa part, une montre en argent montée sur pierres. M. Gillet reconnut si bien la vérité de ce fait, que c'était lui-même qui avait été chargé de cette commission.

« En sortant de chez M. Boucher-Lemaistre, M. Gillet me dit, avec persuasion et confiance : « C'est bien là l'homme que j'ai connu tout jeune en Egypte et en Italie ; c'est la même contenance, la même physionomie, le même son de voix ; je ne saurais m'y tromper ; c'est bien lui. » Peu de temps après cette entrevue, qui eut aussi M. Boucher-Lemaistre pour témoin, M. Gillet a quitté Paris, et depuis je n'ai pas eu de ses nouvelles. S'il vit encore, je suis certain qu'il reconnaîtra l'entière vérité des faits attestés ci-dessus, dont je suis prêt à déposer devant les tribunaux.

« Paris le 1er septembre 1842.

« Signé : ASSELIN. »

M. Asselin, accompagné de deux témoins, propriétaires et négociants, demeurant à Paris, M. Gervais, rue d'Astorg, 37, et M. Barthélemy, rue.., se présenta, le 17 octobre 1842, au maire du premier arrondissement, pour faire légaliser sa signature. L'officier civil ayant lu la déclaration ci-dessus, refusa formellement la légalisation, en disant à M. Asselin et à ses témoins : « Ce n'est pas un certificat ordinaire. »

Un refus aussi arbitraire et aussi illégal ayant donné la mesure du bon vouloir de l'autorité communale de Paris, on n'a pas cru devoir soumettre les autres pièces au contrôle de magistrats prévenus, sinon ennemis, et qui méconnaissent ouvertement leurs devoirs.

PIÈCE 48. — « Nous, Marie-Nicolas-Joseph Chamblant, opticien, demeurant à Paris, rue Mazarine, 48 ;

« Jean-Baptiste-Augustin Roger, ancien colonel de gendarmerie, demeurant à Paris, rue Saint-Benoît-Saint-Germain, 23 ;

« Georges-Antoine-Augustin Govéan, colonel en retraite, demeurant à Paris, rue d'Enfer, 6 ;

« . . . . . . Dedéban, architecte, demeurant à Paris, rue Jacob, 50 ;

« Certifions à tous qu'il appartiendra :

« Que, dans le courant de mars 1843, nous trouvant chez M. Chamblant, pour affaires de sa profession, avec M. Forest, ancien commissaire des guerres, en retraite, à Paris, nous causions de choses et d'autres, et notamment de l'expédition d'Egypte, et de ceux qui avaient survécu à ce grand événement, dont M. Forest avait été dans le temps un des acteurs et en quelque sorte la victime, lorsque M. Chamblant nous dit qu'il connaissait un monsieur qui avait fait partie de cette expédition, et qu'il serait bien aise que M. Forest le vît, parce qu'il était persuadé qu'il le reconnaîtrait de suite... Au moment où M. Forest demandait le nom de cet officier, M. le baron de Richemont arriva ; ce qui fit dire à M. Chamblant, en s'adressant à M. Forest : « Tenez le voilà précisément. »

« Aussitôt que M. le baron de Richemont nous eut aperçus, il s'écria : « Voilà M. Forest que j'ai connu en Egypte ! »— M. Forest, après avoir bien examiné M. le baron, lui dit : « Vous êtes M. Louis, que j'ai aussi connu en Egypte ? »

« Alors M. le baron adressant la parole à M. Forest lui dit :
Comment vous trouvez-vous à Paris, et qu'êtes-vous devenu
depuis notre expédition de Syrie, où vous disparûtes comme
un éclair? Ne serait-ce pas encore la suite de votre première
affaire ?

«De quelle affaire veut donc parler M. le baron, répondit-
on ? — De l'affaire de la femme de M. Forest, répliqua M. le
baron, affaire présente à mon souvenir, et qu'il m'a été d'autant plus impossible d'oublier, que j'ai moi-même contribué
par mes conseils à la rendre moins funeste à M. Forest. Voici
le fait :

« M. Forest était officier de cavalerie; il avait une très
jolie femme qui plaisait à tout le monde... Un jour, Junot se
mit en tête de la mettre à la disposition du général en chef
et de l'enlever à son mari... La chose réussit à merveille ;
mais comme la présence du mari gênait beaucoup, on le fit
embarquer pour la France avec des dépêches soi-disant de la
plus haute importance ; comme les Anglais étaient en vue,
M. Forest fut bientôt capturé, ainsi que le bâtiment qui le
portait.

« L'amiral anglais Sydney-Schmitt, ayant pris connaissance
des dépêches saisies sur M. Forest, les trouva d'une insigni-
fiance telle, qu'il ne pouvait comprendre comment on avait
pu en charger un officier et dans quel but... Il voulut en
conférer avec M. Forest... D'après ce que lui dit l'amiral anglais, M. Forest comprit qu'il était victime d'une mauvaise
farce qui n'était qu'un odieux guet-apens, et il expliqua les
raisons qui l'engageaient à s'exprimer ainsi... L'amiral l'ayant
alors fait rembarquer, on le déposa sur la plage, tout près de
l'endroit d'où il était parti.

«En arrivant au Caire, M. Forest se rendit sur la place l'Esbekieh, armé de pistolets et de son sabre, dans l'intention de
tirer une vengeance éclatante du tour qu'on lui avait joué...
C'est moi-même qui l'arrêtai à son apparition sur la place,
dans cet équipage de guerre, menaçant de tout massacrer et
de faire un mauvais parti au général en chef, et surtout à Junot, à qui il en voulait le plus. M. Forest se calma peu à peu,
et finit par comprendre qu'il serait de nouveau victime, s'il
ne parvenait à dissimuler ses projets et sa haine.

«Cette affaire assoupie, M. Forest vint avec nous en Syrie,
et je ne l'ai plus revu depuis, ce qui me fit présumer qu'il
avait été pris ou massacré...

« M. Forest dit qu'il se rappelait parfaitement toutes ces
circonstances, et qu'a   effectivement été fait prisonnier,
il n'avait pu rejo   e l'arm e   rs de sa rentrée en Egypte.

« M. le baron e Richemont, pa a ensuite à M. Forest de la
citadelle du Ca e appelée *El-Kal* , des généraux Kléber,
Desaix, Menou Abdallah, — Murat Lasnes, Friant, Réguier,

Damas, Desfourneaux, Cafarelli, Lanusse, Junot, etc., d'Eugène Beauharnais, avec lequel il jouait souvent au billard sur la place de l'*Esbekieh*, etc.; puis vinrent les Pyramides, le Sphinx, le *Mékias*, les mosquées, et toutes les autres merveilles que l'on voit en Egypte.

« Enfin on s'entretint de la maison de Bonaparte, au Caire, de la galerie qu'il y fit construire, et dans laquelle fut assassiné Kléber, qui sortait de déjeuner avec le général Damas, dont la maison était voisine; Kléber n'était accompagné, dans ce moment, que de l'architecte Protain, qui fut lui-même blessé par l'assassin Soleyman.

M. le baron raconta ensuite tous les événements de la campagne de Syrie, l'affaire des pestiférés de Jaffa qu'on fut forcé d'abandonner.., la destruction des Arnautes et des Albanais, dont on se vit obligé de se débarrasser, parce qu'on ne put les emmener, etc., etc.

« M. Forest, tout étonné d'entendre M. le baron narrer des faits dont il avait presque perdu le souvenir, parla à ce dernier de quelques faits particuliers, « et comme il ne se rappelait pas de certains noms, M. le baron les lui déclinait chaque fois avec une justesse telle que M. Forest en témoignait son étonnement. »

« M. le baron de Richemont et M. Forest se quittèrent « après s'être mutuellement bien reconnus, » et ils ne se sont plus revus depuis, attendu que M. Forest partit pour l'Italie.

« Nous avons cru, dans l'intérêt de la vérité, devoir faire la présente déclaration, pour servir et valoir ce que de raison.

« Signé : CHAMBLANT. — ROGER.

« Paris, le 20 mars 1844. »

Le colonel Govéan n'a pas signé la déclaration ci-dessus, dans la crainte de se compromettre parce qu'il est étranger.

M. Dedéban s'est abstenu par la raison qu'étant pensionné du gouvernement, il a craint de perdre son traitement.

Mais voici un certificat qui supplée à la signature du colonel Govéan :

PIÈCE 49. — Madame Delastre écrit :

« Je soussignée, Jeanne-Victoire Larivoire, épouse de M. Delastre père, ancien juge de paix, certifie à tous qu'il appartiendra la sincérité des faits ci-après :

« Il y a quelques jours que lisant le journal l'*Inflexible*, n° 8, j'y ai trouvé une déclaration concernant M. le baron de Richemont, faite par MM. Chamblant, Roger, Govéan et Dedéban, laquelle, est-il dit, « n'a pas été signée par M. Govéan, dans la crainte de se compromettre parce qu'il était étranger ; » cette lecture m'a rappelé les circonstances suivantes :

« En l'année 1822, M. Govéan, colonel en retraite, vint passer la belle saison à Neuville-sur-Saône ; il était pensionnaire chez madame veuve Marchand.

« Un jour, je lisais un petit livre que celle-ci m'avait remis, il avait pour titre : *La vie de Louis XVII, mort au Temple*. M. Govéan, se trouvant seul avec moi, me dit : Détrompez-vous sur la mort de ce prince, il a été enlevé du Temple, où l'on a substitué un autre enfant introduit sur un cheval de carton ; c'est celui qui est décédé au Temple, non le Dauphin : j'ai beaucoup connu ce dernier, avec lequel j'ai servi dans l'armée d'Egypte, ensuite dans celle d'Italie. »

« M. Govéan blâmait complètement la conduite de Louis XVIII envers son neveu Louis XVII.

« Le présent certificat contenant l'exacte vérité, délivré à Neuville-sur-Saône, Rhône, ce 23 mai 1850.

« Signé : Femme DELASTRE.
« Vu pour la légalisation de la signature ci-dessus.
« Neuville-sur-Saône, le 23 mai 1850.

« Signé : Le maire, ROZET fils. »

PIÈCE 50. — « Je soussigné, Louis-Émile Rouillé, ancien garde-du-corps de S. M. Charles X, demeurant à Paris, rue de Lille, 15 ;

« Déclare qu'en revenant de conduire la famille royale à Cherbourg, un de mes camarades, M. de Montjusin, me dit qu'il avait entendu M. le général de Dampierre dire hautement : « Je suis dégagé de mon serment et vais offrir mon épée à Louis XVII. »

Étonné de ce langage, je me rappelai qu'un ancien ami, M. Hérard de Villiers, m'avait dit, quelques années auparavant, que le fils de Louis XVI existait, qu'il en avait la certitude, chose à laquelle je fis peu d'attention dans ce moment.

« A mon retour à Paris, je revis mon vieil ami de Villiers, et lui racontai ce que Montjusin m'avait dit. C'est alors que nous entrâmes dans de très grands détails au sujet du Dauphin. De Villiers me dit « qu'il avait vu et connu, en Egypte, le duc de Normandie, qui était un des aides-de-camp de Kléber, sous le nom de Louis, qu'il avait parfaitement reconnu dans le baron de Richemont, lorsqu'il lui fut présenté ; » que depuis sa rentrée, en vertu de l'amnistie de 1840, et son retour à Paris, il voyait quelquefois ce prince.

« Comme je témoignais le désir de voir ce personnage, de Villiers m'engagea à me rendre chez lui à jour fixe ; ce que je fis... Parmi les personnes qui s'y trouvaient, et que je ne connaissais nullement, je ne tardai pas à remarquer à la figure et aux manières distinguées, le personnage dont de Villiers m'avait parlé... J'écoutai sa conversation à la fois sérieuse et instructive, « et je reconnus dans le timbre de sa voix et dans ses gestes qui paraissaient fort naturels et sans affectation, ceux que j'avais été à même de voir et d'entendre chez les princes, et chez Charles X lui-même.

« Depuis ce jour, j'ai eu l'avantage de voir, plusieurs fois et à diverses reprises, M. le baron de Richemont, que j'ai toujours trouvé homme de bonne compagnie, d'une franche gaîté, d'un excellent cœur, aimant à rendre service, causant de tout avec une extrême facilité, et doué d'une mémoire prodigieuse.

« Il m'a remis depuis un exemplaire du *Contemporain*, qu'il a publié en 1843, et dans lequel il retrace une grande partie de sa vie et de ses malheurs. Je l'ai lu avec attention; j'en ai causé avec quelques sommités de la société, tant en province qu'à Paris, et, comme moi, elles y ont pris le plus vif intérêt.

« Informé que cet infortuné rejeton d'une famille proscrite et malheureuse est dans l'intention de publier une seconde édition du *Contemporain*, destiné à préparer les voies à sa demande en réclamation d'état, j'ai pensé qu'une déclaration de ma part pourrait servir à constater sa présence en Egypte, dans les rangs de l'armée française, combattant là, comme ailleurs, les ennemis de la France, et remplacer celle que lui aurait certainement délivrée M. Hérard de Villiers, si une mort prématurée et trop prompte ne l'eût enlevé à l'affection de ses nombreux amis.

« Signé : ROUILLÉ.

« Paris, le 22 octobre 1844. »

PIÈCE 51. — « Je soussigné, Etienne Laroche, ancien militaire, horloger, ingénieur mécanicien, fabricant d'instruments de musique, certifie à tous qu'il appartiendra, que, pendant l'expédition française en Egypte, en 1798, où j'étais en qualité de musicien de la neuvième demi-brigade, commandée par le général Joubert, « j'ai souvent vu auprès du général Kléber, un jeune homme qu'on appelait Louis, et qu'on disait être le neveu du général susdit ; que je l'ai également aperçu lors de l'expédition de Syrie ; » que, lors de notre départ d'Egypte pour la France, avec le général Bonaparte, en 1799, j'embarquai sur la frégate *la Muiron*, et ne vis plus le jeune Louis qui était resté en Egypte ; « qu'en

1800, et pendant la campagne d'Italie, j'ai revu ce même jeune homme en compagnie du général Desaix, récemment revenu d'Egypte avec sa suite, et aussi à la bataille de Marengo, » où malheureusement le brave général Desaix fut tué. « Plus tard j'ai reconnu, dans la personne de M. le baron de Richemont, le même jeune homme que j'avais vu et connu en Egypte et à Marengo, sous le nom de Louis. »

« En foi de quoi je lui ai délivré le présent certificat pour servir et valoir ce que de droit et de raison.

« Fait à Joinville-le-Pont, Saint-Maur, département de la Seine, le 20 décembre 1841.

« Signé : LAROCHE.

« Joinville-le-Pont, rue de Paris, 6.

« Vu par nous, maire de Joinville-le-Pont, pour la légalisation de la signature de M. Laroche, appelé *le Béluc*, à la mairie, le 20 décembre 1841.

« Le maire, signé : BIMON. »

PIÈCE 52. — « M. A. Anglade, officier de la Légion-d'Honneur et lieutenant de vaisseau en retraite, déclare :

« En 1798, je fus embarqué, en qualité d'aspirant de marine, sur le vaisseau le *Spartiate*, commandé par le capitaine de vaisseau Emériau, et fîmes partie de l'expédition d'Egypte, partie de Toulon le 20 floréal an VI, et fûmes le premier sous voiles des quatorze vaisseaux de guerre qui en faisaient partie.

« Un jeune homme d'environ treize à quatorze ans fut embarqué passager à notre bord et admis à notre table par ordre du commandant. » J'avais près de dix-sept ans, et à cet âge on se lie facilement, et surtout lorsque je m'aperçus que ce jeune homme se distinguait sur tous les autres passagers.

« Pendant la traversée, faisant route sur l'île de Malte, je m'attachai à lui plus particulièrement. Tout en faisant route vers cette île, ce jeune homme se mit à jouer au vingt-un dans la grand'chambre des officiers, et il perdait souvent ; comme ami, je lui fis d'abord quelques représentations, et comme il voulut continuer, je le menaçai de lui ôter la clef de sa malle dans laquelle il allait souvent prendre de l'argent ; il s'arrêta et s'abstint.

« Aussitôt la prise de Malte, nous entrâmes dans le port ; le même jour il descendit en ville, où il coucha.

« Arrivé à bord le lendemain, il m'apprit qu'il débarquait pour passer sur le vaisseau l'*Orient*, « que le général Kléber voulait l'avoir près de lui ; » cette décision m'attrista beaucoup, et lui aussi me parut y être sensible en me l'annonçant. Il redescendit en ville, et revint le même jour accompagné de quelques marins qui vinrent prendre ses effets ; il monta sur le pont avec eux, je le suivis fort affligé. Au moment de nous séparer, il me prit la main et m'embrassa en me faisant ses adieux ; et, pour me consoler un peu sans doute, il me dit « qu'il allait s'occuper de moi auprès du général. » Avant de nous quitter, je lui demandai son nom : il réfléchit un instant en souriant, et me dit : « Je ne puis vous dire mon vrai nom, et pour cause ; mais je vous dirai que j'appartiens à une des plus hautes familles de France, et que je m'appelle *La Terre*. Souvenez-vous-en bien et ne l'oubliez jamais, et surtout ne m'en demandez pas davantage. Adieu, mon ami, adieu ! »

« Depuis 1798, j'ai souvent pensé au nom et à la personne de *La Terre*, et en ai parlé à plusieurs de mes amis ainsi qu'à mon épouse, depuis plus de vingt ans ; lorsqu'en 1834, arrivé à Paris de la Martinique, j'appris qu'un détenu de ma connaissance était à Sainte-Pélagie, je fus le visiter, « tout étonné de retrouver le monsieur *La Terre* du vaisseau le Spartiate, qui me reconnut aussi en m'entendant nommer.

« Après diverses questions, toutes naturelles entre gens qui ne s'étaient pas vus depuis plus de trente ans, « je demeurai convaincu que M. le baron de Richemont, qui était à Sainte-Pélagie en 1834, était bien le même personnage que j'avais connu sous le nom de *La Terre*, en 1798, sur le vaisseau le *Spartiate*, lors de l'expédition d'Egypte, sous le commandement en chef du général Bonaparte, » me rappelant alors ce qu'il m'avait dit pendant la traversée et au moment de nous quitter à Malte ; et je ne fus point surpris de la qualité de fils de Louis XVI qu'on lui donnait « dans la prison, » ce qui me fournit l'explication des paroles qu'il avait prononcées au moment de quitter le vaisseau le *Spartiate*.

« Je partis pour la Martinique ; à mon retour en 1846, M. le baron de Richemont vint me voir plusieurs fois, et nos causeries m'ont pleinement confirmé dans ma conviction, « qu'il est bien le même que le *La Terre* de 1798. »

« Si cette déclaration peut lui être utile, je la lui délivre comme étant l'expression de mes souvenirs et de la pure vérité.

« Signé : A. ANGLADE, officier de la Légion-d'Honneur,
et lieut. de vaisseau en retraite.

« Paris, 23 novembre 1849,
rue du Faubourg St.-Martin, 107. »

Quatre faits principaux sont à démontrer :

1° Pendant l'expédition d'Egypte, un tout jeune homme, attaché à Kléber, passait pour son neveu ;

2° Il remplissait les fonctions d'aide-de-camp ;

3° On l'appelait Louis ;

4° Ce Louis et M. de Richemont ne font qu'un seul et même individu ;

Et, comme au chapitre XIII il sera prouvé que M. de Richemont est le fils de Louis XVI, il s'ensuit que le prétendu neveu de Kléber, l'aide-de-camp, le jeune Louis, n'était autre que le Dauphin.

Interrogeons d'abord un ancien officier d'état-major de Kléber, M. Gillet; que répond-il?

« Qu'il avait connu auprès de ce général un tout jeune homme qui passait pour être son neveu, et qu'un jour, en présence des généraux Desaix, Menou et autres officiers supérieurs, le général Bonaparte demanda à Kléber qui était ce jeune homme, Kléber lui répondit que c'était un de ses neveux, orphelin de père et de mère, à qui il apprenait le métier des armes pour le mettre en état de servir un jour la République.

« Qu'il a parfaitement reconnu M. de Richemont pour être le même qu'il avait vu en Egypte auprès de Kléber...

Et plus bas, toujours à propos de M. de Richemont :

« C'est bien là l'homme que j'ai connu tout jeune en Egypte..., c'est la même contenance, la même physionomie, le même son de voix ; je ne saurais m'y tromper : c'est bien lui. » Pièce 47.

Écoutons l'ancien commissaire des guerres, M. Forest, répliquant à M. de Richemont :

« Vous êtes M. Louis que j'ai aussi connu en Egypte. » Pièce 48.

M. le colonel Govéan disant à Madame Delastre :

« J'ai beaucoup connu le Dauphin avec lequel j'ai servi dans l'armée d'Égypte. » Pièce 49.

M. Hérard de Villiers, marin de l'expédition d'Egypte, attestant :

« Qu'il avait vu et connu, étant en Egypte, le duc de Normandie, qui était un des aides-de-camp de Kléber, sous le nom de Louis, qu'il l'avait parfaitement reconnu dans le baron de Richemont. » Pièce 50.

M. Laroche, ancien militaire, de la même expédition :

« J'ai souvent vu auprès du général Kléber un jeune homme qu'on appelait Louis, et qu'on disait être le neveu du général susdit; je l'ai également aperçu lors de l'expédition de Syrie.

« J'ai reconnu, dans la personne de M. le baron de Richemont, le même jeune homme que j'avais vu et connu en Egypte sous le nom de Louis. » Pièce 51.

M. Anglade fixant l'âge de l'inconnu :

« Un jeune homme d'environ treize à quatorze ans. »
Pièce 52.

Nos quatre faits peuvent-ils être mieux établis, par des preuves qui s'harmonisent plus parfaitement? Tous les détails concordent, et l'âge coïncide avec celui du Dauphin.

En résulte-t-il nécessairement que le jeune Louis, aide-de-camp de Kléber, soit le fils de Louis XVI? Voyons. Nous avons dissipé les obscurités du séjour en Vendée et à l'armée de Condé, nous dissiperons bien celles de l'expédition d'E-gypte.

Si le Dauphin dut vivre presque ignoré au milieu de ses défenseurs naturels, à plus forte raison vécut-il inconnu dans l'armée républicaine. Là, comme à Beaupréau, comme à Riegel, le silence constituait sa sûreté. Aussi prend-il le nom de La Terre, et lui donne-t-on celui de Louis, un peu plus significatif.

Rien ne constate, objectera-t-on, l'identité de ce Louis avec le fils de Louis XVI. Ce peut être un parent de Kléber ou de Desaix, sans faire remonter si haut son origine.

D'accord. Mais si c'est un parent de Kléber, conçoit-on qu'il l'expose si jeune aux périls de la guerre? qu'il ne lui donne pas son nom de famille? qu'après tant de soins, il le remette à Desaix? que celui-ci le traite avec la même bonté? qu'à la mort de ces deux braves guerriers, aucune des deux familles ne réclame le prétendu parent? et que lui-même ne cherche pas à rentrer dans leur sein? Il y a là, ce me semble, un mystère qui éclaircit les autres.

Et puis, voyez-vous ce jeune « passager du *Spartiate*, vivement recommandé par Kléber au capitaine Énériau, qui mange à la table des officiers, joue gros jeu, perd souvent et ne manque pas d'argent dans sa malle. » Pièce 52. Kléber, à coup sûr, n'aurait point fourni libéralement aux caprices d'un neveu. Kléber le surveille assidûment; Kléber le fait passer du *Spartiate* sur l'*Orient*, afin de l'avoir près de lui. Pourquoi ne l'embarque-t-il pas dès le principe sur l'*Orient*, pourquoi attend-il la prise de Malte, si ce n'est afin d'éviter les soupçons qu'on aurait pu concevoir au départ de France, s'il l'eût pris immédiatement à son bord? Quel inconvénient, au contraire, si c'était son neveu? aucun. Pourquoi le déclarer orphelin de père et de mère? C'est qu'en France on pouvait vérifier; de là les précautions d'un embarquement séparé.

Une circonstance frappante, à mon avis, et concluante pour quiconque envisage les faits froidement et de bonne foi, c'est la conversation du jeune passager avec l'aspirant Anglade, la promesse « qu'il va s'occuper de lui auprès du général. » Quel protecteur! Un enfant de treize ou quatorze ans! Il faut lui supposer une présomption bien déplacée, ou le sentiment intime de ce qu'il est, de ce qu'il peut. Remarquez sa réponse aux questions de son camarade avant de le quitter. Celui-ci lui demande son nom. Un nom ? c'est la première confidence qu'on échange entre amis même improvisés. A cet âge, il n'est pas naturel qu'on le cache. Ils sont ensemble depuis plusieurs semaines : Anglade ignore son nom. A cette question le jeune passager réfléchit, et répond : « Je ne puis vous dire mon vrai nom et pour cause ; mais je vous dirai que j'appartiens à une des plus hautes familles de France, et que je m'appelle *La Terre ;* souvenez-vous-en bien et ne l'oubliez jamais, et surtout ne m'en demandez pas davantage. » PIÈCE 52.

Il appartient à une des plus grandes familles de France, mais Kléber et Desaix ne sont pas de haute origine.., et il se nomme *La Terre...*

Le ton et les paroles du jeune *La Terre* avaient tellement impressionné M. Anglade que trente-quatre ans plus tard, à Sainte-Pélagie, au milieu des victimes de nos troubles civils, quand il aperçoit M. de Richemont condamné, lui aussi, à douze ans de détention, pour un complot formé par lui tout seul contre la sûreté de l'Etat, « il n'hésite pas à reconnaître en lui son ami *La Terre,* du *Spartiate*, et ne s'étonne point de la qualification de fils de Louis XVI qui lui est attribuée sans contestation dans la prison. » PIÈCE 52.

Donc le jeune et mystérieux aide-de-camp de Kléber, reconnu par tant de témoins, par d'honorables officiers, MM. Gillet et Forest, par le lieutenant de vaisseau Anglade et par M. Hérard de Villiers, n'est autre que le fils de Louis XVI, sous le pseudonyme de baron de Richemont.

II. — EN ITALIE EN FRANCE.

Par suite des fatigues de la guerre et du changement de climat, au commencement de l'année 1800, le prince tomba malade. Kléber résolut de le soustraire le plus tôt possible à l'influence de l'Afrique et de le faire passer en Europe. Desaix, rappelé par Bonaparte, allait bientôt rejoindre l'armée d'Italie ; Kléber saisit l'occasion.

Sûr de Desaix comme de lui-même, il lui apprit la naissance du jeune Louis, le pria de le diriger dans la carrière militaire, et lui remit la déclaration du prince de Condé. Desaix accepta cette mission et la remplit avec autant d'égards, autant de bontés, que Kléber.

Le 20 mars 1800, le Dauphin s'embarqua sur l'*Étoile* avec Desaix, Le Sénécal, Davoust, Rapp, Savary et autres officiers. Pris et relâché par les Anglais, le navire aborda à Livourne.

Avant de courir les chances de nouveaux combats, Desaix rendit au jeune prince les papiers à lui confiés par Kléber, et y ajouta une lettre à l'adresse du ministre de la police, Fouché. Comme le Dauphin témoignait quelque répugnance, « Ne craignez pas de vous en servir, lui dit-il; Fouché aura intérêt à vous être utile. »

Après avoir reçu ses instructions et ses conseils, le fils de Louis XVI l'accompagna à l'armée d'Italie comme aide-de-camp et avec le titre d'adjudant-général.

Aide-de-camp de Kléber à quatorze ans! Aide-de-camp de Desaix et adjudant-général à seize ans! C'est incroyable, s'écrie-t-on. Où sont les contrôles?

Cette objection, peu sérieuse, sera facilement écartée :

Depuis 1789 jusqu'au consulat, jusqu'à l'empire même, la seule condition d'admissibilité dans l'armée, en cas de danger de la patrie, et la patrie se trouvait constamment en danger, était l'aptitude à porter les armes, comme la seule condition d'admissibilité aux grades, était l'élection des troupes ou la désignation du pouvoir exécutif et de ses délégués. Encore parlons-nous des grades ordinaires ; car celui d'aide-de-camp était, à cette époque comme antérieurement, à la discrétion des généraux, qui choisissaient qui bon leur semblait. C'était même la manière d'initier au métier des armes ses enfants, ceux de ses parents et de ses amis, qui faisaient le service d'aides-de-camp, sans être régulièrement et nommément inscrits sur les contrôles. Avant de vous montrer si exigeants sur l'âge d'un aide-de-camp, oubliez donc Hoche et Marceau, généraux à ving t-deux ans !

Dans ces temps-là, d'ailleurs, l'inscription n'existait pas; l'organisation des bureaux militaires était loin d'être ce qu'elle est aujourd'hui ; elle ne fut introduite que sous l'empire; il n'y avait point de contrôles ; les chefs de corps seuls tenaient note des noms des officiers, encore pas toujours.

Rien d'étonnant donc si le nom de l'aide-de-camp, adjudant-général Louis, ne se trouve pas sur les registres du ministère de la guerre.

Il y a bien un autre et excellent motif de l'absence de ce nom. Est-ce qu'il n'importait pas à la conservation du fils de Louis XVI d'éviter les soupçons, les recherches, de lui laisser son indépendance? Est-ce que l'inscription n'aurait pas nécessité la production d'un acte de naissance ! Et lequel? Il aurait donc fallu s'en procurer un faux? Puis, un grade supérieur, légalement constaté , conféré à un si jeune homme, ne provoquait-il pas la jalousie, l'attention ? Tandis que le grade de fait était moins remarqué, parce que le Dauphin, formé de bonne heure, annonçait un âge plus avancé que le sien.

La non-inscription prouve encore évidemment qu'il n'était

parent ni de Kléber ni de Desaix, quoiqu'il passât pour leur neveu, car, s'il l'eût été, auraient-ils, dans l'intérêt de son avancement, négligé cette formalité? Non, sans doute. L'âge ne pouvait être un obstacle, car le prince entrait dans sa seizième année quand il quitta Kléber et suivit Desaix. Il existait donc un motif secret, mais puissant, de le soustraire à l'inscription. Et quel autre, si ce n'est sa qualité de fils de Louis XVI?

A peine arrivé en Italie, Desaix fut mis à la tête d'une des divisions de l'armée. Au bout de quelques jours, le 14 juin 1800, se donna la mémorable bataille de Marengo. Elle était perdue quand Desaix, après dix lieues de marche forcée, déboucha tout-à-coup sur les Autrichiens vainqueurs et les culbuta. Il périt dans l'action.

Le Dauphin, blessé à ses côtés, alla, avec plusieurs officiers, rendre compte au général en chef de ce qui s'était passé. Choqué de le voir adresser la parole aux autres, en affectant de ne pas prendre garde à celui qu'il avait remarqué en Egypte, et de ne pas s'informer de sa blessure, il tourna le dos à Bonaparte, se détacha du groupe, et joignant au galop Kellermann, il prit part à la glorieuse charge de cavalerie qui acheva la déroute de Mélas et nous valut la conquête de la ville d'Alexandrie, dans laquelle nos soldats entrèrent pêle-mêle avec les Autrichiens.

C'est cette boutade du jeune aide-de-camp qui accrédita dans l'armée l'opinion d'ordres donnés par Bonaparte, tandis que la charge fut uniquèment une heureuse inspiration de Kellermann.

Le jour où Desaix tombait à Marengo, Kléber mourait au Caire assassiné par un fanatique musulman; et le fils de Louis XVI perdait à la fois ses deux seuls conseillers, ses deux seuls amis, ses deux seuls appuis.

Découragé, ne sachant que faire et ne voulant pas retourner près du premier consul, le Dauphin rencontra Kellermann auquel il fit part de son mécontentement. Celui-ci lui conseilla de proposer ses services à Brune, qui, sur l'excellent témoignage de Kellermann, l'incorpora dans son état-major.

Nous emprunterons aux documents du précédent paragraphe la confirmation de la présence et de la position du fils de Louis XVI dans l'armée d'Italie.

La PIÈCE 47 porte :

« A la campagne d'Italie, M. Gillet, officier d'état-major de l'armée a reconnu le même jeune homme, qu'il avait vu près de Kléber, attaché à la suite du général Desaix, jusqu'à la mort de ce brave général à Marengo.

« M. Gillet a reconnu M. de Richemont pour être le même qu'il avait vu... en Italie, à l'état-major de Desaix.

« C'est bien là, a-t-il dit, l'homme que j'ai connu tout jeune en... Italie ; c'est la même contenance, la même physionomie, le même son de voix ; je ne saurais m'y tromper, c'est bien lui. »

Suivant la PIÈCE 49, M, le colonel Govéan a dit:

« J'ai beaucoup connu le Dauphin, avec lequel j'ai servi dans l'armée... d'Italie. »

Dans la PIÈCE 51, M. Laroche s'exprime ainsi :

« En 1800, et pendant la campagne d'Italie, j'ai revu le même jeune homme que j'avais vu près de Kléber, passant pour son neveu; je l'ai revu en compagnie du général Desaix, récemment revenu d'Egypte avec sa suite, et aussi à la bataille de Marengo... Plus tard, j'ai reconnu dans la personne de M. le baron de Richemont le même jeune homme que j'avais vu et connu en Egypte et à Marengo sous le nom de Louis. »

Que faut-il de plus ?

Après la mort de Desaix, abandonné à lui-même, n'ayant plus personne à qui se fier, le Dauphin, résolut de savoir ce qu'étaient devenus ses libérateurs, MM. de Frotté et Ojardias, dont il n'avait pas eu de nouvelles depuis la fin de juin 1795, époque de son arrivée au camp de Condé. Dans ce but, il se rendit secrètement en France pendant l'été de 1801. Il apprit qu'Ojardias venait d'être assassiné, et de Frotté fusillé, nonobstant un sauf-conduit, par ordre du premier consul qui, peut-être, redoutait ses révélations.

Indigné d'une pareille violation du droit des gens, le fils de Louis XVI, qui eut occasion de se rencontrer avec Lucien, lui reprocha vivement la conduite de son frère, puis, craignant les suites de cette altercation, rejoignit l'armée d'Italie.

Vers la fin de l'année suivante, 1802, il revint à Paris. Son âge, son titre d'officier supérieur lui permettaient ces allées et venues dans l'intervalle des campagnes. Ayant su que la femme Simon vivait encore, et que, réduite à la misère par la mort de son mari qu'on avait guillotiné et dépouillé des valeurs que M. de Frotté lui avait remises pour obtenir son concours à l'enlèvement, elle était entrée à l'hospice des Incurables, il eut la curiosité de la voir. C'est alors que se passa la scène du couvre-pieds, consignée dans les PIÈCES 7 et 12:

« Je vous l'avais bien dit qu'il n'était pas mort ; je l'ai revu mon Charles... — C'est le nom qu'elle donnait à l'enfant royal. — Quel Charles ? lui dit-on. — Mon Charles !... Eh bien! mon Dieu, le Dauphin !... Il est venu me voir !... Je l'ai bien reconnu ! Et puis il a reconnu le couvre-pieds de mon lit; c'est précisément celui que j'avais au Temple. » La femme Simon a assuré n'avoir jamais parlé de ce couvre-pieds à qui que ce fût. » PIÈCE 7.

« La sœur Catherine dit « que, vers 1816, il vint aux Incu

rables deux jeunes gens qui entrèrent dans le cabinet de la femme Simon qui n'y était pas ; qu'en s'en retournant l'un d'eux dit à l'autre : « Voilà le couvre-pieds ; » et que la Simon arrivant s'écria : « Tiens, serait-ce mon Charles? serait-ce possible? etc. » Pièce 12.

La première déclaration laisse à désirer : elle ne précise point la date de la visite ; la seconde présente une inexactitude et une lacune : elle fixe la visite en 1816, et ne s'explique pas sur l'entrevue. La visite et l'entrevue eurent lieu en 1802 et non en 1816. Ce qui, probablement, a causé l'erreur, c'est qu'on aura confondu la visite du prince avec celle que madame la duchesse d'Angoulême fit à la Simon en 1816, pièces 6 et 11, erreur d'autant plus facile qu'à propos de cette dernière visite, la Simon ne manquait pas de rappeler la précédente. Au reste, l'erreur ne porte que sur la scène du couvre-pieds, car la Simon a pu revoir le prince en 1816 ; il traversa l'hospice des Incurables, alors encombré de blessés ; mais la femme Simon n'était plus dans la même salle.

L'entrevue de 1802 convainquit la Simon de la générosité du Dauphin, ce qui justifie le propos qu'elle tenait au docteur Rémusat en 1811 : « Si mes enfants avaient connaissance de ma position, certainement ils viendraient à mon secours. » Pièce 8. L'un du moins y serait venu , car il y était venu déjà ; mais l'autre...

Peu de jours après, surmontant sa répugnance, il se présenta chez Fouché, lui remit la lettre de Desaix, et reçut un accueil plein de bienveillance. Déjà le ministre était instruit de sa visite aux Incurables. Il engagea le prince à la plus grande circonspection, lui promit de veiller à sa sûreté, et consentit à rester dépositaire du paquet de Condé, qu'il conserva et rendit religieusement.

La réputation de franchise et de bonté dont jouissait Lucien Bonaparte faisait regretter au prince ses démêlés avec lui. Il voulut le revoir, le rencontra, et, charmé de ses procédés obligeants, poussé par un besoin d'expansion, il lui demanda un entretien particulier qu'il obtint.

— « Avant d'entamer mes confidences, lui dit le prince , donnez-moi votre parole que vous ne révélerez rien et que c'est à Lucien et non au frère de Bonaparte que je m'adresse. » — Lucien donna sa parole, et le fils de Louis XVI lui dévoila sa naissance, son évasion, etc... Lucien, loin de paraître surpris, avoua qu'il connaissait, comme beaucoup d'autres, l'enlèvement du Temple. — « La gravité des événements, ajouta-t-il, a fait perdre de vue cet épisode de notre révolution. Je ne sais si Joséphine en a instruit mon frère ; mais je vous engage à le ménager. Il n'a point usurpé son pouvoir, il le tient du vœu de la nation. Si vous l'attaquez comme vous le faites, sans ménagement, il pourra le savoir, et vous paieriez cher votre imprudence. Vous lui en voulez parce qu'il vous a mal reçu à Marengo ; mais il croyait que vous aviez trempé dans le rapport de Poussielgue et de Kléber qui pouvait le perdre. Vous avez eu tort de ne pas vous expliquer avec lui ; tout était fini. Croyez-moi, ne confiez votre secret à personne. C'est le seul moyen de n'être point inquiété. Je plains votre sort, et, dans toutes les occasions, je ferai ce qui dépendra de moi pour en adoucir l'amertume. »

Le prince revit plusieurs fois Lucien ; il le trouva constamment bon, obligeant, fidèle à sa promesse.

Lucien était réellement de tous les frères de Napoléon le plus distingué par la droiture, l'énergie et les convictions politiques. Il est douteux, sans Lucien, que Bonaparte eût été Napoléon. Républicain de principes, il s'opposa toujours au despotisme de l'empereur, condamna sa tyrannie, résista aux offres les plus brillantes, fut le seul des frères qui eut le bon sens de ne pas solliciter une couronne. Enfin, et c'est tout dire, il mérita les honneurs de la persécution et de l'exil.

Encore aujourd'hui sa famille ne fait point mystère de la conduite de son chef envers le fils de Louis XVI. Plusieurs de ses membres n'ont pas craint, comme on le verra au chapitre XIII, de confesser hautement devant moi et devant M. Foyatier, l'un de nos artistes les plus honorables et les plus distingués, « que l'évasion et l'existence du fils de Lous XVI étaient une tradition et une conviction de famille ; qu'ils étaient eux-mêmes persuadés de l'identité du baron de Richemont, qu'ils verraient avec plaisir la France lui rendre son nom et qu'ils applaudiraient à sa reconnaissance. »

Lorsque tant d'autres personnages savent la vérité et la cachent, possèdent des preuves et les retiennent, parmi ceux qui ont influé sur les destinées du pays et parmi leurs descendants, on est trop heureux de rencontrer quelques âmes rares qui osent avouer leurs convictions.

Jusqu'alors il n'avait pas été possible au fils de Louis XVI de remercier la bonne Joséphine, celle qui lui avait témoigné tant d'affection à sa sortie du Temple. Le hasard fit naître une circonstance favorable.

Un individu, nommé Hervagault, fils d'un tailleur, né à Saint-Lô, Manche, condamné à diverses reprises pour délits de vagabondage et d'escroquerie, arrêté de nouveau en 1802, et convaincu des mêmes méfaits, avec la circonstance aggravante d'usurpation du titre de Louis XVII, venait d'être jugé et renfermé à Bicêtre. Quoique la police eût aisément découvert ce qu'elle a découvert à l'égard de tous les intrigants ses imitateurs, et ce qu'elle n'a pu découvrir relativement aux prétentions de M. le baron de Richemont, son nom et sa famille, le procès fit du bruit. Joséphine, inquiète, demanda des renseignements à Fouché. Celui-ci la rassura en lui disant:

Le prisonnier de Bicêtre n'est pas l'orphelin sauvé du Temple que vous avez vu chez Frotté ; je sais où il est, et, si vous me répondez du secret, je vous procurerai les moyens de le revoir.

Quelques mois plus tard, Fouché ménageait au prince une entrevue avec la femme du premier consul. Elle le reconnut immédiatement, lui exprima l'intérêt le plus vif, et pria Fouché de ne négliger aucune précaution pour le mettre à l'abri de tout danger. Le prince et la future impératrice se quittèrent et ne se revirent plus.

La PIÉCE 36, p. 74, fait foi de cette entrevue. On y lit :

« L'impératrice parlait souvent à madame Duplessis, ma marraine, des malheurs du fils de l'infortuné Louis XVI, de son évasion et des autres vicissitudes de sa vie ; elle savait qu'il avait été reconnu par la femme Simon, qu'il avait trouvée aux Incurables... L'impératrice l'avait elle-même vu le jour de son enlèvement du Temple, « et revu plus tard à son retour d'Italie... »

En 1804, quand Pichegru, secrètement revenu en France, organisa sa conspiration contre le premier consul, le Dauphin se souvenait encore de la froide réception de Marengo et avait juré de venger Frotté. Mis en rapport avec Pichegru, il entra facilement dans ses idées, lui découvrit sa naissance, vit Moreau, et assista, sous le nom de *Charles*, au conciliabule de Chaillot.

Ses relations avec Pichegru ressortent du certificat suivant:

PIÈCE 53. — M. J.-B. Baillot, ex-sommelier de Louis XVIII, déclare :

« Pendant que Pichegru se cachait à Paris, il vint chez moi ; il y mangeait et y couchait. Plusieurs fois il me dit alors « que le duc de Normandie existait, et il ne m'a pas caché l'intérêt qu'il y prenait. »

Le projet des conspirateurs ayant transpiré, on saisit les papiers de Pichegru, parmi lesquels étaient « des notes et des lettres du jeune prince. » Ils furent portés à Cambacérès qui les montra au premier consul. Celui-ci crut, selon les uns, que le *Charles* du complot était le duc d'Enghien, et cette croyance explique pourquoi ce malheureux prince fut enlevé et fusillé, selon d'autres, que c'était le fils de Louis XVI, et alors il n'est pas étonnant que, craignant les déclarations de Pichegru, si les débats d'un procès lui permettaient de se défendre publiquement, il l'ait fait étrangler en prison par le brigadier de gendarmerie Spon et deux guichetiers. — *Mémoires tirés des papiers d'un homme d'État*, t. 8, p. 334. — Quoi qu'il en soit, il s'emporta contre Fouché, qui ne devait pas, disait-il, ignorer la présence du prince à Paris.

Fouché n'apprit que par les reproches de Bonaparte la participation du Dauphin au complot. Il eut peur d'être compromis par de nouvelles imprudences et résolut de l'éloigner, afin de le soustraire aux recherches et aux persécutions que sa vigilance et les sollicitudes de Joséphine n'auraient pu lui éviter.

L'intervention de ces deux protecteurs couvrit le fils de Louis XVI d'un voile impénétrable. Il put gagner les côtes de France et s'embarquer pour les Etats-Unis dans le courant d'avril 1804.

« Ce fut encore cette princesse, dit, en parlant de Joséphine, madame Duplessis, PIÈCE 36, qui facilita sa sortie de France, où il n'était plus en sûreté depuis l'arrestation de Pichegru, chez lequel on avait trouvé des papiers compromettants. »

III. — AU BRÉSIL.

Le capitaine du navire que montait le Dauphin avait, assure-t-on, à se décider entre un ordre de le jeter à la mer, et une prière de l'épargner. L'ordre émanait de Napoléon, la prière de Joséphine ; la prière l'emporta ; le fils de Louis XVI arriva sain et sauf à New-York en mai 1804.

Il ne séjourna que très peu de temps aux États-Unis. Certain de la froideur ou de la malveillance des principaux gouvernements de l'Europe, il prit la détermination de fuir les pays où pouvaient se rencontrer leurs agents. Évitant donc les nations civilisées, il se réfugia chez les peuplades indigènes de l'Amérique du Sud, et, après avoir employé cinq années à les visiter, il se rendit, en 1809, au Brésil, pour soutenir les intérêts de l'une d'elles.

Charmé de la réception que lui fit le prince don Juan, alors régent de l'empire, fatigué d'ailleurs d'une vie errante, inculte, pleine de dangers et de privations, il s'ouvrit franchement à lui, et se fixa, d'après ses avis, à Rio-Janeiro, où il put s'occuper de son instruction, longtemps et forcément négligée.

Au bout de quelques mois d'un séjour tranquille, le fils de Louis XVI voulut revoir l'Europe. Don Juan l'en détournait. Mais, à vingt-cinq ans, tous les motifs sont bons. Il désirait, disait-il, retrouver un jeune homme qui avait été tout à la fois son sécrétaire et son ami, et dont il lui était impossible de se procurer des nouvelles autrement. Malgré les remontrances de don Juan, il partit.

A peine débarqué à Civita-Vecchia, États romains, il est, à son grand étonnement, arrêté, conduit à Rome, et mis à la disposition de l'autorité militaire, tout-puissante depuis l'en-lèvement du saint Père. Enfermé d'abord au château Saint-Ange, puis interrogé par le général Radet, il est, par ordre du commandant supérieur Miollis, dirigé sur Paris, où il arrive en juin 1810, sous la garde d'un officier de gendarmerie, porteur des papiers saisis.

Cette arrestation est constante ; on en trouve la preuve dans la lettre suivante, publiée dans *le Siècle* et *le Courrier français* du 19 août 1845 :

« . . . .
. . . .

« Si le duc de Normandie est le même personnage que j'ai vu à Rome dans les premiers jours de mai 1810 en état d'arrestation, subissant un interrogatoire dans le cabinet de M. Radet, général de gendarmerie, il serait effectivement le fils de Louis XVI.

« Cette conviction, je l'ai puisée dans celle du général Radet, qui venait d'interroger le prétendant, de lire les pièces dont il était porteur.

« M. le général Radet envoya ce prétendant à Paris. Qu'est-il devenu depuis? Je l'ignore.

« M. le comte Miollis, gouverneur de Rome, a eu nécessairement connaissance de cette arrestation, on doit en trouver la trace dans les papiers de sa succession ; elle doit aussi se retrouver dans ceux laissés par le général Radet.

« Il importe à l'histoire que le fait de la filiation du duc de Normandie soit éclairci ; c'est pour provoquer les explications qui l'établiront, que je vous adresse cette note avec prière de vouloir bien la publier.

« L'ex-directeur-général des postes de l'armée d'Italie,

« Signé : HÉBERT,

« Rue Neuve-Saint-Nicolas, 22, faubourg Saint-Martin.

« Paris, le 18 août 1845. »

Instruit, avant de quitter Rome, des ordres du général Miollis, le prince lui avait demandé et avait obtenu qu'on le remît avec ses papiers directement entre les mains du ministre de la police lui-même. Fouché put ainsi parer un nouveau coup ; il congédia l'officier, blâma l'imprudente démarche du Dauphin, lui fit retrouver son secrétaire, lui donna de sages conseils et facilita son retour et celui de son compagnon au Brésil. Il ne s'était pas encore écoulé une année depuis son départ.

Don Juan le revit avec la même bonté. Pour lui témoigner sa reconnaissance, le fils de Louis XVI lui offrit ses services à l'occasion des troubles graves qui éclatèrent à Goa, en 1812,

Sa mission, remplie avec zèle et énergie, eut tout le succès possible. Les révoltés, transportés à Rio-Janeiro, durent rendre
compte de leur conduite au chef de l'Etat.

A la faveur de cette expédition lointaine, le Dauphin visita
le Bengale, l'île de Ceylan, le royaume de Siam, les colonies
hollandaises, et les autres établissements européens de l'O-
céanie et des Indes. Son absence dura plus de deux ans, car
il ne revint au Brésil qu'à la fin de 1814.

Don Juan lui apprit les événements de France. Aussitôt il
se décida à rentrer le plus tôt possible dans sa patrie, et partit dès que les vents le permirent.

Les personnes avec lesquelles le Dauphin s'était lié particulièrement au Brésil sont : le chevalier Napione, Piémontais et
général au service du Brésil, le général Torrès, gouverneur
de Paraïbo et le doyen des chanoines de la cathédrale de Rio-
Janeiro, qui avait mis une belle bibliothèque à sa disposition.

Ce vénérable doyen, exilé par suite des révolutions du Brésil,
se rendant à Rome en 1835, passa par l'Isère, reçut l'hospitalité de M. le curé de Bourgoin, et vit M. Roux, curé de Génas,
qui connaissait M. le baron de Richemont. M. Roux s'entretint
des malheurs du Dauphin et de son voyage au Brésil. Le
vieux chanoine dit qu'il se rappelait à merveille le fils de
Louis XVI, donna de sa personne et de son caractère un signalement conforme à celui de M. le baron de Richemont.
C'est ce que certifie M. le curé de Génas dans la pièce suivante :

PIÈCE 54. — « Je, soussigné, Pierre-Victor Roux, curé de
Génas, Isère, atteste sur l'honneur la vérité du fait suivant :

« J'étais allé, dans l'hiver de 1835, faire une visite au vénérable curé de Bourgoin, que j'avais quitté seulement depuis
quelques mois. Il se trouvait alors dans la maison curiale un
vieillard qui, soit à cause de son grand âge, soit à cause de ses
infortunes, m'inspira le plus vif intérêt ; ce vieillard était un
prêtre portugais, dont la tête avait été mise à prix par dona
Maria, et qui, à quatre-vingt-treize ans, seul, à pied, vivant
d'aumônes, allait rejoindre à Rome son souverain légitime,
pour la cause duquel il était persécuté. Il ne parlait que latin,
et il parlait peu.

« Mais, touché des égards dont je l'entourais, et de l'empressement que je mettais à lui procurer quelques petites dou-
ceurs et quelques distractions, ce bon vieillard me prit à part
et se mit à me parler français, chose, me dit-il, qu'il n'avait
point voulu faire depuis qu'il avait mis le pied sur le sol de
la France, afin de se soustraire aux investigations de la police et des curieux indiscrets, mais qu'il se permettait avec
moi, à cause de la confiance que j'avais su lui inspirer, et

d'un besoin qui le portait à me donner sur sa personne des détails qu'il cachait même à ses confrères. Alors, il m'apprit, entre autres particularités, qu'il avait été précepteur des enfants de don Juan, et qu'il était le doyen des chanoines du chapitre de Rio-Janeiro.

« J'éprouvai dans ce moment un sentiment dont je tâcherais vainement de me rendre compte. Je crus voir en ce vieillard infortuné un envoyé du ciel pour répondre aux questions que je m'empressai de lui adresser, et que je vais rapporter ici aussi fidèlement que ma mémoire me les retrace :

« — Avez-vous vu, lui demandai-je tout d'abord, à la cour de don Juan, un personnage portant le titre de duc de Normandie ?

« — Oui, monsieur, me répondit-il, je l'ai même beaucoup connu, car comme je lui avais accordé, sur sa demande, la permission de visiter ma bibliothèque, dans laquelle se trouvaient, entre autres ouvrages, ceux de vos auteurs les plus célèbres, tels que Bossuet, Massillon, Bourdaloue, Boileau, Lafontaine et autres, il avait beaucoup de plaisir à y venir ; il y faisait même de longues stations ; pourvu qu'il ne fût pas dérangé par la présence de don Miguel, contre lequel il nourrissait une aversion marquée, car, à l'instant où ce dernier paraissait, il se levait brusquement et partait.

« — Quelques-uns prétendent que ce duc de Normandie est véritablement le fils de l'infortuné Louis XVI. Qu'en pensait-on à la cour du Brésil ?

« — Les courtisans, les seigneurs de la cour, les officiers-généraux, les fils du roi, principalement don Miguel, se moquaient de sa prétention, mais le roi avait pour lui beaucoup d'égards, et le traitait comme s'il eût été réellement ce qu'il disait être.

« — Permettez-moi, monsieur, de continuer mes questions sur un sujet qui m'intéresse au dernier point. Depuis quelques années, les journaux ne cessent de nous entretenir d'un personnage qui, sous le nom de baron de Richemont, vient d'être traduit devant les tribunaux, où il a publiquement et positivement déclaré qu'il était Louis-Charles de Bourbon, duc de Normandie, fils de Louis XVI, et avoir habité dans diverses contrées américaines pendant plus de dix ans ; je désirerais bien savoir s'il est le même que celui que vous avez connu à Rio-Janeiro. Si donc vous pouvez me donner des indices sur son caractère et sur son signalement, vous me feriez un sensible plaisir, en même temps que vous me rendrez un service signalé.

« — Le personnage que j'ai vu à Rio-Janeiro, me répondit le bon vieillard, était de taille moyenne, plutôt petit, mais bien proportionné ; il avait les cheveux blonds et les yeux bleus, un regard vif, une parole rapide, la démarche assurée: incapable de réprimer une émotion, il s'emportait à la moindre contrariété.

« — A quelle époque et à quelle occasion a-t-il quitté le Brésil?

« — J'ignore ce qui a provoqué son départ, mais il a eu lieu en 1812 ou en 1815, je ne me rappelle plus.

« Je remerciai le vénérable vieillard des renseignements qu'il venait de me donner, et en retour des témoignages de confiance dont il m'avait honoré, je lui avouai que j'avais rencontré le fils du Roi martyr, qu'il était facile de reconnaître au signalement qu'il venait de donner. Je lui demandai ensuite s'il ne trouverait pas mauvais que je parlasse de lui au duc de Normandie. — Non, certainement, me répondit-il, vous pouvez lui parler de moi, il ne m'aura sans doute pas oublié ; vous me désignerez sous le titre du doyen de la rue Saint-Jean-Baptiste. Au reste, continua-t-il, je vous laisserai mon adresse. — Je lui présentai à l'instant le premier morceau de papier qui me tomba sous la main. Je n'avais pas voulu, par délicatesse, lui demander son nom ; je crus qu'il allait me le donner, je m'étais trompé, il n'écrivit que ces mots : Rio-de-Janeiro, rue Saint-Jean-Baptiste, auxquels j'ajoutai ceux-ci : le doyen du chapitre, comme on peut le voir sur le même morceau de papier ci-inclus.

« S'il plaît au Seigneur de faire servir cet écrit à l'accomplissement de ses desseins, je déclare et certifie, à tous ceux qui en feront lecture, qu'il est en tout conforme à la vérité.

« Fait à Génas, le 7 octobre 1842.

                    « Signé : P.-V. Roux, curé. »

« Le maire de la commune de Génas, canton de Mézieu, certifie la sincérité de la signature ci-contre de M. Roux, aux qualités par lui prises.

« Génas, le 7 octobre 1842.

                    « Signé : QUANTIN. »

A ce respectable témoignage, vient se joindre celui d'un honorable gentilhomme, dont j'ai déjà eu l'occasion de parler, M. le chevalier d'Olry, diplomate vertueux, qui préfère le vrai aux réticences politiques. Dans cette attestation multiple sont consignées les opinions si graves, si précises de MM. de Montciel, de Brémont, du Moustier, et des évêques de Strasbourg et de Nancy. Le lecteur jugera qui de ces hommes honnêtes, ou des intrigants conventionnels, impérialistes et monarchistes, mérite le plus de confiance sur la question d'existence du fils de Louis XVI.

Pièce 55. — « Le soussigné , conseiller intime actuel de S. M. le roi de Bavière, son ancien ministre auprès de divers Etats de l'Europe, grand'croix de l'ordre du Christ, commandeur de celui de Saint-Michel, chevalier de l'ordre de la couronne de Bavière, ainsi que de celui de Saint-Louis de France,

« Déclare avoir eu, pendant son séjour en Suisse, depuis 1807 à 1827, avec M. de Montciel, l'un des derniers ministres du règne de Louis XVI, des relations particulières aussi fréquentes qu'intimes ; ce respectable gentilhomme , homme d'État aussi distingué que vertueux et fidèle, qui n'avait accepté que par un dévoûment sans espoir le périlleux honneur de servir cet auguste monarque, alors que sa fin tragique était pressentie de toute part, m'a assuré dans maintes conversations sur les événements du temps, dont mes souvenirs étaient pleins comme acteur et victime dès l'âge de 23 ans, «qu'il était du moins heureux d'être certain de l'existence du Dauphin , fils du roi martyr, que le jeune prince avait été sauvé du Temple, et transporté de là dans la Vendée, et remis entre les mains de M. de Frotté, dont il considérait le noble dévoûment à cette cause comme le motif de l'atroce exécution qu'il a subie. »

« M. de Brémont, qui avait été son secrétaire, s'était établi à Semsales, au canton de Fribourg, en Suisse ; il y avait acquis une verrerie et une modeste habitation y attenante, que M. de Montciel, son ami et son ancien chef, venait co-habiter avec lui, surtout pendant l'été, «parce que ni l'un ni l'autre, et chacun par conviction consciencieuse, ne voulait rentrer en France au service de Louis XVIII, qu'ils regardaient franchement comme un intrus, dont, disaient-ils, ils avaient d'ailleurs parfaitement connu dès 1789 la conduite et les relations particulières. »

«Aux circonstances de l'évasion du Dauphin du Temple, M. de Brémont ajoutait que, quelques années plus tard, après que Jean VI, — don Juan, — roi de Portugal, eut transféré au Brésil la couronne de la maison de Bragance, « il avait été positivement informé que le jeune Dauphin, dans le cours d'un exil, toujours pressé, surveillé et poursuivi par de traîtreuses ou d'ambitieuses recherches, avait abordé à Rio-Janeiro ; qu'il y avait été reconnu et reçu à la cour par le roi Jean avec toute l'effusion de cœur et toute la noble sympathie d'une royale parenté, et que S. M. très fidèle l'avait muni de témoignages propres à constater à tout événement son identité partout où il en pourrait être besoin. »

« M. le marquis de Montciel « accordait toute foi à ce renseignement ; » et cela est tout simple par le motif qui en déterminait le poids ; car M. de Brémont avait alors reçu un caractère officiel par le brevet de « consul de Portugal » auprès de la Confédération Helvétique, qui lui avait été expédié; il en continuait les fonctions encore à l'époque où j'ai quitté la Suisse avec tout le zèle que lui inspirait la haute confiance dont le roi de Portugal l'avait honoré. Ses correspondances traversaient alors l'Espagne pour gagner Lisbonne, et de là, la haute mer, et, ce sont précisément ces correspondances, marchant sous couvert officiel, qui donnent un grand relief et un caractère de gravité aux assertions mentionnées ci-dessus et émanées d'un consul portugais.

« M. de Brémont ajoutait à tout cela une notion non moins importante pour établir en fait l'évasion du Temple. « Il prétendait savoir que le Dauphin, en passant en Espagne, s'était présenté à madame la duchesse d'Orléans, née duchesse de Penthièvre, dont il avait été également reçu avec un tendre et compatissant empressement, et qu'elle aussi lui avait remis des témoignages écrits et signés par elle, pour lui servir à ce que de droit. »

« Le soussigné a encore un autre témoignage à consigner sur l'évasion de Louis XVII du Temple, et celui-ci, quant au personnage dont il émane, n'aura, ni moins d'importance, ni moins de valeur morale ou historique : je veux parler du comte du Moustier, l'un des trois gardes-du-corps qui, sous le nom de Melchior, a accompagné, du choix du roi, l'infortuné Louis XVI dans son voyage de Varennes. Tout le monde en connaît l'histoire : deux de ces trois gardes-du-corps, le comte Valori, d'abord, puis le comte Moustier, dont je parle, en ont publié la relation imprimée à Paris. Quoi qu'il en soit, j'ai trouvé ce dernier à Saint-Pétersbourg où, pendant un séjour de six ans, de 1800 à 1806, je me suis intimement lié avec ce noble chevalier; j'étais plus jeune que lui; j'avais alors 31 ans : c'est dans ces moments d'effusion où, en parlant des catastrophes de la Révolution, nos cœurs s'émouvaient, qu'il me répétait souvent, avec tout l'enthousiasme de son attachement à la famille du roi martyr : « Je suis un vieux soldat couvert de blessures ; si Dieu exauce mes prières je mourrai sur un champ de bataille ; je veux donc déposer dans votre sein un fait bien important pour la France, notre primitive patrie, « c'est qu'il est de toute fausseté que le fils de Louis XVI soit mort au Temple ; il en a été sauvé, conduit en Vendée, et remis entre les mains de M. de Frotté. »

« Plus tard, en 1815, j'ai revu cet intrépide vieillard en Suisse, à son passage pour se rendre à Paris ; il me répétait l'assertion ci-dessus.

« Lors de mon séjour à Turin, de 1827 à 1842, monseigneur Tharin, précepteur de S. A. R. monseigneur le duc de Bordeaux et, plus tard, évêque de Strasbourg, ainsi que monseigneur Janson, évêque de Nancy, m'ont donné mot pour mot la même assurance.

« En foi de quoi j'ai signé les présentes et j'y ai apposé le sceau de mes armes. A Kientzheim, Haut-Rhin, le 17 février 1850.

« Signé : le chevalier d'OLRY. »

« Vu par nous, maire de la commune de Kientzheim, canton de Kaysersberg, arrondissement de Colmar, département du Haut-Rhin, pour servir de légalisation à la signature, apposée d'autre part, de M. le chevalier d'Olry, domicilié audit Kientzheim.

« Kientzheim, ce 17 février 1850.

« Le maire : Signé : illisible. »

Une longue période de la vie du fils de Louis XVI vient de se dérouler ; si, chaque phase ne marche point avec un long cortége de pièces de conviction, cela se comprend : d'incessantes pérégrinations, l'obligation de fuir le contact des hommes et les persécutions des Gouvernements ne le comportent pas. Et puis, quand on a la conscience d'être ce qu'on est, va-t-on mendier à chaque étape un certificat de présence ou d'identité? Réclamer pareilles précautions d'un prince, et d'un prince âgé de quinze à vingt-cinq ans, forcé de cacher sa vie parce qu'elle était un crime d'Etat ou un reproche sanglant, d'un prince délaissé, sans conseillers, sans amis, sans famille, c'est tout à la fois méconnaître le cœur humain et les exigences de vicissitudes exceptionnelles.

Le voyage et le séjour du Dauphin au Brésil ne sont-ils pas suffisamment confirmés par la déclaration du vieux doyen du chapitre de Rio-Janeiro, précepteur des enfants de don Juan? L'exil providentiel de ce respectable vieillard a permis au curé de Génas de consigner ses souvenirs qui constatent et l'apparition du duc de Normandie à la cour du Brésil, et la croyance de don Juan, et l'incrédulité de don Miguel et des autres princes, auxquels le fugitif n'avait pas communiqué ses papiers, et la durée de sa résidence, et son caractère d'une identité parfaite avec celui de M. de Richemont, et l'époque de son dernier départ pour la France, le tout accompagné de détails tels qu'il est impossible de nier l'exactitude du récit qui nous permet de retrouver et de suivre les traces de l'orphelin opprimé :

« — Avez-vous vu, à la cour de don Juan, un personnage portant le titre de duc de Normandie ?

« — Oui, je l'ai même beaucoup connu, car, comme je lui avais accordé, sur sa demande, la permission de visiter ma bibliothèque..., il y faisait de longues stations...

« Les courtisans, les seigneurs de la cour, les officiers-généraux, les fils du roi, principalement don Miguel, se moquaient de sa prétention, mais le roi avait pour lui beaucoup d'égards, et le traitait comme s'il eût été réellement ce qu'il disait être.

« Le personnage que j'ai vu à Rio-Janeiro était de taille moyenne, plutôt petit, mais bien proportionné ; il avait les cheveux blonds et les yeux bleus, un regard vif, une parole rapide, la démarche assurée ; incapable de réprimer une émotion, il s'emportait à la moindre contrariété.

« Son départ a eu lieu en 1812 ou en 1815. » PIÈCE 54.

« Il y eut réellement deux départs, l'un en 1810 et l'autre en 1815.

Et, maintenant, quelle authenticité ne donne pas aux confidences du doyen de la rue Saint-Jean-Baptiste l'adhésion de M. de Bremont, d'un homme revêtu de la dignité de consul de Portugal ? N'équivaut-elle pas à un certificat officiel ?

« Il avait été, affirme-t-il, positivement informé que le jeune Dauphin, dans le cours d'un exil, toujours pressé, surveillé et poursuivi par de traîtreuses ou d'ambitieuses recherches, avait abordé à Rio-Janeiro ; qu'il y avait été reconnu et reçu à la cour par le roi Jean avec toute l'effusion de cœur et toute la noble sympathie d'une royale parenté, et que S. M. très fidèle l'avait muni de témoignages propres à constater à tout événement son identité partout où il en pourrait être besoin. » PIÈCE 55.

C'est précisément le dépôt de ces pièces entre les mains de l'infortuné Fualdès qui causa son odieux assassinat politique, et ce sont elles que saisit la police de Louis XVIII.

Dans cette déclaration de M. d'Olry, combien de précieux témoignages applicables, non pas seulement au point qui nous occupe, mais à ceux que nous avons traités et que nous traiterons !

« Le fils de Louis XVI a été sauvé du Temple, conduit en Vendée, mis entre les mains de Frotté ; la fin tragique de ce dernier est le résultat de son dévoûment : telles sont les assertions d'un ancien ministre de Louis XVI, M. de Montciel.

« Louis XVIII était un intrus, auquel ni M. de Brémont, ni M. de Montciel n'ont voulu prêter serment, parce qu'ils connaissaient sa conduite et ses relations dès avant 1789. Beaucoup d'autres ont fait comme eux. » — Avis aux aveugles de la Restauration.

« Selon M. de Brémont, le Dauphin a traversé l'Espagne, a vu la duchesse d'Orléans, née de Penthièvre, a reçu d'elle des écrits constatant son identité. » Nous verrons qu'en effet tout cela est exact.

« De 1800 à 1806, M. du Moustier, garde-du-corps, qui avait accompagné la famille royale pendant le voyage de Varennes, affirme à M. d'Olry : qu'il est de toute fausseté que le fils de

Louis XVI soit mort au Temple ; qu'il en a été sauvé, a été conduit en Vendée et remis à M. de Frotté :

« De 1827 à 1842, à Turin, MM. Tharin et Forbin-Janson, évêques, répètent les mêmes assertions. »

M. d'Olry, qui nous les transmet, leur imprime, à cause de son caractère, de ses relations diplomatiques et de sa loyauté, un cachet de vérité ineffaçable.

Nous avons dû, pour ne pas nous écarter de notre sujet, nous borner à des citations sommaires, nous y reviendrons au chapitre XII. Ici le voyage au Brésil était seul en question, et la question, je pense, est amplement résolue.

CHAPITRE X.

PRÉSENTATION DU DAUPHIN A LA DUCHESSE D'ANGOULÊME , EN 1816.

Parti du Brésil au commencement de 1815, le fils de Louis XVI arriva en vue des côtes de Bretagne en août même année. Pour lui tenir lieu de passeport, don Juan lui avait remis un écrit de sa propre main, dans lequel il était désigné sous ses véritables noms. Craignant d'être arrêté à Saint-Malo, s'il le présentait aux autorités, le prince l'échangea contre le passeport de son secrétaire. Ce qu'il prévoyait s'accomplit : le secrétaire fut incarcéré, et la pièce envoyée à Paris, où elle doit être encore.

Cependant, le prince put gagner sans obstacle la capitale ; il s'empressa d'aller trouver Fouché, dépositaire de l'attestation du prince de Condé. Fouché, devenu ministre de Louis XVIII, comme il l'avait été de Napoléon, parut surpris et contrarié de son retour. Ayant su ce qui s'était passé à Saint-Malo, il expédia l'ordre de conduire en Angleterre le jeune homme arrêté, et, dégageant en toute hâte sa responsabilité, il présenta le Dauphin au prince de Condé, en lui restituant le dépôt confié.

Celui-ci reconnut aussitôt le fils de Louis XVI, et aux traits de son visage, et aux pièces dont il était porteur ; il mit à l'accueillir au palais Bourbon le même empressement qu'il avait déployé dans son camp. Persuadé que le temps et l'exil auraient changé les dispositions de Louis XVIII à l'égard de son neveu, il forma de suite la résolution de l'introduire aux Tuileries. Fouché, qui ne partageait pas ses illusions, essaya de l'en détourner, et, le prince de Condé insistant, il lui promit de sonder les intentions du roi ; elles furent telles qu'on devait les attendre d'un prince ambitieux parvenu au but de ses désirs. Fouché eut beau lui représenter que son neveu ne prétendait point au pouvoir, qu'il demandait simplement à être reconnu comme fils de Louis XVI, à porter son nom, et à résider en France ; Louis XVIII refusa de croire à tant d'abnégation. Condé voulut tenter un dernier effort ; ce fut inutilement.

Le Dauphin, après un nouvel entretien avec Fouché, ne doutant plus du mauvais vouloir du roi, résolut de s'expatrier. Condé, tout disposé à faire un éclat et à le proclamer, s'y opposait. Le Dauphin qui, en acceptant ses offres, en courant la chance des armes, ou en proposant aux alliés des concessions plus larges que celles de Louis XVIII, aurait pu être roi, n'écouta que son patriotisme et répondit formellement que jamais il ne consentirait à devenir la cause d'une guerre civile.

Condé n'insista plus ; mais, espérant que la duchesse d'Angoulême ne partagerait pas les sentiments de son oncle, il proposa d'essayer encore une tentative de ce côté. Le Dauphin accepta. Il s'agissait de la rencontrer séparée du roi. Condé s'assura d'un jour où elle irait à Versailles : les deux princes s'y rendirent, entrèrent et attendirent ; elle ne tarda pas à sortir du château, accompagnée du duc de Berry, de la marquise d'Agoult et de quelques gentilshommes.

Lorsqu'elle fut parvenue dans une allée écartée, le prince de Condé, se montrant inopinément, lui présenta le Dauphin, —M. le baron de Richemont,—en disant : « Princesse, voilà votre frère... » Le Dauphin prit aussitôt la parole, affirma qu'il était prêt à répondre à toutes les questions qu'il plairait à la duchesse de lui adresser... Elle manifesta d'abord de l'étonnement..., laissa échapper quelques signes d'émotion... Le Dauphin raconta ce qui s'était passé de secret entre eux au Temple et ailleurs.

Le duc de Berry paraissait ressentir une vive impression.

Mais, madame d'Angoulême..., mais, la sœur de l'infortuné fils de Louis XVI..., qui avait eu le temps de maîtriser un premier mouvement... ne trouva dans son cœur que cette étrange apostrophe : « Allez ! allez ! vous êtes la cause de bien des malheurs ! et jamais mes bras ne s'ouvriront pour recevoir l'ennemi de notre famille ! » — « Ah ! ma sœur ! ma sœur ! et vous aussi, vous me repoussez ! » s'écria le Dauphin. Sa sœur !... Il n'avàit plus de sœur. En haute politique, il n'y a ni père, ni mère, ni frères ; marcher au trône sur les cadavres ou la ruine de ses proches est un usage qui a force de loi.

Prétendait-on, par ces mots cruels, reprocher à un enfant de huit ans d'avoir signé, sous l'empire des menaces de Fouquier-Tinville, sous les coups du misérable Simon, une déclaration contre la reine, sa mère ? Assurément, c'était un poignant souvenir, mais était-ce un prétexte suffisant pour rejeter un frère ?

Le prince voulut se disculper, s'expliquer... Vains efforts ! La duchesse se retira brusquement, entraînant le duc de Berry qui cherchait en vain à la calmer.

Tel fut le touchant accueil que reçut de sa sœur le fils du roi martyr.

Je m'abstiens de réflexions ; l'indignation d'un honnête homme s'exhalerait en termes trop énergiques, et je ne dois pas oublier que la flétrissure imprimée aux persécuteurs affligerait la victime. L'histoire remplira ma tâche.

Un des témoins de cette scène la raconte ainsi :

Pièce 56. — « Je, soussigné, Charles, comte de Pons, déclare à qui il appartiendra, qu'en mon ancienne qualité de page de M. le comte d'Artois, en 1816, dans les premiers jours de mai, me promenant dans le parc de Versailles avec MM. Curial, de Montbrun et d'Arjuson, tous trois mes collègues, nous étions dans une vaste allée de charmille à jouer au cheval-fort, lorsque nous fûmes distraits de notre occupation par des personnes dont les voix animées se faisaient entendre dans une promenade rapprochée de la nôtre. Comme leur conversation était très rapide, elle fut l'objet de notre attention, et en particulier de la mienne; ayant prêté l'oreille et dirigé les yeux du côté d'où nous venaient ces accents, qui ne nous étaient point étrangers, nous reconnûmes madame la duchesse d'Angoulème, Monseigneur le duc de Berry et M. de Mouchy, capitaine des gardes; un quatrième personnage était avec eux; il avait la taille moyenne, il était blond, bien fait, le teint animé; dans ses mouvements, il y avait de la grâce, du geste; sa voix était douce et sonore.

« N'ayant rien compris au commencement de la conversation, nous entendîmes ces paroles prononcées par l'inconnu, avec des mouvements convulsifs, ses mains se joignant sur sa tête : «Ah! ma sœur! ma sœur!...» A ces mots, la duchesse répondit : Allez! allez! vous êtes la cause des malheurs de ma famille!... » Monseigneur le duc de Berry était ému; M. de Mouchy, qui était à une distance respectueuse, s'approcha et dit à l'inconnu, qu'étant de service, il ne pouvait le laisser davantage dans le parc, où sa présence était ignorée; alors le groupe se retira.

« Etonnés de ce que nous venions d'entendre, nous retournâmes au château; mais, à la porte, nous trouvâmes M. de Mouchy, qui parut surpris de nous voir. Il nous demanda d'où nous venions, ce que nous avions fait, si nous n'avions rien entendu? Nous lui répondîmes que nous venions de jouer au cheval-fort, et que nous n'avions rien vu ni entendu. Il rentra en nous disant : « Vous êtes bien heureux! » et en donnant l'ordre à M. de Montbrun d'aller le trouver le même soir à cinq heures.

« Au Poyet, commune de Pouilly-sous-Charlieu, le 2 octobre 1842.

« Signé : Le comte de Pons.

« Vu pour la légalisation de la signature de M. le comte de Pons.

« Pouilly-sous-Charlieu, le 26 décembre 1842.

« Signé : Le maire, E. Brossard. »

Je joins à cette attestation l'extrait d'une lettre de ce même M. de Pons à M. de Richemont, en date, à Charlieu, du 20 juillet 1849 :

Pièce 57. — «Quant à ce que j'ai positivement entendu dans les jardins de Versailles, quoiqu'il y ait près de vingt-sept ans et que je fusse fort jeune alors, je puis dire et attester « qu'un individu, habillé en capote brune, de taille moyenne, au teint animé et jeune encore, eut une altercation très vive avec madame duchesse d'Angoulême, » en présence de monseigneur le duc de Berry et de M. de Mouchy, officier supérieur, de garde au château ce jour-là. J'entendis, ainsi que mes camarades, ces paroles, qui ne s'effaceront jamais de ma mémoire : « Allez! vous êtes la cause de tous les malheurs de ma famille! » A quoi l'étranger répondit : « Ah! ma sœur, ma sœur!... »

« Cette scène eut lieu, autant que peut me le fournir ma mémoire, dans les premiers jours du printemps de 1816.

« Jeune encore et ne connaissant pas tous les malheurs de la famille de nos rois, je ne dus guère m'arrêter à une conversation qui était si étrangère à l'innocence de nos jeux, et sans notre bon d..., qui s'occupe sans cesse de vous, je n'aurais jamais répété ce que j'entendis alors.

« Dieu veuille, monsieur le baron, que ma déclaration, en harmonie avec les sentiments que mon cœur éprouve pour le fils d'un monarque aussi vertueux que juste, puisse vous être de quelque utilité! mon sang est mêlé du vôtre, et il est tout à la disposition de l'illustre rejeton du petit-fils de saint Louis. Heureux si la dernière goutte coulait un jour pour lui et pour une malheureuse patrie qui n'a plus de bonheur depuis qu'elle a banni la race antique de ses rois !

« C'est dans ces sentiments que j'ai l'honneur d'être avec un profond respect, etc.

« Signé : comte de Pons.

P. S. « Je fus envoyé, par décision ministérielle du 26 mai 1817, au 50° de ligne, comme sortant des pages d'Artois. »

Nous avons sous les yeux une note signée d'un ancien militaire, qui prétend avoir été de service à Trianon le même jour, et avoir entendu le duc de Berry dire à la princesse : «Ma sœur... mais je vous prie... c'est votre frère... » et la duchesse d'Angoulême répondre: « Moi!... reconnaître un monstre qui a signé la mort de ma mère!... » Puis le duc d'Angoulême ajouter : « Petite! Petite! c'est bien ton frère! »

N'ayant point contrôlé ce témoignage, nous le consignons, seulement à titre de renseignement, et parce qu'il s'accorde avec celui de M. le comte de Pons, dont le caractère, parfaitement honorable, inspire la plus entière confiance.

Il est donc bien constant que l'entrevue du prince avec sa sœur a eu lieu vers le mois de mai 1816, en présence de Mgr le duc de Berry, de madame d'Agoult, de M. de Mouchy et de MM. Curial, de Montbrun, d'Arjuson et de Pons. M. de Pons était alors page d'Artois; les registres du ministère de la guerre en font foi. La déclaration ne saurait être contestée. Car quel intérêt lui supposer pour altérer la vérité ; le personnage en faveur duquel il la manifeste est persécuté, inconnu, dans le malheur.

On a dit : si la duchesse d'Angoulême a repoussé cet homme, c'est qu'il n'était pas son frère.

Qui donc était-ce? Le prince de Condé est son introducteur; une vive altercation s'engage entre l'étranger et la duchesse ; le duc de Berry s'interpose, veut apaiser la princesse; et des témoins entendent ces paroles sortir de la bouche de l'inconnu : « Ah! ma sœur! ma sœur! Et vous aussi vous me repoussez!... » et on ne fait pas sur-le-champ arrêter l'insolent qui a l'audace de se prétendre frère de la duchesse.., et le prince de Condé qui se prête à ses démarches !... Et la duchesse indignée ne répond pas : « Vous n'êtes point mon frère..., vous êtes un imposteur!» La conduite et les paroles de la duchesse dans cette triste circonstance sont à la fois une accusation contre elle et une reconnaissance explicite de l'étranger.

Or, le signalement détaillé par M. de Pons...: « taille moyenne, blond, bien fait, teint animé, grâce dans son geste et ses mouvements, voix douce et sonore... » se rapporte entièrement à M. de Richemont; et les lettres de M. Labreli de Fontaine à ce dernier, qui vont être immédiatement signalées, prouvent que M. de Richemont est bien l'étranger du prince de Condé.

Quels motifs ont pu déterminer chez la duchesse d'Angoulême ce sentiment de répulsion contre son frère ?

La réponse, si je ne consultais que ma conscience, serait embarrassante. Mais, la conscience se taisant, l'histoire parle. Louis XVIII n'avait point d'enfants ; après Charles X, la duchesse d'Angoulême était reine de France, et ce titre flattait singulièrement, puisqu'en exil, sans royaume, on a eu la faiblesse de s'en parer. La reconnaissance du comte de Provence pour roi avait nécessité des engagements vis-à-vis des puissances coalisées; qui sait leur étendue et les personnages qu'ils liaient? L'Autriche avait-elle prescrit le retour aux idées rétrogrades, idées si agréables à l'entourage des princes restaurés, et si peu compatibles avec le patriotisme du fils de Louis XVI? La duchesse a-t-elle, comme madame Mansion dans le drame de Fualdès, subi la compression de violentes menaces? C'est ce que rend probable le certificat suivant :

Pièce 58. — « Je, soussignée, veuve P......., née A...., demeurant à Paris, rue d'Assas, déclare :

« M. Mettré, premier valet de chambre de Charles X,

racontait devant moi, en mai ou juin 1816, « que madame d'Angoulême ayant été à Versailles avec le duc de Berry, reconnut si bien son frère, qu'étant à table avec sa famille, elle fit part au roi de cette nouvelle ; qu'alors Louis XVIII l'interrompit brusquement en lui disant : Madame, si de pareils propos sont répétés par vous, je vous fais exiler à l'instant. »

« Paris, 20 janvier 1849.

« Signé : Veuve P........ »

Il y a plus ; s'il faut en croire une lettre de l'*Atlas*, journal anglais, reproduite par l'*Estafette* du 2 juin 1849, Louis XVIII ne se serait pas contenté de menaces d'exil, il aurait contraint la duchesse d'Angoulême à abandonner son frère, sous peine de voir « publier une correspondance outrageante pour la mémoire de la reine Marie-Antoinette, sa mère, et de nature à jeter des doutes sur la légitimité de ses deux enfants. » Une pareille menace et une pareille infamie rentrent parfaitement dans le caractère du frère dénaturé, du prince avide de puissance, qui ne cessa de poursuivre des plus odieuses calomnies la reine et le roi, et qui eut l'audace de déposer au parlement une protestation contre la légitimité de leurs enfants.

Quand Charles X monta sur le trône, la couronne s'approchant d'un degré, les scrupules, s'il en existait encore, s'éloignèrent d'autant, et disparurent entièrement devant l'intérêt personnel, flanqué de l'approbation des conseillers clercs ou laïques. L'égoïsme a tant d'influence sur le cœur des hommes, que ce serait une folie d'en supposer exempt celui des princes.

Voici, sous un autre rapport, une lettre capable de faire ouvrir les yeux. Elle constate la remise, entre les mains de madame la duchesse d'Angoulême, d'une somme de trois cents millions, provenant du trésor de la couronne. En reconnaissant son frère, la sœur aurait dû les lui restituer ; et restituer trois cents millions..., qu'on peut garder, cela demande réflexion... La lettre est de M. de Brémont, secrétaire de M. de Montciel, aucien ministre de Louis XVI. Elle a été imprimée dans *la Voix du Proscrit*, p. 92, 93 et *suiv*. Peu importe que le personnage en faveur duquel M. de Brémont l'a écrite fût un imposteur ; les énonciations de la lettre n'en restent pas moins acquises à l'histoire. Elle est adressée à madame la duchesse d'Angoulême :

« Madame ,

« Serviteur du roi martyr, votre auguste père, j'ai reconnu l'orphelin, votre auguste frère, le duc de Normandie, et je suis devenu son serviteur. Connaissant tous les moyens par lesquels V. A. R. a pu être trompée, et voulant remplir mon devoir de préserver l'orpheline du Temple des calamités qui vont punir tous les coupables par le jugement de Dieu sur le point de s'accomplir, je me suis adressé à un de vos plus estimables serviteurs ; je lui ai fait connaître les motifs qui devaient porter V. A. R. à faire un dernier examen de l'identité du duc de Normandie avec Monsieur... Je crois donc remplir le devoir que Dieu m'impose envers vous, en vous déclarant « qu'à ma connaissance, la cour d'Autriche a la preuve authentique de l'enlèvement de l'orphelin du Temple... » Il n'existe personne qui puisse vous donner des informations véridiques contraires à ce que j'ai l'honneur de vous faire savoir. Mon honorable ami, feu M. le marquis de Montciel, a souvent gémi devant moi de l'illusion où était V. A. R. Plusieurs fois il a été sur le point d'aller vous demander une audience particulière pour vous faire connaître l'existence de votre frère. Cet honorable ami est mort dans mes bras, de douleur de la catastrophe de 1830, de n'avoir pas rempli son devoir, en enlevant la cataracte dont on avait couvert vos yeux. Je crois que plusieurs de vos serviteurs, trompés eux-mêmes par le prince qu'ils avaient eu le malheur de servir, ont pu vous faire partager leur erreur ; mais pour vous mettre en mesure de juger, j'ajoute les faits suivants : « Un d'entre eux, le duc de Blacas, a reçu des mains de M. de Montciel le trésor de la couronne qu'il avait sauvé, pour le conserver à l'autorité du roi légitime. Ce trésor, valeur réelle, était de trois cents millions. Il fut converti en neuf millions de rentes, placés dans les fonds étrangers, de préférence aux fonds français. J'ai su, en 1820, de mon ami, M. d'André, qu'à sa connaissance il n'existait plus que sept millions de rentes du trésor. Depuis cette époque, il n'y a pas eu lieu, sans doute, de le diminuer. Ce trésor, Madame, appartient à l'héritier légitime, au duc de Normandie ; il ne vous est plus permis de vous en servir contre lui ; et que vos conseillers ne se fassent pas illusion, ce sont eux qui sont responsables devant Dieu de l'emploi que vous en ferez. » Mon devoir est donc rempli, Madame ; pour récompense de mes services envers le roi martyr et envers toute sa famille, je n'ai jamais rien sollicité ni accepté qu'un portrait de S. A. R. Monsieur, qu'il me donna lui-même en 1820. A l'âge de soixante dix-huit ans, où je suis parvenu, je n'ai plus rien à recevoir de personne sur la terre ; mais je dois me préparer à paraître devant Dieu, qui, du moins, ne me fera pas le reproche de vous avoir caché la vérité...

« Je suis avec respect, Madame, etc.

« Signé : DE BRÉMONT père.

« Semsales, Suisse, 4 novembre 1837. »

Ainsi donc, intérêt, ambition, raison politique, menaces, les plus puissants mobiles des actions humaines, se réunissaient contre le fils de Louis XVI.

A la mort de Louis XVIII, observe-t-on, l'empire des menaces ou d'un serment prêté sous leur pression cessa, les événements de 1830 et l'exil diminuèrent ou détruisirent les autres causes de répulsion ; par conséquent, depuis 1824 et depuis la révolution de juillet, les considérations précédentes ne suffisent plus à expliquer la persistance de la duchesse d'Angoulême dans le refus de reconnaître son frère.

La contrainte morale disparut ; c'est vrai : mais l'intérêt d'argent, mais l'ambition, mais la raison politique, que l'exil ne détruit pas, parce qu'il ne détruit pas l'espérance, subsistèrent.

Il s'y joignit de nouveaux motifs encore, de ces motifs auxquels le respect humain et la conscience pliée à une direction partiale ne résistent pas : les conseillers intimes, le confesseur, tout l'entourage, en un mot, représentaient M. de Richemont comme un être immoral, irréligieux, d'un libéralisme forcéné, dont la reconnaissance compromettrait l'honneur de la famille, le salut de la France et le repos de l'Europe; on lui prêtait tous les désordres, tous les vices, tous les crimes des divers imposteurs qui avaient usurpé son nom ; un tel homme ne pouvait être son frère : le reconnaître, c'était condamner la Restauration, les souverains de l'Europe, se condamner elle-même; d'après ces excellents avis, la religion, la tranquillité publique imposaient à la duchesse le devoir non-seulement de ne pas s'inquiéter de cet homme, quand même il serait son frère, mais de le repousser, de l'entraver, d'étouffer sa voix ; s'il devait se faire jour malgré les obstacles, il serait toujours assez tôt de subir cette humiliation et cette calamité.

Des conseils et des calomnies de cette nature, insinués par d'anciens serviteurs et par des confidents à caractère sacré, arrêtent le cri du cœur, bâillonnent la volonté, faussent et rassurent la conscience, et transforment en vertu l'égoïsme et la dureté profitables aux intéressés.

J'ai développé sans haine les moyens d'attaque, sans restriction les moyens de défense : que chacun les pèse.

Si la duchesse d'Angoulême s'est laissé dominer par l'intérêt personnel, elle n'est point excusable, il faut briser son auréole de sainteté et la placer au rang vulgaire des princes politiques à la façon de Machiavel; si, au contraire, elle n'a cédé qu'à l'influence de ses courtisans, aveuglée, entraînée par leurs perfides suggestions, il faut plaindre sa faiblesse, et se souvenir que les princes peuvent très difficilement, très rarement, ne peuvent presque jamais voir la vérité par eux-mêmes ; à Dieu seul appartient de la juger.

Détournons les yeux de cet affligeant tableau.

La vertueuse fille du duc de Penthièvre, la duchesse douairière d'Orléans, qui connaissait aussi le Dauphin, ne lui offrit pas une hospitalité moins empressée et moins généreuse que celle de Condé. Il la visita fréquemment, et reçut d'elle toutes les marques de sympathie et tous les services qu'il pouvait attendre de cette excellente princesse.

Cette hospitalité et les sentiments de la vénérable duchesse sont constatés par le certificat suivant de M. Labreli de Fontaine, son bibliothécaire :

PIÈCE 59. — « Je, soussigné, déclare sur l'honneur, que feue S. A. S. Madame la duchesse douairière d'Orléans m'a parlé plusieurs fois de S. A. R. Monseigneur le duc de Normandie, fils de Louis XVI, et qu'elle s'en entretenait souvent avec son amie, madame la chanoinesse Periez-d'Escart, qui tous les soirs priait pour lui.

« Comme je témoignais à S. A. S. le désir de voir le prince, « qui venait quelquefois chez elle, » cette princesse me permit d'entrer sous un prétexte quelconque, lorsqu'il s'y trouverait, mais à condition que je ne lui parlerais pas.

« Un jour que le fils de Louis XVI vint rendre une visite à S. A. S., j'entrai dans l'appartement, « et j'aperçus ce prince debout, le coude appuyé sur la cheminée. Ce fait date du commencement de 1816, » mais je ne saurais préciser le jour où il s'est passé.

« Plus tard, « j'ai reconnu dans le baron de Richemont le personnage que j'avais vu chez feue S. A. S. »

« Paris, le 21 août 1832.

« Signé : LABRELI DE FONTAINE,

« Ancien bibliothécaire de feue S. A. S. Madame duchesse douairière d'Orléans. »

Aussitôt que la réception de Versailles eut révélé au fils de Louis XVI les dispositions de sa famille, il fit ses adieux à la duchesse d'Orléans et au prince de Condé. Ce dernier, après avoir pourvu largement aux besoins futurs du Dauphin, lui rendit sa première lettre soigneusement conservée, et y ajouta de sa main le récit de ce qui venait de se passer.

Muni de ces lettres et de quelques autres de don Juan, le Dauphin gagna le midi de la France, s'entretint à Rhodez avec un ancien magistrat, M. Fualdès, auquel une lettre de M. de Viomesnil le recommandait, et le chargea de lui conserver certains papiers et sa correspondance du Brésil. Ce dépôt devint fatal à l'honnête magistrat, qui fut bientôt assassiné ; et les papiers disparurent.

Le fils de Louis XVI s'exile une troisième fois de sa patrie, s'embarque pour l'Ecosse, et va rejoindre son secrétaire qui l'attendait à Edimbourg.

Avant de quitter l'Europe, il veut du moins manifester officiellement son existence et son indignation ; il écrit d'Edimbourg, le premier juin 1816, et adresse à tous les Cabinets une protestation contre la reconnaissance de Louis XVIII en qualité de roi légitime, au préjudice de son droit, à lui, fils de Louis XVI, contre les sacrifices et les hontes imposés à la France, et contre les traités de 1814 et de 1815.

En voici le texte :

Protestation du fils de Louis XVI.

« Louis, etc., etc., etc.

« Considérant que les invasions armées, opérées par les ennemis de la France, en 1814 et en 1815, n'ont eu pour but que l'expulsion de Napoléon Bonaparte, ci-devant empereur des Français, comme représentant du principe révolutionnaire qui avait triomphé en 1789 et années suivantes ;

« Considérant que ces mêmes invasions, d'après les déclarations des souverains coalisés, n'avaient en vue que la destruction du principe révolutionnaire, et le rétablissement du principe de la légitimité en faveur de la famille des Bourbons, par droit de primogéniture ;

« Considérant que le principe de la légitimité est absolu, et que le droit ne se prescrit jamais ;

« Considérant que ce principe n'a pu être rétabli qu'en faveur de l'ancienne famille régnante en France, avant le 20 septembre 1792, et par conséquent du seul prince qui la représentait en vertu de son droit de primogéniture ;

« Considérant que ce droit de primogéniture ne pouvait s'appliquer qu'au prince Louis-Charles de France, duc de Normandie, seul fils de Louis XVI, roi de France et de Navarre, son héritier direct ;

« Considérant que, malgré l'acte frauduleux du 12 juin 1795, qui annonce faussement le décès, au Temple, dudit prince Louis-Charles de France, fils de Louis XVI, il résulte d'actes postérieurs et bien autrement authentiques, que ledit acte de décès, du 12 juin 1795, dont l'irrégularité est flagrante, puisqu'il désigne le décédé sous d'autres noms et qualités que ceux qu'il avait portés pendant sa vie, ne saurait concerner le fils de Louis XVI, et se trouve, alors, être celui d'un autre enfant ;

« Considérant qu'il résulte encore de l'allocution, en 1798, du pape Pie VI, au sacré collége des cardinaux, assemblés à cet effet, qu'en ladite année 1798, le fils de Louis XVI était encore vivant ;

« Considérant que, le 12 décembre 1802, les souverains de la Russie, de l'Autriche, de la Prusse et de Naples, ont refusé de reconnaître le prince Louis-Stanislas-Xavier-Joseph de Bourbon, comme roi de France et héritier direct du roi Louis XVI, son frère aîné, « parce qu'ils savaient que le fils de ce frère aîné était sorti, par fraude, des prisons du Temple, et qu'il existait encore audit jour, 12 décembre 1802, » époque de la signature du traité qui fut la suite des conférences et des négociations qui eurent lieu ;

« Considérant qu'aucun acte de décès du fils de Louis XVI, Louis-Charles de France, duc de Normandie, Louis XVII, n'a été ni annoncé, ni produit, depuis le susdit traité du 12 décembre 1802, ce qui fait présumer qu'il peut, au moins, être encore vivant aujourd'hui ;

« Considérant que le sénatusconsulte du 1er avril 1814 est nul de plein droit, en ce que les sénateurs nommés par Napoléon Bonaparte, alors empereur des Français, ne pouvaient se réunir sans un ordre exprès de sa part ou de celle de son représentant, et encore moins délibérer sur un sujet qui n'était pas de leur compétence ;

« Considérant que toute délibération prise par un corps irrégulièrement constitué est nulle de plein droit ;

« Considérant que ce corps, ainsi irrégulièrement constitué était sans droit, sans autorité et sans pouvoir pour prononcer la déchéance du ci-devant empereur Napoléon Bonaparte qui l'avait institué ;

« Considérant que l'appel au trône de France en 1814, de Louis-Stanislas-Xavier-Joseph de Bourbon, comte de Provence, par le même corps, est nul ;

« Considérant enfin, que tous les actes consentis par ledit Louis-Stanislas-Xavier-Joseph de Bourbon, comte de Provence, sont nuls et de nul effet ;

« Par tous ces motifs, et autres à déduire en temps et lieux, je proteste, en ma qualité de fils et seul héritier direct du roi de France, Louis XVI, contre l'appel du comte de Provence au trône de France, à mon détriment, et contre tout ce qui s'en est suivi, par l'assemblée ci-dessus, qui se trouvait sans mandat et sans pouvoirs quelconques pour procéder à quoi que ce soit ;

« Je proteste, en outre, contre tous les traités ou autres engagements publics ou secrets, et spécialement contre les traités de 1814 et de 1815, consentis par ledit Louis-Stanislas-Xavier-Joseph de Bourbon, comte de Provence, ès-qualités qu'il a prises, en ce que ce simulacre de roi, et ses simulacres de délégués étaient sans droits et sans pouvoirs pour traiter avec qui que ce fût.

« La présente protestation, revêtue de mon sceau, sera, par es soins des représentants de toutes les puissances de l'Europe, notifiée à leurs souverains respectifs pour qu'ils y aient tels égards que de droit.

« Donnée à Edimbourg, le premier juin mil huit cent seize.

« Louis. »

Cet acte de courage et de patriotisme accompli, le prince s'éloigna pour aller, dans un but d'instruction et de sûreté, parcourir en observateur les côtes de l'Afrique et des Indes, une partie de l'Asie et de l'Europe.

CHAPITRE XI.

EMPRISONNEMENT DU DAUPHIN A MILAN.

Après deux ans d'absence, le fils de Louis XVI, supposant qu'on avait perdu ses traces et qu'on ne s'occupait plus de lui, crut pouvoir traverser sans obstacle les Etats autrichiens. Mais sur les instances du gouvernement français, il fut arrêté à San-Benedetto, près de Mantoue, le 12 avril 1818, où il subit un premier interrogatoire.

Questionné sur ses nom, prénoms et qualités, il refusa toute explication et protesta vivement, comme étranger et comme Français, contre l'acte de violence qu'il subissait : « C'est précisément, lui répondit-on, parce que vous êtes Français, et d'après la demande du gouvernement français, que nous vous arrêtons. »

Aussitôt on s'empara de son argent, de ses bijoux, de ses papiers, et notamment de l'original de la protestation de 1816 et de la lettre du prince de Condé. Ne voulant pas qu'elle fût lue par tout le monde ou égarée, il la mit sous enveloppe, avec cette suscription : « A Sa Majesté Impériale seule. »

Sommé de nouveau d'indiquer son nom, il se contenta de dire : « Je me nomme Louis-Charles de Bourbon, je suis Français, libre d'aller où bon me semble ; j'insiste pour qu'on me reconduise à la frontière, ou qu'on me remette entre les mains de mon gouvernement. »

Trois mois plus tard, en juillet 1818, un délégué de l'empereur se rendait auprès du prince. « Vos papiers, lui dit-il, et la lettre ont été transmis à Sa Majesté ; ils attestent une haute origine ; veuillez vous expliquer franchement et sans crainte ; l'Autriche n'a point de griefs à vous reprocher ; sa conduite est une complaisance envers Louis XVIII ; elle vous traitera honorablement si vous êtes membre de la famille régnante. Mais sachez qu'une loi de l'empire punit de mort celui qui se prétend faussement parent du souverain. »

Le prisonnier saisit une plume, écrivit et signa la déclaration suivante :

« Je me nomme Louis-Charles de Bourbon, duc de Normandie, comme le disent les papiers qui ont été saisis sur moi et qui sont ma propriété ; Louis XVI, roi de France, fut mon père ; Marie-Antoinette-Josèphe-Jeanne de Lorraine, tante de l'empereur actuel d'Autriche, et reine de France, fut ma mère ; je naquis à Versailles, le 27 mars 1785.

« Comme particulier, et quoique je n'aie rien fait pour mériter l'acte rigoureux dont je suis victime, je demande des juges.

« Comme prince et souverain, je déclare que je ne dois compte de mes actions qu'à Dieu, qui seul a le droit de me le demander... »

Probablement, il en fut donné avis à Louis XVIII; tous ayant intérêt à étouffer les cris et les réclamations de la victime, elle resta captive, au secret le plus rigoureux.

En 1823, le prince trouva moyen de faire parvenir à l'empereur de Russie une note dont le congrès de Vérone eut connaissance. Alexandre insistait en faveur du fils de Louis XVI; l'Autriche produisit sa protestation du 1er juin 1816, et la détention fut maintenue.

Louis XVIII mourut l'année suivante, 1824; l'Autriche fit notifier officiellement sa mort au prisonnier.

Enfin, l'empereur vint à Milan; le Dauphin put lui adresser une réclamation et lui demander justice. L'archiduc et de hauts fonctionnaires le secondèrent. Par ordre du souverain, on écrivit au gouvernement français pour qu'il eût à donner des explications sur le captif, faute de quoi sa mise en liberté serait prononcée.

Un an de règne, et la certitude qu'on ne restituerait point au prisonnier les pièces justificatives de son identité rassurèrent Charles X. Son gouvernement répondit que « ne le reconnaissant pas pour Français, il n'avait aucune objection à faire à la décision que prendrait l'empereur. »

Au vu de cette dépêche, l'empereur, qui était alors à Presbourg, ordonna de rendre le captif à la liberté. Cet ordre reçut son exécution le 25 octobre 1825; le fils de Louis XVI sortit de prison après sept ans, six mois et douze jours de détention.

Preuves.

La captivité du prince à Milan ne passa point inaperçue : deux compagnons d'infortune, justement célèbres, Silvio Pellico et Andryane, en ont gardé le souvenir; le duc de Caraman, notre ambassadeur en Autriche, à cette époque, ne l'a pas oubliée, et de graves attestations la confirment.

Il faut qu'elle ait produit sur l'auteur des *Prisons* une impression profonde, puisqu'il lui consacre quatre de ses chapitres.

Silvio s'exprime ainsi :

Chapitre XVIII.

...... « Dès que j'eus fait apporter mon lit et que les guichetiers m'eurent laissé seul, mon premier soin fut de visiter les murs. Il y avait quelques souvenirs écrits, ceux-ci au crayon, ceux-là au charbon, d'autres avec une pointe acérée. Je trouvai deux strophes françaises, fort gracieuses, que je regrette maintenant de n'avoir pas apprises par cœur. Elles étaient signées : « le duc de Normandie. » Je me mis à les chanter en y adaptant l'air de ma pauvre Madeleine : mais voici qu'une voix se mit à les chanter tout près de moi sur un autre air. Lorsque mon voisin eut fini, je criai : « Bravo ! » Et il me salua avec politesse, en me demandant si j'étais Français.

— Non ; je suis Italien, et me nomme Silvio Pellico.

— L'auteur de la *Francesca di Rimini?*

— Précisément.

Et ici un gracieux compliment et les condoléances d'usage sur ma détention.

Il me demanda dans quelle partie de l'Italie j'étais né.

— En Piémont, répondis-je ; je suis de Saluces.

Et ici un nouveau compliment fort gracieux sur le caractère et le génie des Piémontais et une mention spéciale pour les hommes de mérite nés à Saluces, et, en particulier, pour Bodoni.

Ces quelques mots d'éloge avaient la finesse que sait employer une personne bien élevée.

— Maintenant, qu'il me soit permis, lui dis-je, de vous demander à vous, monsieur, qui vous êtes?

— Vous venez de chanter une chansonnette de ma façon.

— Ces deux charmantes petites strophes qui sont là sur le mur sont de vous?

— Oui, monsieur.

— Vous êtes donc...

— L'infortuné duc de Normandie.

Chapitre XIX.

« Le geôlier, en passant sous nos fenêtres, nous fit taire.

— Quel infortuné duc de Normandie ? me disais-je en moi-même ; n'est-ce pas le titre que l'on donnait au fils de Louis XVI? mais ce pauvre enfant est mort, on n'en peut douter...

Peu d'instants après, il recommença à chanter et nous reprîmes la conversation.

A mes questions sur sa personne, il me répondit qu'il était réellement Louis XVII ; et il se mit à déclamer avec force contre Louis XVIII, son oncle, l'usurpateur de ses droits. »

Le prisonnier raconte ensuite son histoire. Dans le récit que lui prête Sylvio, sa mémoire le sert mal ou la censure du Piémont a été exigeante. En effet, sauf la relation de quel-

ues circonstances vraies, telles que : « le bon accueil et l'ami-
ié du prince de Condé, les mauvais traitements de Simon et
a violence dont il usa envers le Dauphin pour le faire attes-
er une infâme calomnie contre la reine, sa mère, l'évasion
u Temple et la substitution d'un enfant stupide à sa place,
son voyage en Amérique et sa réception favorable à la
cour du Brésil, » la narration entière, pour le fond, les détails
t la date de l'arrestation, est un tissu d'inexactitudes.

Chapitre XX.

« Il racontait cette histoire avec un air surprenant de vérité... Tous les faits de la révolution française lui étaient très
connus ; il en parlait avec une éloquence toute naturelle, et
rapportait à tout propos les anecdotes les plus curieuses. Il y
avait quelque chose de soldatesque dans son élocution, mais
sans qu'elle manquât de cette élégance que donne l'usage de
la bonne société.

— Me permettrez-vous, lui dis-je, de vous traiter en ami et
de ne pas vous donner de titres ?

— C'est ce que je désire, répondit-il. J'ai du moins gagné
à mon malheur l'avantage de pouvoir sourire à toutes les va-
nités. Je vous assure que je me glorifie plus de mon titre
d'homme que de celui de roi.

Matin et soir, nous nous entretenions longuement, et, « son
âme me semblait bonne, loyale et pleine du désir de tout bien
moral. »

« Les guichetiers étaient portés à croire qu'il était réellement Louis XVII ; et ayant vu déjà tant de changements de
fortune, ils ne désespéraient pas de voir ce personnage monter un jour sur le trône de France, et se rappeler alors leur
zèle empressé à le servir. Hormis tout concours à son évasion,
ils lui prodiguaient les égards qu'il pouvait désirer.

« C'est à quoi je dus l'honneur de voir ce... personnage.
Il était de taille moyenne ;... il avait un peu d'embonpoint et
une physionomie tout-à-fait bourbonnienne. »

Les ménagements que prend Sylvio pour s'excuser de ne
pas croire à son identité font clairement voir que la conversation, les manières et la physionomie du captif auraient vaincu
son incrédulité s'il n'eût été persuadé, comme tout le monde,
de la mort du Dauphin au Temple.

Enfin, dans son chapitre XXI, il expose et blâme les doctrines philosophiques qu'à l'exemple d'un trop grand nombre
de ses contemporains le Dauphin professait alors. Il en convient cependant, « son voisin n'était pas athée, et même il
parlait quelquefois des sentiments religieux comme un homme
qui les apprécie et n'y est pas étranger. »

Le témoignage d'Andryane, lors de sa comparution devant

la cour d'assises de la Seine, à l'occasion du procès de M. de Richemont, en 1834, vient ajouter une nouvelle force à celui de Sylvio.

Andryane, longtemps retenu prisonnier en Autriche, s'était trouvé en même temps que le Dauphin et Sylvio sous les verrous de Milan.

Déposition d'Andryane.

Andryane commence par dire que le concierge lui avait montré à Sainte-Marguerite un prisonnier qui se prétendait Français et duc de Normandie.

— D. Sous quel nom était-il désigné ?

— And. Sous celui de Bourdon.

— M. de Rich. Vous vous trompez. C'était sous celui de Bourbon... Et ce Bourbon... c'est moi, ajoute-t-il, en frappant sur sa poitrine.

— And. M. le comte Bolza, en me conduisant au Spielberg m'a dit en parlant du prévenu : « On ne sait qui il est; la France, qui l'a fait arrêter, ne veut donner aucun éclaircissement à ce sujet. » Lors de son arrestation, on a saisi sur lui des papiers — *delle carte* — qui semblaient justifier son droit au titre qu'il prend encore aujourd'hui. »

Pendant cette première déposition, Andryane prend à tâche de contredire toutes les assertions de M. de Richemont. Était-ce une tactique ? Rappelé une seconde fois, il change de rôle et confirme tous les dires du royal prévenu, au point de laisser dans le plus grand embarras le président et le ministère public.

— And. Je prie la Cour de me permettre d'adresser à l'accusé quelques questions sur la prison de Sainte-Marguerite, à Milan, où il prétend avoir été détenu.

— D. Vous avez été renfermé avec nous; comment s'appelait *il custode*, c'est-à-dire le geôlier qui nous gardait ? quel était cet homme, grand ou petit, gras ou maigre ?

— R. C'était un homme grand, gros et rouge; il avait une difformité à la figure ; des humeurs lui coulaient toujours par le nez; il avait une femme grande, maigre et un peu sèche.

— And. C'est juste. *Débats.*

— D. Que voyiez-vous de vos croisées ?

— R. On ne pouvait rien voir ; d'ailleurs j'étais malade et ne me suis jamais mis à la croisée.

— And. C'étaient des arbres.

— R. J'y étais en hiver ; la croisée était garnie d'un énorme soufflet qui montait jusqu'en haut; de cette manière on ne pouvait voir que le ciel. Je ne croyais pas, au surplus, que vous voulussiez parler d'arbres.

— M. le prés. En admettant que vous fussiez à Milan, cela ne dirait pas que vous ayez été et que vous soyez le duc de Normandie. »

M. le baron de Richemont donne alors des détails tellement exacts et minutieux sur la forme des cachots, leur emplacement, leur étendue, leur ameublement, qu'Andryane étonné s'écrie :

— Encore deux questions :

— D. Comment s'appelait le dernier directeur-général de la police de Milan ?

— R. Torresani-Lansfeld.

— D. Quel homme était-ce?

— R. Petit, brun, pâle et se dandinant en marchant.

— D. Comment se nommait le maréchal-des-logis de gendarmerie chargé de la police de l'intérieur des prisons?

— R. Pavesi.

— And. Ces détails sont exacts ; il faut que vous ayez été là.

— M. le prés. Ces détails n'ont-ils pas pu être fournis par les livres publiés par les malheureux prisonniers, après leur mise en liberté?

— And. L'accusé donne des détails qui ne peuvent avoir été connus que d'un prisonnier.

— M. l'av.-gén. Ou d'un homme qui les tiendrait d'un prisonnier et qui aurait intérêt à les bien connaître. *Bon Sens.*

— And. Non, messieurs, il faut avoir été là, renfermé dans le local, pour savoir ce que l'accusé vient de dire. Portant les deux mains en croix sur sa poitrine, le témoin ajoute : « et ma conviction que l'accusé est le prisonnier de Milan est pleine et entière. . » Profonde sensation. *Gazette des Tribunaux,* 1er novembre 1834.

M. de Richemont est donc bien le prisonnier de Milan, de Sylvio et d'Andryane, celui qui se déclarait fils de Louis XVI, et qu'on traitait avec les égards dus à cette qualité.

Nous avons avancé que le Gouvernement français avait fait arrêter le prince ; la déposition de M. le duc de Caraman, pair de France, lieutenant-général, etc., etc., ambassadeur près la cour d'Autriche, à l'époque de l'arrestation, ne permet pas le plus petit doute à cet égard :

Déposition de M. le duc de Caraman.

Appelé comme témoin à décharge dans le procès de 1834, il paraît d'abord ne rien se rappeler. Inutilement le prévenu cherche à réveiller ses souvenirs sur l'arrestation de Milan.

Enfin, M. l'avocat-général lui demande si des ordres avaient été effectivement donnés pour faire arrêter et retenir à **Milan** un personnage de cette importance;

M. le duc répond : « Il y a eu en effet quelque chose de ce genre, mais rien d'officiel !... »

Voici donc un aveu diplomatique, duquel il résulte que ce n'est pas l'Autriche, mais la France qui a réclamé la séquestration d'un voyageur inoffensif, la saisie et la confiscation de ses papiers, et son incarcération personnelle, sans jugement, pendant plus de sept ans !!... Il fallait à coup sûr un motif important. Ce motif c'est que le prisonnier de Milan n'était autre que le fils de Louis XVI.

Telle était aussi l'opinion de M. Franchet, directeur général de la police de Charles X, avant que des obsessions légitimistes lui eussent arraché une rétractation. Il l'avait manifestée dans l'intimité à M. Mathon; et M. le curé Nicod, et M. l'abbé Domenech, missionnaire, amis de M. Mathon, en tiennent la confidence de M. Mathon lui-même et de sa famille. On sait du reste ce que signifie le désaveu d'un homme de la police; il vaut une affirmation.

PIÈCE 60. — « Nous, soussigné, curé de la Croix-Rousse, pour rendre hommage à la vérité, certifions qu'au mois de novembre 1831, M. Mathon, négociant drapier, à Lyon, nous dit qu'ayant, en 1821 ou 1822, interrogé M. Franchet, son compatriote et son ami, sur l'existence de Louis XVII, dont on parlait beaucoup depuis quelques années, cet ex-directeur-général de la police, qui en exerçait alors les fonctions, lui avait répondu : Que toutes les recherches faites à ce sujet par le Gouvernement avaient été infructueuses, et que, « si le fils de Louis XVI existait, ce ne pouvait être que dans la personne du prisonnier de Milan. »

« Ce que je déclare véridique et atteste pour servir au besoin.

« La Croix-Rousse, 21 novembre 1839.

                « Signé : NICOD, curé de la Croix-Rousse.

« Vu par nous, maire de la Croix-Rousse, pour légalisation de la signature du sieur Nicod, curé de cette ville, apposée ci-dessus.

« A la mairie, le 10 octobre 1842.

                « Le maire de la Croix-Rousse, signé : LABIAS. »

M. Pacca est plus affirmatif; sa conversation avec l'honorable diplomate, M. le chevalier d'Olry, le prouve :

PIÈCE 61. — « Je, soussigné, conseiller intime de S. M. le roi de Bavière, son ancien ministre près la cour de Sardaigne, grand-croix de l'ordre du Christ, commandeur de celui de

Saint-Michel, chevalier de ceux de la couronne de Bavière, et de Saint-Louis de France, atteste, par les présentes, qu'à l'occasion de l'élargissement du baron de Richémont de la prison d'État de Milan, en 1825, élargissement ordonné par S. M. l'empereur d'Autriche, François Ier, et suivi d'une note officielle de son cabinet, renfermant, outre l'historique de son arrestation, une espèce d'exposé des motifs qui avaient déterminé S. M. I. et R. à faire mettre finalement en liberté le prisonnier en question, le soussigné s'est trouvé en position de voir à Turin M. Pacca, neveu du célèbre cardinal de ce nom, et qui avait été gouverneur de Rome vers les derniers temps du souverain pontificat de Pie VII ; qu'apprenant de lui-même qu'il avait eu une mission particulière pour prendre, dans la capitale de la Lombardie, des renseignements sur le susdit prisonnier, le soussigné, attiré par l'intérêt qu'inspiraient ses récits, avait cherché l'occasion de les lui faire renouveler et de provoquer des conversations propres à éclaircir la question par des détails caractéristiques ; qu'enfin, M. Pacca n'avait pas hésité à dire que, d'après sa conviction, étayée des renseignements variés et divers qu'il avait recueillis, il était persuadé et croyait pouvoir assurer que le captif en question « était vraiment le fils de Louis XVI, le Dauphin, » dont il prétendait que l'évasion de la prison du Temple, en 1794, était un fait diplomatiquement constaté.

« En foi de ces attestations faites au soussigné par feu M. Pacca, il signe le présent attestat de sa main, et y appose le sceau de ses armes.

« Signé : Le chevalier d'Olry. »

Rappelons en dernier lieu le passage de la PIÈCE 21, p. 38, dans lequel madame veuve.P...... déclare avoir entendu, de 1820 à 1822, M. le baron de Tardif, père de l'enfant substitué au Dauphin, dire à madame la comtesse de Bussenne : « qu'il arrivait de Milan ; qu'il y avait vu le prince fils de Louis XVI. »

Discussion.

Il y eut donc, en 1818, un personnage arrêté près de Mantoue, conduit à Milan, et retenu dans les prisons de Sainte-Marguerite de 1818 à 1825.

Aucun grief n'était articulé contre lui, puisqu'on lui refusa des juges.

Ce personnage se disait Bourbon, duc de Normandie, fils de Louis XVI, Silvio Pellico et Andryane l'affirment ; ses geôliers le croyaient, et lui prodiguaient les plus grands égards ; Silvio n'en parle qu'avec intérêt ; « son langage, naturellement éloquent, dit cet écrivain, avait un air surprenant de vérité ; son âme semblait bonne, loyale et pleine du désir de tout bien moral. » Ce n'est pas là, certes, le portrait d'un imposteur.

L'Autriche l'avait fait arrêter à la prière du gouvernement français ; quand l'ambassadeur de cette époque à la cour de Vienne, M. de Caraman, répond : « Il y eut, en effet, quelque chose de ce genre..... mais rien d'officiel..., » — Concilie qui voudra cette mesure concernant nécessairement un Français avec la réponse de Charles X à l'Autriche : « nous ne le reconnaissons pas pour Français. » — cela revient à dire : j'ai été chargé de provoquer l'arrestation, mais secrètement, parce qu'il s'agissait d'un mystère politique qu'il fallait étouffer avant tout. Cette révélation confirme, en l'expliquant, la confidence du comte Bolza à Andryane : « On ne sait qui est le prisonnier ; la France, qui l'a fait arrêter, ne veut donner aucun éclaircissement à ce sujet ; on a saisi sur lui des papiers qui sembleraient justifier son droit au titre de duc de Normandie. »

Chose fort importante à remarquer : Andryane, le prisonnier du Spielberg, l'ami et le compagnon de Sylvio, avait été cité comme témoin à charge par le ministère public, dans le procès de 1834. On espérait que le protégé de Marie-Amélie se montrerait docile aux plans du château. Hostile d'abord, puis, subjugué par l'exactitude des explications du prévenu, il avoue hautement ce qu'il avait nié : « Ma conviction est pleine et entière ; M. de Richemont est bien le prisonnier de Milan ; » par conséquent le personnage qui, dès 1818, disait, écrivait et signait, sous le poids d'une menace de mort, en cas de mensonge : « Je suis fils de Louis XVI. »

Andryane pouvait s'épargner aisément tant de tergiversations ; il n'avait qu'à se rappeler le portrait tracé de la main de son ami : « taille moyenne..... un peu d'embonpoint...... physionomie bourbonnienne... » et regarder M. de Richemont... la reconnaissance eût été plus prompte. Mais il agissait dominé par une influence intéressée.

Ainsi les prétentions de M. de Richemont ne datent pas d'hier ; elles sont anciennes. Tous les faux Dauphins ont été démasqués et jugés. Louis XVIII ordonna le procès de Mathurin Bruneau ; il savait qu'il n'en avait rien à craindre ; quant à M. de Richemont, on n'a garde de demander son extradition pour le juger, c'eût été compromettant. On le retient à l'étranger ; on le dépouille de ses titres écrits, et ce n'est qu'un an après la mort de l'astucieux comte de Provence que le fils de Louis XVI sort de prison.

Comprend-on l'Autriche procédant, à la requête de la France, à l'arrestation d'un simple particulier, non prévenu de délit ou de crime ! Ses papiers le désignent comme fils de Louis XVI, lui-même déclare l'être, et on ne le livre pas aux tribunaux, et on ne sévit pas contre lui par une punition exemplaire ! S'il ment, c'est pourtant un devoir de le confondre et de le châtier. Et on le traite honorablement ! Sauf la liberté, il a tout ce qu'il désire ! Et on le retient, captif, sans explication, sans cause apparente, sans jugement, pendant sept ans, six mois et douze jours ! Et les portes de la prison ne s'ouvrent devant lui qu'après l'application de l'hérédité aux princes restaurés, dans la personne de Charles X ! Et en rendant à la liberté celui qu'on n'a ni accusé, ni jugé, on ne lui restitue ni les papiers saisis qui consacrent ses titres et ses droits, ni son argent, plusieurs millions, ni ses bijoux qui pourraient lui assurer des ressources ! Et l'homme, objet de pareilles mesures, ne serait qu'un simple particulier ! Ce n'est pas croyable ; ce n'est pas possible. Quelle infamie de la part de l'Autriche si c'était un particulier ! Comment donc qualifier sa conduite, s'il s'agit du fils de Louis XVI !

Quel intérêt, dira-t-on, avait l'Autriche à tremper dans cet odieux guet-apens, dans cette inique spoliation ?

Quel intérêt ? Le voici :

Dès le principe, l'Autriche et les autres gouvernements de la sainte alliance s'étaient peu inquiétés du trop jeune Dauphin ; les conventions publiques ou secrètes s'étaient faites avec le comte de Provence ; quoiqu'avec des restrictions occultes, l'Autriche l'avait reconnu roi ; l'Autriche savait que le fils de Louis XVI avait été élevé par nos généraux, dans nos armées, qu'il s'était battu contre la coalition, qu'il avait sucé et adopté les idées nationales ; l'Autriche avait entre les mains sa protestation contre les traités de 1814 et de 1815, contre l'usurpation du territoire français ; l'Autriche avait imposé ses conditions à Louis XVIII, lui avait dicté la politique à suivre ; elle était certaine que Louis XVIII, usurpateur, dépendant des alliés, craignant les droits de son neveu, entrerait dans toutes ses vues, favoriserait tous les plans des souverains, comprimerait l'esprit de gloire, d'indépendance et de liberté ; l'Autriche savait que le fils de Louis XVI au contraire ne pactiserait point avec l'oppression et serait français avant tout ; elle dut le persécuter.

Cette conduite de l'Autriche, inexplicable envers tout autre que le fils de Louis XVI, ne remplace-t-elle pas une reconnaissance formelle ?

Si, de plus, on se reporte à l'aveu du directeur de la police de Charles X, PIÉCE 60 : « que si le fils de Louis XVI existe, ce ne peut être que dans la personne du prisonnier de Milan, » il n'est pas permis d'hésiter. Car un agent du Gouvernement peut-il confesser plus clairement la vérité ? Et l'assertion du respectable curé de la Croix-Rousse, et de M. l'abbé Domenech, rapportant celle de M. Mathon, mérite pleine confiance.

S'il restait des doutes, ce qui n'est pas possible, le témoignage de M. Pacca achèverait de les détruire.

Placé, à cause de la position du cardinal, son oncle, dans les meilleures conditions pour vérifier les faits, il est chargé d'une mission spéciale en Lombardie, afin de prendre des renseignements sur le prisonnier ; il ne hésite pas à dire, lui diplomate, à M. d'Olry, également diplomate, « que, d'après sa conviction, le captif de Milan était vraiment le fils de Louis XVI. » PIÈCE 61.

Or, M. de Richemont a été proclamé en pleine audience le prisonnier de Milan.

Pour ne point anticiper sur le chapitre XIII, j'abandonne au lecteur le soin de tirer la conclusion.

CHAPITRE XII.

OPINION DE LA FAMILLE ROYALE, DES PUISSANCES ET DE QUELQUES GRANDS PERSONNAGES SUR L'EXISTENCE DU DAUPHIN.

Aucun membre de la famille restaurée n'a jamais ignoré l'existence du Dauphin ; actes, paroles, réticences mêmes, tout le prouve. Nos arguments, dans ce chapitre, seront souvent la reproduction, à ce nouveau point de vue, d'arguments antérieurs ; ils n'auront cependant ni moins de force ni moins de portée. Commençons par le prétendu chef de race :

Louis XVIII.

Le *Court-Journal* du 24 mars 1832, n° 152, page 186, cité page 8 de notre preambule, écrit : « Nous avons vu une proclamation, datee de Verone, du 14 octobre 1797, dans laquelle le comte de Provence prenait simplement le titre de Régent de France » Or l'acte officiel de la mort de son neveu remontait au 8 juin 1795 ; en se donnant le titre de Régent deux ans plus tard, il le savait donc vivant.

La même conclusion se tire des deux traités secrets, indiqués pages 9 et 10.

Le premier, celui du 12 décembre 1802, conclu entre la Russie, l'Autriche, la Prusse, Naples, et le comte de Provence, « accorde à ce dernier le titre officiel de roi, sous la condition que dans ses rapports avec ces puissances il restera régent, et qu'advenant certains cas prévus, il résignera la qualification suprème. » Cette note émane de l'auteur du traité, M. le duc de Serra Capriola, lui-même, alors ambassadeur de Naples en Russie. — Si le comte de Provence consent à rester regent vis-à-vis des souverains étrangers, c'est qu'il ne peut nier l'existence du fils de Louis XVI.

Le second, celui de 1814, contient cette clause significative : « Bien que les hautes puissances contractantes, souveraines alliees, « n'aient pas la certitude de la mort du fils de Louis XVI, » la situation de l'Europe et les interêts publics exigent qu'elles placent à la tête du pouvoir, en France « Louis-Stanislas-Xavier-Joseph, comte de Provence, sous le titre de roi, ostensiblement, mais n'etant de fait, dans leurs transactions secrètes, que regent du royaume, pendant les deux années qui vont suivre, se réservant, pendant ce laps de temps, d'acquérir toute certitude sur un fait qui déterminera ultérieurement quel doit être le souverain régnant de la France, etc. » — En signant ce traité, Louis XVIII avouait donc implicitement l'existence du Dauphin, en 1814.

Il ne l'avouait pas moins par sa conduite que par ses écrits :

Dans sa séance du 28 décembre 1815, la chambre des députés avait pris une résolution relative au deuil public du 21 janvier, et à l'érection de monuments expiatoires en l'honneur de Louis XVI, de Marie-Antoinette et de madame Elisabeth. Le 18 janvier 1816, la chambre des pairs adopte à l'unanimité cette résolution, en y faisant, dans son enthousiasme, une addition que les ministres n'avaient pas demandée. Elle décide, loi des 19 janvier et 2 février, art. 4 :

« Il sera également élevé un monument au nom et aux frais de la nation à la mémoire de Louis XVII. »

Les monuments du roi, de la reine, de madame Elisabeth, furent construits ; celui du duc d'Enghien s'éleva dans les fossés de Vincennes ; Moreau, Pichegru eurent des statues... et le prince qui avait été roi de fait, en vertu des anciennes lois monarchiques, Louis XVII, fut complètement oublié.

Ce n'était pas la volonté de le faire passer pour mort qui manquait ; mais trop de personnes, à cette époque, connaissaient son évasion et son existence ; trop de pièces conservées en différents endroits, retenues par différentes mains pouvaient se répandre dans le public et dévoiler la tartuferie et l'usurpation ; Louis XVIII se tint sur la réserve, afin de garder au moins une excuse, s'il arrivait un éclat ; il ne fit point exécuter de monument à Louis XVII.

Lorsqu'il fut question de transférer dans les caveaux de Saint-Denis les restes des trois royales victimes de la révolution, le marquis de Dreux-Brézé, fils de l'ancien maître des cérémonies de Louis XVI, revêtu par Louis XVIII de la même dignité en 1814, demanda au roi si on ne ferait pas en même temps la translation des cendres de Louis XVII...

Louis XVIII répondit : « Nous ne sommes point assez sûrs de sa mort pour faire une telle cérémonie à son sujet. »

Cette parole lui était échappée ; il crut engager M. de Dreux-Brézé au silence en le nommant sur-le-champ grand-maître des cérémonies.

Madame la marquise de Monténart, seul enfant vivant du marquis de Dreux-Brézé, a affirmé et est disposée à affirmer la réalité de cet aveu. Il en est de même de sa mère.

Louis XVIII, en effet, ne devait pas être très sûr de la mort de son neveu, puisque, par son ordre, M. de Caraman, son ambassadeur, — voir sa déposition p. 140, — le faisait arrêter, en Lombardie, le 12 avril 1818, et la translation des cendres avait lieu en janvier 1817 !

Aussi, n'y eut-il aucunes fouilles ordonnées ou pratiquées pour retrouver les ossements du prétendu mort. Le roi se conduisit à son égard en homme qui n'était pas sûr d'un décès qu'un acte public constatait.

Il n'y eut, non plus, à son intention, aucunes prières publiques, aucun service solennel ; ou plutôt, nous nous trompons ; il y eut des ordres donnés, car Louis XVIII, voulant anéantir l'idée de la conservation de son neveu, essaya de consacrer religieusement son décès ; mais il dut renoncer à ce projet, et mesure assez significative, les ordres furent immédiatement révoqués.

Voici comment les choses se passèrent : Un témoin oculaire, irrécusable puisqu'il était alors employé à la Grande-Aumônerie, l'honorable M. R.., se charge de nous les raconter.

Pièce 62. — « Un autre fait pourrait attester que le duc de Normandie n'est pas mort au Temple, et qu'il a été sauvé miraculeusement des mains de la horde sanguinaire qui existait dans ce temps d'affreuse mémoire, c'est que vers le commencement de l'année 1817, Louis XVIII, voulant officiellement consacrer le bruit de la mort de son neveu, ordonna qu'un service solennel serait célébré dans la basilique de Saint-Denis, pour le repos de l'âme de Louis XVII. Pour se conformer aux ordres du roi, des préparatifs furent faits et le jour fixé.

Tout-à-coup, et sans que l'on pût s'y attendre, un contre-ordre arriva au chapitre royal de Saint-Denis, et le service n'eut pas lieu. » Ce fait, tout extraordinaire qu'il soit, est à ma connaissance, car je faisais alors partie de l'administration de la Grande-Aumônerie, sous les ordres de laquelle était le chapitre royal.

« Ce service presque aussitôt décommandé qu'ordonné prouve positivement qu'on ne pouvait faire un service mortuaire pour un vivant.

« Paris, le 22 juin 1850.

« Signé : R..., rue de Sèvres. »

Alléguera-t-on qu'en considération du jeune âge de l'enfant roi, le monarque et le clergé se crurent dispensés de prier ? Mais alors on se serait aussi dispensé de donner des ordres.

Il est plus présumable que le service fut contremandé par la même cause qui fit contremander les apprêts du sacre de Louis XVIII. Nous avons rapporté, page 11, d'après Lafont d'Aussonne, qu'un envoyé de Rome communiqua au roi une pièce authentique constatant l'existence du fils de Louis XVI, et que le Saint-Père se fonda sur cette existence pour mettre obstacle à la cérémonie. Le haut clergé, nécessairement instruit de l'opposition et de ses motifs, dut en tenir compte à l'occasion du service de Saint-Denis.

7*

De tous ces faits il transpira quelque chose, et le public commençait à former contre la légitimité de Louis XVIII des conjectures assez défavorables. Afin de les arrêter dès l'origine, celui-ci résolut d'attirer l'attention générale du côté du sabotier Mathurin Bruneau, qui s'était dit fils de Louis XVI, et qu'on avait arrêté dès le mois de décembre 1815. La police lui enseigna son rôle, et comme il fallait à tout prix répandre l'opinion de la mort du Dauphin, en publiant le plus solennellement possible les documents qui semblaient la constater, quoiqu'il ne fût pas difficile de confondre l'imposteur, on affecta de donner à l'instruction, aux débats et au jugement du procès une importance que n'admettait pas la grossièreté du personnage. Le tribunal correctionnel de Rouen le condamna, le 18 février 1818, à sept années d'emprisonnement.

Loin de diminuer les commentaires, ce procès les multiplia, surtout dans les classes elevées de la société. Il est vrai que les indiscrétions de Louis XVIII ne s'étaient pas bornées à M. de Dreux-Brézé ; d'autres personnages de la cour en avaient recueilli de semblables.

M. le duc de Montesquiou, par exemple, a dit à différentes personnes : « qu'il tenait positivement de Louis XVIII la réalité de l'évasion de son neveu de la prison du Temple. » MM. de Montciel et de Brémont, l'un ministre de Louis XVI, l'autre secrétaire du ministre, PIÉCE 17, p. 31, et M. Botot, attaché à Barras, PIÉCE 16, p. 30, ont attesté « qu'il connaissait l'existence de son neveu. »

Supposons même, contre toute apparence et contre toute vérité, qu'il eût été personnellement dans l'ignorance à cet égard, les renseignements qui lui furent adressés directement, les avertissements qu'il reçut, ne lui permettaient pas d'y rester.

Sans doute on n'aura point oublié M. Mennetion et la PIÉCE 32, p. 68. Cet ancien maire de Gobertin, qui venait de retrouver trois lettres d'un de ses amis du district de Paris, annonçant l'évasion du Dauphin, se hâta de les envoyer à Louis XVIII, vers l'époque du procès de Mathurin Bruneau ; « Je suis content, disait-il de lui prouver que son neveu n'est pas mort au Temple, et qu'il en a été enlevé... »

Les mêmes avis lui étaient parvenus deja d'une manière et par une voie tout extraordinaire. Pourquoi ne parlerais-je pas de Martin ? La mission du paysan de Gallardon serait-elle plus déplacée dans l'histoire que celle de la paysanne de Domrémi, l'héroïque Jeanne d'Arc ? et l'Esprit, qui inspirait à Daniel son *Mane, Thekel, Pharès*, aurait-il moins de force, moins d'activité, moins de sagesse, moins de justice en France qu'à Babylone, en 1816 qu'en 1428, et en 548 avant l'ère chrétienne ? Le paysan Martin, donc, s'annonçant comme exécuteur d'un ordre céleste, demanda à entretenir Louis XVIII, sans témoins. On le traita de fou, et on le conduisit à Charenton. A force de persistance, il fut admis, le 2 avril 1816, près du roi. Comme garantie de son mandat, il lui révéla d'abord des circonstances secrètes de sa vie, connues de lui seul; ensuite il lui dit : « Votre neveu n'est pas mort, il est dans vos provinces, faites-le chercher; vous n'avez pas droit de régner; c'est à lui que le trône appartient. » Louis XVIII, très ému, pleura beaucoup, remercia le paysan, et, ne pouvant le forcer à accepter de l'or, lui acheta une petite propriété d'un revenu strictement nécessaire à ses besoins. Si Martin eût été fou, conformément à l'opinion du médecin Leuret, Louis XVIII se serait-il ainsi conduit? Voir la *Relation* publiée par Bricon, attestée véritable par un haut personnage et par M. de Sillery, p. 69, 169 et 161.

Un dernier fait dévoilera mieux que tous les autres la pensée intime et la politique de Louis XVIII : C'est la disparition de M. Caron père. Laissons parler son fils :

Déclaration de M. Caron.

« Employé au service de la bouche de Louis XVI, en qualité de gobeletier, M. Caron, mon père, âgé de quarante-six ans en 1792, parvint, après la journée du 10 août, l'arrestation et le transfert au Temple de la famille royale, à s'introduire dans cette prison, d'après un ordre de Péthion, et à se rendre utile aux augustes prisonniers.

« M. Caron voyait souvent le Dauphin, et il contribua, dans les plus mauvais moments, à adoucir les souffrances que causaient à cette royale victime la privation de la vue et des soins de sa malheureuse famille, et la rude cruauté de ses farouches gardiens... C'est ainsi qu'il put avoir pleine et entière connaissance de l'enlèvement du jeune prince, de la manière et par les sollicitudes de qui il fut exécuté...

« Après l'enlèvement, M. Caron en rendit naturellement compte à la fille du roi... Cette princesse dut lui savoir gré d'une pareille confiance, et en conserver un précieux souvenir.

« A la rentrée en France, en 1814, de la famille des Bourbons, la fille de Louis XVI, qui n'avait point oublié les services que M. Caron avait rendus à elle et aux siens dans les jours de malheur, le gratifia d'une pension qu'il reçut avec reconnaissance, et qu'il toucha jusqu'au moment où il fut mis dans l'impossibilité de se présenter pour la recevoir...

« A la seconde restauration, Louis XVIII, inquiet de ce que la duchesse d'Angoulême lui avait raconté relativement à l'enlèvement du Dauphin, et plus encore de ce que Martin venaît de lui révéler à ce sujet, fit appeler M. Caron et l'interrogea sur ces faits.

« M. Caron, mon père, à qui la flatterie était inconnue, et qui devait croire d'ailleurs que le roi n'avait d'autre but que de s'instruire de la vérité des faits, ainsi que de toutes les circonstances qui les avaient accompagnés, lui raconta tout ce qui s'était passé au Temple... Louis XVIII en parut satisfait, et congédia mon père, après l'avoir remercié du zèle dont il avait fait preuve à ces époques désastreuses.

« Ma famille ayant observé que mon père était plus sombre et plus taciturne depuis qu'il avait vu le roi, chercha à obtenir de lui quelques éclaircissements; ce fut en vain : il s'obstina à garder le silence.

« Mon père reçut dans ce moment la visite du prince Jules de Polignac, avec lequel il s'enfermait et causait. Le prince mettait par écrit tous les dires de M. Caron, et emportait soigneusement tout ce qu'il écrivait. De temps en temps, le prince l'emmenait dans sa voiture. Où allaient-ils? On l'ignore !... Mais, chaque fois que mon père rentrait, sa femme et ses enfants remarquaient qu'il était inquiet et qu'il évitait avec soin tout ce qui pouvait provoquer une explication quelconque au sujet de sa conduite si extraordinaire sous tous les rapports...

« Souvent, ma mère et ma sœur aînée, qu'il chérissait, lui firent des observations ; il resta constamment muet, tant sur sa visite au roi que sur les écrits faits par le prince de Polignac, et sur leurs courses.

« Enfin, le 4 mars 1820, mon père sortit vers une heure de l'après-midi, en annonçant qu'il allait voir sa fille aînée, et qu'il rentrerait immédiatement.

« Plusieurs heures s'écoulèrent ; celle du dîner se passa, et, ne voyant point revenir mon père, ma mère et moi, étonnés d'une absence aussi insolite, nous nous rendîmes chez ma sœur aînée, qui répondit qu'elle n'avait pas vu son père depuis quelques jours.

« Justement alarmés d'un incident aussi imprévu, nous craignîmes que mon père n'eût fait quelque chute dangereuse dont on voulait nous cacher la gravité, et nous fîmes auprès de nos connaissances des démarches empressées pour savoir si on ne l'avait pas vu. Sur les réponses négatives, et ne pouvant nous expliquer les causes d'une absence aussi étrange, nous nous adressâmes au commissaire de police de notre quartier pour obtenir des renseignements... Ma mère écrivit au préfet de police, aux ministres de la police et de l'intérieur, et à tous ceux qui auraient pu rencontrer mon père... Ce fut en vain, personne ne l'avait vu !...

« Je me présentai en outre chez le secrétaire des commandements de S. A. R. la duchesse d'Angoulême, pour savoir si

mon père avait reçu sa pension ou s'il avait envoyé quelqu'un
pour en toucher le montant. Ce secrétaire me répondit, même
un peu séchement, que M. Caron n'avait point paru, ni personne de sa part, et qu'il était surpris que sa famille mît tant
de persistance dans ses recherches !....

« Cette réponse, plus qu'inconvenante de la part du baron
Charlet, qui, s'il n'eût reçu des in-tructions particulières sur
cette affaire, aurait dû approuver toutes les angoisses d'une
famille justement alarmée, l'encourager et l'aider même dans
ses recherches , fît soupçonner que M. Caron pouvait être
victime d'un horrible guet-apens, dont le but était évidemment de le forcer à garder le silence sur ce qu'il avait vu et
entendu au Temple..... Ce qui prouve toute la justesse de
cette observation, c'est que ma mère a été privée de la part lui
revenant de la pension de mon père, et ce, contre tous les
usages reçus.!...

« Un fait, qui par lui-même paraissait d'abord sans importance, vint nous éclairer et nous prouver que mon père était
tombé dans un piége adroitement tendu par qui avait le plus
grand intérêt à ce qu'il ne révélât à qui que ce fût le secret
de l'enlèvement du Temple du fils de Louis XVI !... Voici ce
qui se passa quelques jours après la disparition incompréhen-
sible de mon père :

« Comme je demandais mon père et que je racontais son
malheur à tous ceux que je croyais susceptibles de me donner
de ses nouvelles, je fus accosté au café qui était celui du
théâtre des Variétés, par un individu que j'y rencontrais parfois et que je connaissais à peine ; cet individu me tint ce
langage : « Je sais que vous faites des démarches très actives
pour découvrir le sort de M. votre père qui a disparu inopinément. Je vous engage , dans votre intérêt , à cesser vos recherches ; elles ne peuvent aboutir qu'à vous compromettre
et voilà tout !... »

« Etonné d'un tel langage et d'une confidence si inattendue, j'adressai à cet homme une foule de questions auxquelles
il refusa de répondre, et il s'éloigna pour éviter toute espèce
d'explication.

« Atterré par cette découverte, je fis mon possible pour retrouver cet individu, sans jamais pouvoir le rejoindre... Qui
était-il ? Appartenait-il à la police ? Je l'ignore encore...

« Après avoir informé ma famille de ce nouvel incident, et
fait, malgré les représentations de cet inconnu, auprès de
l'autorité supérieure les démarches les plus actives, afin d'être
instruit du sort de mon malheureux père, je tombai malade
et fus forcé de garder le lit, par suite du violent chagrin que
m'avait causé l'inexplicable disparition d'un père que j'ai-
mais tendrement et qui chérissait toute sa famille dont il était
adoré.

« Depuis cette funeste catastrophe, nous n'avons eu aucunes nouvelles de mon père, quelles qu'aient été notre activité et notre sollicitude. »

L'honorable M. R..., de la Grande-Aumônerie, mis au courant de cette tragique aventure par des amis de sa famille, confirme, en ces termes, la relation de M. Caron fils :

PIÈCE 63. — « J'ai lu dans les numéros 12 et 13 de l'*Inflexible* le récit de l'étrange disparition de M. Caron père. Je puis en quelque façon le corroborer de mon témoignage. J'ai connu ce M. Caron, sinon particulièrement, du moins par des amis de ma famille : il était alors messager d'Etat. Je me rappelle, vers 1820, avoir entendu plusieurs fois parler en famille de cette malheureuse disparition.

« Paris, 2 juillet 1850.

« Signé : R.... »

Remarquons que déjà M. Perrès, PIÈCE 1, p. 20, et un homme de confiance de M. le marquis de la Roche-Aymon, p. 36, avaient disparu de la même manière.

De pareils faits ont un langage d'une logique accablante.

Charles X.

Pas plus que Louis XVIII, Charles X n'ignorait l'existence du fils de Louis XVI. Pendant l'emigration, il s'était presque constamment trouvé près du comte de Provence, et, par conséquent, avait eu connaissance de la proclamation de Vérone et des traités de 1802 et de 1814. En 1816, il n'avait pu ignorer l'entrevue de Versailles ; l'attestation de son premier valet de chambre, PIÈCE 58, en fait foi: en 1824, MM. de Montciel et de Brémont, PIÈCE 17, p. 31, vinrent tout exprès de Suisse l'assurer de cette existence, et l'engager à restituer le trône au légitime héritier. Ils furent enlevés par la gendarmerie et reconduits à la frontière. Charles X avoua lui-même cette existence à MM. de Bruges et de Montchenu, convoqués par lui; chapitre XIII ; et, cependant, en 1825, consulté par l'Autriche sur la conduite à tenir envers le Dauphin alors captif à Milan, il repondait : « Je ne le reconnais pas pour Français ! »

Duchesse d'Angoulème.

Après ce que nous avons écrit de l'entrevue de 1816, la connaissance de la conservation du Dauphin ne devrait plus faire question quant à la duchesse d'Angoulème ; groupons néanmoins tous les documents qui s'y rattachent.

N'apprit-elle pas de M. Caron les details de l'enlèvement, dès le temps de sa captivité à la Tour ?

N'est-ce pas elle qui fit imprimer, en 1823, dans son *Récit des événements du Temple*, l'aveu cité page 35 : « Le 19 jan-

vier 1794, nous entendîmes chez mon frère un grand bruit
qui nous fit conjecturer qu'il s'en allait du Temple, et nous en
fûmes convaincues quand, regardant par le trou de la serrure, nous vîmes emporter des paquets. Les jours d'après,
nous entendîmes ouvrir la porte et marcher dans la chambre,
et nous restâmes toujours persuadées qu'il était parti. »

N'est-ce pas elle qui vint aux Incurables voir la femme Simon, qui acquit, de sa bouche, la certitude de l'enlèvement et
de l'existence de son frère, qui l'appela plusieurs fois aux Tuileries, et la fit menacer pour l'empêcher de parler ? Pièces 6
et 11, pages 23 et 25.

N'est-ce pas elle à qui M. de Brémont écrivait en 1837:
« A ma connaissance, la cour d'Autriche a la preuve authentique de l'enlèvement de l'orphelin du Temple, » page 128 ?

N'est-ce pas elle qui, plusieurs fois interrogée par M. le
comte de Cr.. y et ses amis, sur les mêmes faits, « passait outre, sans répondre ni pour le oui, ni pour le non ? » Pièce
11, p. 88.

Plus explicite quelquefois, elle ne se bornait pas à des réticences.

Mgr de B..., qui, à diverses reprises, visita la famille exilée,
à Prague, écrit de Paris, le 19 avril 1850 :

Pièce 64. — « J'ai eu l'honneur d'entendre dire à madame
la Dauphine qu'il était probable que son auguste frère était
mort, mais qu'elle n'en avait pas la certitude.

« Signé: de B... »

En 1843, M. de Richmont rencontra, chez un personnage
de distinction, Mgr Tharin, ancien évêque de Strasbourg, et
ancien précepteur du duc de Bordeaux. Ce prélat, qui cherchait le fils de Louis XVI partout où il n'était pas, lui adressa,
sur son invitation, une foule de questions auxquelles M. de Richemont répondit de manière à prouver à Mgr Tharin qu'il
trouvait enfin le prince tant désiré.

Alors Mgr Tharin se décida à lui faire les confidences suivantes :

« J'ai souvent causé avec la comtesse d'Estérazy, qui m'a
confié une lettre de madame la duchesse d'Angoulême, dans
laquelle il y avait entre autres choses, la phrase suivante : « Je
sais parfaitement que mon frère n'est pas mort au Temple,
mais j'ignore ce qu'il est devenu depuis... » Comme je demandais à la comtesse si, après avoir reçu cette lettre de la
duchesse d'Angoulême, elle avait parlé à cette princesse des
bruits qui circulaient de l'apparition en France de son frère,
et des démarches qu'il avait faites auprès de sa famille, la
comtesse me répondit: « Il fut effectivement question du fils
de Louis XVI, un jour dans un de nos entretiens ; la princesse,

sans dire qu'elle avait ou n'avait pas revu son frère, s'exprima ainsi à ce sujet : « Croyez-moi, comtesse, il y a des nécessités qu'on est forcé de subir ; notre position, les traités consentis, les promesses faites, l'avenir de notre famille, exigeaient impérieusement qu'on repoussât un homme dont l'éducation et les principes politiques et religieux n'étaient point en harmonie avec les nôtres et encore moins avec ceux de nos alliés ; nous avons dû faire ce sacrifice, quelque pénible qu'il fût, et il a été abandonné !... »

« Quels étaient donc, demandai-je à la comtesse, les principes du frère de madame la duchesse d'Angoulême, pour la forcer, elle et les autres membres de la famille, à se conduire ainsi envers un prince qui, après tout, leur appartenant par les liens du sang, devait être traité d'une manière honorable, et placé au moins dans une position plus décente ?... IL ÉTAIT RÉPUBLICAIN !...

« Il n'y avait pas de réplique possible à un tel argument, ajouta Mgr Tharin, et je quittai la comtesse d'Estérazy, bien persuadé que le fils de Louis XVI était dans une mauvaise voie, et que ce qui s'était passé entre lui et les siens était une permission de la Providence pour le faire rentrer en lui-même et le purifier par de nouvelles tribulations.... »

Après quoi Mgr Tharin s'éloigna, et M. de Richemont ne l'a plus revu depuis.

Un estimable diplomate, bien connu dans le monde religieux, M. T. de B..., affirme et déclarera au besoin « tenir de la bouche de madame d'Estérazy tout ce qui vient d'être raconté. »

Heureusement pour la manifestation de la vérité, la lettre de madame d'Angoulême à madame d'Estérazy, laissée pendant quelques jours à la disposition de M. de Richemont, a été vue entre ses mains par un respectable ecclésiastique, qui nous le certifie ainsi :

PIÉCE 65. — « Pour édifier vos lecteurs sur la pensée de madame la duchesse d'Augoulême, je sens le besoin de vous faire une déclaration.

« En l'année 1843, M. le baron de Richemont me fit lire une lettre écrite par madame la duchesse d'Angoulême, sa sœur, à madame la comtesse d'Estérazy. Il me dit que c'était Mgr Tharin, ancien évêque de Strasbourg, qui la lui avait communiquée. Je l'ai lue en son entier, mais je n'ai retenu que ce passage, qui m'a tellement frappé qu'il ne s'effacera jamais de ma mémoire : « Je sais que mon frère est sorti du Temple, mais il sera mort depuis. » Je m'empressai de regarder la date, le timbre et la signature. Elle était datée de Goritz, timbrée de Goritz, et signée Marie-Thérèse.

« Je déclare, monsieur, que ces faits sont selon l'exacte vérité et que je suis prêt à les reproduire partout où besoin sera.

« Recevez, je vous prie, etc.

« Signé : G...., prêtre du diocèse de Paris.

« 6 août 1850. »

Le général Auguste de Larochejacquelein a reçu et rapporté les mêmes confidences.

Une entrevue avait été ménagée, en 1840, entre M. le baron de Richemont et lui, par le révérend père B...., chez M. l'abbé Jacolet, ex-aumônier du prince de Condé, alors curé de Saint-Ambroise-Popincourt. Nous possédons la lettre du R. P. B...., qui annonce le rendez-vous. Après une conversation de plusieurs heures, pendant laquelle ces messieurs échangèrent mutuellement leurs souvenirs, M. de Larochejacquelein avoua :

« Que, depuis de longues années, il était à la recherche du fils de Louis XVI; qu'il en avait parlé à la duchesse d'Angoulême, qui lui avait déclaré, comme à la comtesse d'Estérazy, comme à Mgr Tharin, comme à tant d'autres, « qu'elle savait parfaitement que son frère n'était pas mort au Temple, » mais qu'elle ignorait ce qu'il était devenu depuis.... »

En terminant, il ajouta : « Défiez-vous de Metternich; c'est votre plus cruel ennemi. »

Le général, auquel le secret ne fut point recommandé, a souvent raconté son entretien avec la duchesse.

Cette conversation, qui ne convenait point à la politique du représentant Henri de Larochejacquelein, a été l'objet de ses dénégations. Mais elle a été bientôt confirmée :

Pièce 66. — « J'ai été singulièrement étonné, en lisant l'*Univers*, d'y trouver une lettre de M. de Larochejacquelein niant les paroles rapportées dans le *Mémoire d'un contemporain*, car M. Léo de Laborde, représentant du peuple, se trouvant avec moi chez M. d'Escuns, à Montfort-l'Amaury, nous a dit avoir entendu de M. Auguste de Larochejacquelein les adieux qu'il fit, en 1830, à Charles X, à peu près en ces termes : « Sire, il faut qu'il y ait eu un grand crime de commis dans votre famille pour que la Providence vous afflige d'une manière aussi sensible. »

« Signé G...., ancien libraire.

« Montfort-l'Amaury, 27 août 1850. »

Ce qui était certitude vis-à-vis de M. de Larochejacquelein, devint incertitude pour M. Pelletan.

Dans les premiers jours de la Restauration, ce docteur publia que, lors de l'autopsie du cadavre de l'enfant mort au Temple le 8 juin 1795, il était parvenu à soustraire son cœur, et qu'il le conservait soigneusement. Il supposait que les oncles et surtout la sœur du prétendu Dauphin seraient heureux de le retrouver. Etonné qu'on ne faisait aucune recherche et qu'on ne le lui demandait pas, il sollicita de la duchesse d'Angoulême une audience, l'obtint, et lui offrit ce cœur. La princesse refusa de le recevoir, alléguant : «qu'elle n'était point assez sûre de la mort de son frère pour accepter des restes qui n'étaient peut-être pas les siens. »

L'ancien archevêque de Paris, Mgr de Quélen, ayant entendu parler du refus, voulut savoir à quoi s'en tenir; la duchesse lui répéta les mêmes paroles, et lui-même les a redites à un grand nombre de personnes, à M. Laurentie, de l'*Union*, entre autres.

Cette incertitude de la mort de son frère, madame la duchesse d'Angoulême l'a manifestée tout aussi formellement à madame de Carayon-Latour, ainsi qu'il résulte de la seconde partie du certificat suivant :

PIÈCE 67. — «En l'année 1822, M. Saulnier, ancien docteur de la Sorbonne, alors prieur de l'abbaye de Melleraye, Loire-Inférieure, de l'ordre de la Trappe, sous le nom de don Antoine, m'assura que le fils de Louis XVI, sauvé du Temple, ayant été, quelques années auparavant, soumis à l'investigation d'un grand personnage de la cour de Louis XVIII, lequel je crois être le duc Decaze, pour s'assurer de son identité, répondait à une de ses questions : «Je suis si bien le frère de Madame duchesse d'Angoulême, que, dans notre enfance, jouant avec un lapin qui lui appartenait, cet animal me fit une égratignure à la face, et que pour m'en venger, je frappai ma sœur, au genou, d'un petit couteau que j'avais à la main ; la cicatrice doit en exister encore. »

«Vers l'an 1825, je priai madame la baronne de Carayon-Latour d'offrir à madame la Dauphine, à Paris, une garniture d'autel, brodée par les jeunes filles d'un établissement auquel elle avait précédemment accordé des secours et en témoignage de leur reconnaissance. Cette garniture, destinée à l'autel expiatoire qu'avait fait construire cette princesse, en mémoire de ses parents infortunés, offrait les profils du roi, de la reine, de madame Elisabeth, et du jeune Dauphin, cru mort au Temple.

« Ces enfants, dit madame de Carayon à la princesse, ont osé se rendre les interprètes de Votre Altesse Royale, en y reproduisant les quatre portraits. — Quatre portraits, répondit la princesse; il n'y en a que trois. »

« Je déclare que ces deux circonstances sont exactes et conformes à la vérité.

«Bordeaux, 16 juin 1848.

«Signé : Thi... L..., chanoine de la Primatiale. »

La duchesse savait trop bien que trois portraits devaient y figurer. Légalement, en vertu de l'acte de décès, le quatrième n'aurait pas été déplacé parmi ces dessins funèbres, car, depuis longtemps et pour longtemps, hélas ! le fils de Louis XVI avait été relégué entre les morts.

Le procès de Mathurin Bruneau fut aussi l'occasion d'une démarche très significative :

En 1817, M. le marquis de Montmort, officier aux gardes, alla, ou fut envoyé à Rouen, afin de voir et d'interroger le soi-disant duc de Normandie. M. l'abbé M.... désirant éclaircir la cause et le but du voyage, lui écrivit le 28 décembre 1849, et, dans un intérêt purement historique, lui demanda entre autres renseignements : « S'il avait reçu mission de la duchesse d'Angoulème ; s'il avait eu, de sa part, une conférence avec M. Decaze pour l'engager à faire punir l'imposteur, et s'il avait dit à M. Decaze que la princesse croyait à l'existence de son frère. » M. de Montmort répondit dans les termes suivants :

PIÈCE 68. — « Nice, ce 1er janvier 1850.

« C'est un aveugle, Monsieur, qui répond tant bien que mal à votre lettre du 28 décembre. Royaliste né, je ne rougis nullement de ma façon de penser, et sur les sentiments qui m'ont toujours animé. Quant à ce que vous insérez dans votre lettre, j'y trouve beaucoup de faits exagérés et qui font de cette histoire une grande affaire, quand elle est très simple, et, en quelques mots, je vais y répondre.

« En 1817, de service chez S. A. R. madame la duchesse d'Angoulème, je reçus un assez gros paquet à l'adresse de Son Altesse, et un autre à moi adressé, qui me priait de remettre le gros pli à Madame. Ne pensant pas qu'il fût ordinaire qu'un officier des gardes pût se permettre une pareille démarche, je résolus de communiquer cette missive à M. le maréchal de Viomesnil, mon oncle, qui me dit que malgré la bizarrerie de la lettre, je devais la remettre à Son Altesse. Il ajouta que c'était lui qui avait fait arrêter Mathurin Bruneau à Saint-Malo, regardant ce personnage comme un imposteur.

« D'après ce conseil, je me rendis chez S. A. R. à qui je remis les deux lettres, et qui me « parut étonnée de l'une et l'autre missive. » Puis, après avoir salué Son Altesse, nous sortîmes.

« Voilà, monsieur, ce qui se passa, et à quoi je n'ai rien à ajouter.

« Intrigué de cette aventure, mon service fini, je me décidai d'aller à Rouen voir un individu aussi bizarre. Je le trouvai avec deux acolytes qui portaient, l'un le nom de marquis de Foulques, l'autre, ecclésiastique, celui de Malouisset, personnage d'une grande vivacité et d'un enthousiasme étonnant.

Le prisonnier me dit beaucoup de choses que je savais déjà par les différents écrits qui avaient circulé. Il voulut me faire boire à la légitimité, ce à quoi je me refusai. Alors il se fâcha et nous en restâmes là.

« Je retournai à mon hôtel, mais bientôt l'édit abbé Malouisset me relança, et le lendemain et jours suivants, je fus encore à même de voir ce personnage qui ajouta encore beaucoup de choses, mais sans me convaincre davantage.

« Je repartis pour Paris, bien convaincu que cet « individu était un agent, soit de la police, soit des jacobins. »

« Voilà, monsieur, ce que je puis vous dire. « Ayant écrit le sommaire de toutes nos conversations, je le remis à S. A. R. à mon retour à Paris. » Au bout de quelques jours, Madame me remit le paquet que je portai à M. Decaze qui trouva bon de dire : « Si cet homme est Louis XVII, on lui rendra son droit. » Puis je sortis...

« Signé : DE MONTMORT. »

D'après cette lettre, où tout respire la complaisance et la bonne foi, M. de Montmort « remet les deux paquets à la duchesse qui paraît étonnée ; » ensuite il va, de son propre mouvement, dit-il, à Rouen ; il est introduit près du prisonnier, le questionne à plusieurs reprises, « consigne les réponses, » et présente sa relation à madame d'Angoulême. J'avoue qu'entre une mission spéciale et les démarches de M. de Montmort la nuance est tellement imperceptible qu'elle m'échappe. La duchesse prend d'abord « quelques jours de réflexion, » puis envoie M. de Montmort porter à M. Decaze les paquets et la relation ; et M. Decaze dit : « Si cet homme est Louis XVII, on lui rendra son droit. » Ou ces paroles sont sérieuses, et alors elles sont nécessairement la réponse à une recommandation faite au ministre d'examiner scrupuleusement l'affaire ; donc on croyait à l'existence : ou c'est une jonglerie débitée à dessein pour que M. de Montmort, et, par lui, tous ceux qui conservaient des doutes sur la mort du Dauphin, fussent persuadés de la bonne foi du pouvoir ; et alors que penser de la duchesse ?... qu'elle était complice de Louis XVIII.

Enfin M. de Montmort croit, comme nous croyons aussi, que Mathurin était un « agent, soit de la police, soit des jacobins. » Mais M. de Montmort, la police et les jacobins de cette époque sont tout un ; car la police était celle du jacobin Louis XVIII !

Une démarche plus directe, plus positive et plus concluante encore est celle-ci :

Il résulte d'un procès-verbal, en date, à Paris, du 21 novembre 1839, inséré au chapitre XIII, que M. le comte de Bruges et M. le vicomte de Montchenu, le premier, lieutenant-général, le second, maréchal-de-camp, « furent délégués par madame la duchesse d'Angoulème,» ainsi qu'ils le déclarent, « à l'effet de procéder à la reconnaissance de l'état civil de S. A. R. monseigneur le Dauphin, frère de la duchesse, et de se livrer aux investigations les plus minutieuses pour arriver à constater son identité... »

Enfin, y a-t-il aveu moins contestable que ces mots de la duchesse d'Angoulème à l'homme que le prince de Condé lui présentait comme son frère. « Allez! allez! vous êtes la cause de bien des malheurs, et jamais mes bras ne s'ouvriront pour recevoir l'ennemi de notre famille!..... » Sanglante apostrophe à laquelle l'infortuné fils de Louis XVI ne trouva d'autre réponse que : « Ah! ma sœur! ma sœur!... Et vous aussi, vous me repoussez!... » Pièces 56 et 57.

Elle reconnut si bien son frère qu'elle le dit à Louis XVIII, qui la menaça de l'exil. Pièce 58.

Après tant d'indices de certitude de la vie du Dauphin, il n'est pas surprenant que la duchesse d'Angoulème ait éprouvé des remords. Voici une anecdote empruntée à la *Voix d'un proscrit*, p. 177, qui en révèle les traces :

«Une dame d'honneur de la duchesse d'Angoulème couchait dans une chambre attenante à la sienne. Une nuit, elle l'entendit se lever, marcher avec rapidité, puis bientôt elle se mit à pleurer et à éclater en sanglots. « Mon frère! mon pauvre frère!... » furent les seules paroles qu'elle prononça. La dame effrayée entra pour s'informer si Son Altesse était indisposée. — La duchesse demanda vivement : — N'avez-vous rien entendu? — Non, madame. — Eh bien! si vous avez entendu ne le dites jamais. »

Duc de Berry.

Le duc de Berry ne cachait pas l'intérêt qu'il portait au fils de Louis XVI : il le vit et prit son parti le jour de l'entrevue de Versailles; pièces 56, 57 et 58; il fit à Louis XVIII d'énergiques représentations, quand il apprit l'arrestation de son cousin dans les États autrichiens... Comme Louis XVIII faisait sentir que cette mesure était toute dans les intérêts du duc de Berry, celui-ci lui dit avec toute la vivacité qui lui était naturelle : « Justice avant tout, mon oncle!... » Mots sublimes, qui causèrent sa perte, et qu'on a trop tôt et trop souvent oubliés!!!...

A l'époque de la première Restauration, il s'en entretenait avec le prince Constantin; ainsi le déclare M. J.-B. Baillot, ex-sommelier de Louis XVIII :

Pièce 69. — «De 1814 à 1815, étant chargé des caves du roi, j'eus plusieurs fois l'occasion de servir le vin sur la table, soit du roi, soit de M. de Blacas, chez lequel les princes alliés dînaient souvent. Le prince Constantin de Russie dit un jour au duc de Berry, en parlant du fils de Louis XVI : « Et le prince, en avez-vous des nouvelles? — Je n'en sais rien absolument, répondit le duc de Berry. »

« Signé : J.-B. Baillot. »

De 1819 à 1820, le duc de Berry a constamment dit à deux familles honorables de Lille, que la crainte enchaîne, mais que nous pourrions nommer au besoin : « Louis XVII existe! »

M. l'abbé Caucheteur, curé de P..., de qui nous tenons ces détails, connaît parfaitement les deux familles et a reçu leurs confidences.

La meilleure preuve de la croyance du duc de Berry à l'existence du fils de Louis XVI, c'est qu'il est mort victime de son dévoûment à sa cause. Ecoutons plutôt :

PIÈCE 70. — « Peu de jours avant l'assassinat du duc de Berry, ce malheureux prince se trouvait à dîner chez le roi avec plusieurs plénipotentiaires. Un d'eux lui donna des preuves certaines de l'existence de Louis XVII. Le prince l'écoutait avec le plus vif intérêt, lorsque le roi, inquiet, demanda avec une autorité absolue quel était le sujet d'une conversation si animée. Le prince répondit avec émotion : « Sire, on m'assure que Louis XVII existe, et je proteste que je serai le plus soumis de ses sujets.» Le roi, bouillonnant de colère et oubliant sa dignité, se leva par un mouvement spontané de dessus son fauteuil, lança sa serviette au visage du prince en criant : «Monsieur, vous êtes un factieux ! »

« Ce fait est avéré par un témoin oculaire.

« Vendredi, 13 septembre 1850.

« Signé : sœur A...»

« Cet écrit, qui m'a été remis ce matin, est de madame sœur A..., qui était maîtresse à l'institution des sœurs de la Charité, à Rosni, et qui m'a ajouté verbalement que, « peu de temps après cet événement, le duc de Berry fut assassiné. » La sœur L... m'a raconté les mêmes choses, qu'elle tient de la vénérable sœur de Malleville, supérieure de la même institution de Rosni, qui lui a dit « avoir souvent parlé du fils de Louis XVI avec la duchesse de Berry. »

« Signé : M..., prêtre. »

Et maintenant, qui furent les meurtriers du duc de Berry? sont-ce les libéraux, comme on s'efforçait de le faire croire à cette époque? sont-ce Louis XVIII et ses créatures? La réponse n'est pas embarrassante.

Duc d'Angoulême.

Après l'entrevue de Versailles et les scènes d'intérieur de la famille royale, l'époux de la duchesse d'Angoulême n'a pu ignorer l'existence du Dauphin.

Prince de Condé.

Les PIÈCES 43, 44, 45 et 46, contenant les témoignages de MM. Foucault. d'Olry, Desfontaines, relatifs à la présence du fils de Louis XVI à l'armée de Condé, rapprochées du certificat de M. Labreli de Fontaine, du chapitre XIII, ne permettent aucun doute sur la croyance de ce prince à l'existence du Dauphin.

Duchesse douairière d'Orléans.

La preuve d'une croyance identique de la part de cette princesse résulte :

1° de l'attestation de M. Labreli de Fontaine :

« Comme je témoignais à S. A. S. le désir de voir « le prince, qui venait quelquefois chez elle, » cette princesse me permit d'entrer sous un prétexte quelconque, lorsqu'il s'y trouverait, mais à condition que je ne lui parlerais pas.

« Un jour que le fils de Louis XVI vint rendre une visite à S. A. S., j'entrai dans l'appartement, « et j'aperçus ce prince debout, le coude appuyé sur la cheminée. Ce fait date du commencement de 1816. » PIÈCE 59 ;

2° du témoignage de M. de Brémont, rapporté par M. le chevalier d'Olry :

« M. de Brémont ajoutait à tout cela une notion non moins importante pour établir en fait l'évasion du Temple. « Il prétendait savoir que le Dauphin, en passant en Espagne, s'était présenté à madame la duchesse d'Orléans, née duchesse de Penthièvre, dont il avait été également reçu avec un tendre et compatissant empressement, et qu'elle aussi lui avait remis des témoignages écrits et signés par elle, pour lui servir à ce que de droit. » PIÈCE 55 ;

3° et du témoignage de M. de Castéja, consigné dans le certificat suivant d'un respectable ecclésiastique :

PIÈCE 71. — « M. l'abbé C..., curé, doyen de la paroisse de Saint-Germain, d'Amiens, ancien curé de Francarville, Somme, résidence de la famille de Castéja, a souvent entendu raconter à l'un des MM. de Castéja, qui a rempli de hautes fonctions, celles notamment de préfet des départements de l'Oise et du Haut-Rhin, le fait suivant :

« M. de Castéja, chargé d'une mission dans les Pyrénées, apprit que la vertueuse duchesse de Penthièvre, douairière d'Orléans, se trouvait en Espagne, non loin des frontières. Il se fit un devoir d'aller lui porter l'hommage de son respect. Admis auprès de la princesse, il remarqua un homme jeune, et de manières extrêmement distinguées, qui se retira à son arrivée.

« M. de Castéja avait à peine salué Madame la duchesse-d'Orléans, qu'elle lui demanda s'il connaissait le personnage qui venait de sortir. Sur la réponse négative de son interlocuteur, elle répondit : « C'est Louis XVII ! »

« Abbeville, 8 novembre 1851.

« Signé : de la H..., chanoine honoraire. »

Au chapitre XIII, M. Labreli de Fontaine, chargé par madame la duchesse douairière de remettre des titres au fils de Louis XVI, viendra confirmer de nouveau la croyance de cette princesse.

L'entrevue, dont parlent MM. de Brémont et de Castéja, eut lieu à Figuières, en 1810, quand le Dauphin, venu du Brésil à la recherche de son secrétaire, après avoir été arrêté en Italie et conduit à Paris devant le ministre de la police, Fouché, put, grâce à ce dernier, gagner l'Espagne, la traverser et s'embarquer à Cadix pour l'Amérique.

Peut-on supposer qu'une princesse, aussi éclairée que vertueuse, ait été la dupe d'un aventurier, constamment, et en Espagne, et en France, où ses relations avec le duc de Bourbon lui donnaient des moyens de vérification ? Elle avait assez connu le Dauphin dans son enfance pour se rappeler ses traits, son caractère, pour démêler si ses explications sur les hommes, sur les choses, sur les événements, sur la cour, sur la prison du Temple, sur l'infortunée famille de Louis XVI, étaient des souvenirs personnels ou des renseignements recueillis et retenus. Si donc elle a dit à MM. de Castéja et Labreli de Fontaine : « Voici le fils de Louis XVI ; » si, jusqu'à sa mort, elle a persisté à s'intéresser à ses malheurs, c'est que le fils de Louis XVI existait, c'est qu'elle le voyait, qu'elle le recevait. Les vertus et la position de la fille du duc de Penthièvre écartent tout soupçon de mensonge ou d'erreur.

Puissances étrangères.

La Russie, l'Autriche, la Prusse, Naples, ont reconnu son existence dans les traités secrets, précédemment indiqués, de 1802 et de 1814.

L'Autriche, l'a connue, ainsi que le prouve la déclaration suivante de M. de Brémont :

« Je sais encore que le gouvernement autrichien possède sur cet objet une pièce des plus précieuses. Un de mes amis, feu M. P..., que Son Excellence Mgr Thugbuth employait comme son secrétaire particulier, m'a déclaré avoir tenu cette pièce entre ses mains dans le cabinet de ce ministre. « C'était un procès-verbal de l'enlèvement du Temple du jeune Louis XVII. » *Gazette des Trib.*, 3 mai, col. 7.

Elle l'a reconnue par sa conduite envers le prisonnier de Milan ; chapitre XI.

Le Brésil l'a reconnue par l'accueil et les bons traitements de don Juan. PIÈCES 54 et 55, pages 114 et 117.

Le gouvernement pontifical l'a reconnue par l'allocution du pape Pie VI, en 1798, citée page 8 ; par la mission de l'ambassadeur du pape Pie VII, près de Louis XVIII, consignée page 11 ; par la réception à Gaëte, le 20 février 1849, à l'audience particulière du pape Pie IX, de M. de Richemont se présentant comme fils de Louis XVI, avec son acte de naissance du 27 mars 1785, et un passeport au nom de Louis-Charles de France. Chapitre XV.

La Suisse l'a connue, d'après ce qu'affirme encore M. de Brémont :

« En 1795, feu Son Excellence Mgr. l'Avoyer de Steiger, de Berne, avec lequel je travaillais alors...., pour rétablir l'orphelin du Temple sur son trône..... me fit appeler pour me dire « qu'il avait été informé par des courriers de généraux vendéens, expédiés à Vérone, que le jeune prince n'était pas mort au Temple, mais qu'on l'avait au contraire sauvé de prison. »

« Environ trois mois après cette nouvelle, M. de Steiger me la confirma en m'assurant qu'il venait de « recevoir des documents très certains de l'évasion du Temple du royal orphelin. » *Gaz. des Trib.* du 3 mai, col. 7.

Grands personnages.

L'IMPÉRATRICE JOSÉPHINE. — Elle a déclaré à la sœur de madame Joubert et à madame Duplessis, PIÈCES 4 et 36, pag. 21 et 36, « avoir vu et protégé le Dauphin sauvé du Temple; » d'après un livre attribué à M. de Canizy, « elle aurait fait une confidence semblable à ses enfants; » page 75.

LUCIEN BONAPARTE. — On connaît les relations qu'il eut avec le Dauphin ; les membres de sa famille les avouent, et plusieurs ont attesté « qu'il avait été assez heureux pour lui rendre des services. » Chapitre XIII.

Mlle DES CARS. — Un ami de M. le duc des Cars, l'un des conseillers intimes du duc de Bordeaux, nous avait appris que Mlle des Cars, fille du marquis des Cars, avait, à l'époque de l'évasion du Dauphin du Temple, fourni une assez forte somme d'argent pour faciliter l'enlèvement, et qu'après le succès, on était venu l'en informer ; M. le duc, ajoutait-il, tient ces faits de Mlle des Cars.

Nous écrivîmes à M. le duc, et le priâmes de vouloir bien nous dire si cette confidence était exacte. Il eut l'obligeance de nous répondre la lettre suivante :

PIÈCE 72. — « Saint-Malo, 14 août 1850.

« Monsieur,

« Votre lettre du 7 de ce mois vient de m'être renvoyée et je me hâte d'y répondre. Mlle des Cars était bien ma cousine. «Il est à ma connaissance qu'elle avait fourni des fonds pour aider à sauver le fils de Louis XVI de la prison du Temple ; elle m'en a même indiqué le chiffre. » Elle est morte dans cette persuasion, que si Louis XVII avait pu être sauvé de sa prison, il devait être mort peu de temps après ; car, disait-elle, ses amis en auraient entendu parler, et, même en le voulant, ce prince n'eût pu si longtemps cacher son existence, surtout depuis que les événements de 1814 et de 1815 avaient rappelé sa famille et sa sœur en France. « Elle ne comptait donc plus sur sa réapparition, qui , à ses yeux, n'était plus possible que par une action surnaturelle de la puissance de Dieu,» Ce qui me semblait raisonnable il y a trente et un ans, me semble encore plus démontré aujourd'hui ; et je dois vous dire qu'en 1850, c'est-à-dire cinquante ans après la mort plus ou moins authentiquement déclarée de Louis XVII, son existence est humainement impossible à mes yeux, et qu'il faudrait un miracle de la Providence pour surmonter toutes les impossibilités morales qui se présentent à l'homme qui réfléchit.

« Avant sa mort, Mlle des Cars avait désiré savoir si madame de Tourzel, qui avait été gouvernante du Dauphin, et qui avait gagné la confiance et l'affection de ce prince, avait eu quelques renseignements sur son évasion ou sur son existence depuis 1795 ; Mme de Tourzel n'en avait point entendu parler ; et certes, cette noble dame, si remarquable par son courage, sa loyauté et sa tendre affection pour son auguste élève, n'eût pas manqué de rendre un témoignage éclatant à l'existence de Louis XVII, si elle en eût eu connaissance.

« En un mot, Monsieur, vous voyez que je ne suis aucunement disposé à entrer dans vos pensées. Louis XVII est, à mes yeux, d'après tous les moyens de certitude humains, mort depuis longues années. Ce n'est pas une intervention humaine qui peut changer en moi cette conviction.

« Recevez, Monsieur....,

« Signé DES CARS. »

M. le duc n'avait point explicitement répondu à la question
de savoir si les sauveurs du prince avaient instruit Mlle des
Cars du succès. Nous insistâmes de nouveau sur ce point ; et
comme au lieu de parler des sauveurs en termes généraux,
ou des émissaires de M. de Frotté, nous avions dit ceux du
prince de Condé, il nous fut répondu :

PIÈCE 73. — « Saint-Malo, 23 août 1850.

« Votre lettre du 20 me parvient à l'instant, Monsieur ;
ma réponse est facile : Mlle des Cars, ma cousine, ne m'a jamais parlé du prince de Condé lorsqu'elle m'a entretenu des
fonds qui lui avaient été demandés pour aider à l'évasion de
l'orphelin du Temple.

« Recevez, Monsieur....,

« Signé : DES CARS. »

Évidemment, on ne voulait pas s'expliquer catégorique-
ment, et on profitait d'une échappatoire pour se tirer d'embarras. Quoi qu'il en soit, la première lettre nous suffit ; exa-
minons-la. Dans cet examen, nous ne perdrons de vue ni la
complaisance de M. le duc des Cars, ni sa position vis-à-vis
de M. le duc de Bordeaux.

D'après cette lettre, Mlle des Cars a fourni des fonds pour
l'enlèvement du Dauphin ; elle en a indiqué le chiffre à son
cousin ; et, si ce dernier hésite à avouer que le succès avait
été annoncé, cela résulte implicitement de ces paroles : « Elle
est morte dans cette persuasion que si Louis XVII avait pu
être sauvé de sa prison, il devait être mort peu de temps
après. » « S'il avait pu être sauvé.... », elle pensait donc qu'il
avait pu l'être. Sur quoi se fondait-elle ? Sans doute elle avait
des données. Quelles données plus vraisemblables que l'aver-
tissement des agents de l'entreprise, sur lequel on a évité de
s'expliquer ? Mais comme l'ami de M. le duc des Cars ne s'est
pas trompé sur les autres détails, il ne se sera pas trompé sur
le plus important.

« Il devait être mort quelque temps après... » Et la nécessité ? Je ne la vois pas ; pour faire place à Louis XVIII, à
Charles X, au duc de Bordeaux ? Sa mort aurait laissé des
traces, et trop de gens avaient intérêt à la divulguer pour
qu'elle fût restée secrète.

En publiant les preuves de la vie du Dauphin, nous avons
constaté son séjour à l'étranger en 1814 et 1815 ; il ne pouvait donc se présenter alors ; on a vu, plus tard, la conduite
de la famille royale à son égard, et l'impuissance d'action dans
laquelle on l'a constamment tenu.

« Mlle des Cars ne comptait plus sur sa réapparition, qui,
à ses yeux, n'était plus possible que par une action surnaturelle de la puissance de Dieu. » Mais si elle la croyait possible

par une action de la puissance de Dieu, elle croyait donc le fils de Louis XVI vivant. Et ce qu'ajoute M. le duc des Cars : « Son existence est humainement impossible à mes yeux ; il faudrait un miracle de la Providence pour surmonter toutes les impossibilités morales..... », ne signifie-t-il pas : je ne conteste point son existence physique, mais son existence sociale ne saurait être réhabilitée sans la Providence ? A ce point de vue, nous sommes d'accord ; l'ambition et la perversité ont enveloppé cette existence de tant de voiles, la politique égoïste lui a creusé un tombeau si profond, que la Providence seule peut contraindre le monde corrompu des courtisans à déchirer le voile et arracher la pierre tumulaire. Mais les hommes de bien n'ont pas attendu cette extrémité ; nul intérêt, nulle passion ne les empêche d'être justes et vrais.

L'objection relative à Mme de Tourzel n'a pas la moindre force. Elle croyait si bien à la possibilité de l'existence du Dauphin, que sa fille aurait, dit-on, reconnu pour tel le Prussien Naündorff ; elle a pu être trompée sur la personne ; c'est fâcheux ; mais cela prouve qu'on admettait en famille la réalité du fait, la conservation.

Mgr. Tharin. — On nous communique, de la part de M. Beau..., de Bordeaux, deux lettres du révérend père B..., ami de l'évêque de Strasbourg, qui témoignent bien de sa profonde conviction. Les voici :

« 28 avril 1831.

« Lié d'amitié avec Mgr. Tharin, précepteur du duc de Bordeaux, j'ai vu éclore les premiers germes de cette histoire ; car Mgr. Tharin y a perdu le boire et le manger. Pendant quatre ans, j'ai lutté contre toutes « les évidences dont il me produisait les pièces justificatives . » Enfin, je vais vous dire ce qu'il y a de plus fort, et ce qui aurait pu ébranler mon incrédulité , si elle n'était pas invincible.

« Le 6 octobre 1827, j'allai passer la journée entière à Saint-Cloud avec Mgr Tharin. Après déjeuner, je le vis prendre des paquets de preuves qui me faisaient trembler, parce que je craignais ce que j'allais avoir à essuyer. Etant assis dans le parc sur un banc de pierre de l'ancien jardin de Mme de Maintenon, il se mit à entreprendre ma conversion. Il me lut gros comme ma tête de « preuves authentiques. » Je niai et combattis comme un diable. Il finit en m'annonçant tous les malheurs qui pesaient sur la famille royale. Il écumait d'inspiration prophétique. Je dois déclarer « qu'il me prédit alors, mot pour mot, année par année, mois par mois, tout ce que nous avons vu , la catastrophe de juillet, ses signes, ses suites ; l'expulsion de la famille ; l'avénement du duc d'Orléans, enfin tout..... » Quand il partit de la Cour, quelques mois avant les événements, il me dit : « Je m'en vais pour ne revenir qu'avec Louis XVII ; vous n'avez pas voulu me croire ; vous vous en repentirez ; les événements approchent ; je me sauve ; vous avez grand tort de n'en pas faire autant. »

« Signé : B... »

« 2 mai 1831.

« Je vous dois encore quelque chose sur Louis XVII. Je crois vous avoir dit une grande partie de la scène de Saint-Cloud entre Mgr de Strasbourg et moi, sa profonde conviction, mon incrédulité, ses assertions de vrai prophète et mon obstination à tout nier. Souvenez-vous que tout cela se passait il y aura quatre ans le 7 octobre prochain. Excepté sur ce point de Louis XVII, toutes les pensées de mon âme, mes sentiments répondaient à ceux du prélat, et l'intimité la plus parfaite d'esprit et de cœur régnait entre nous deux. Nous pensions et nous parlions tout haut, ensemble, comme on parle avec soi-même. Ainsi, je ne me gênais pas pour me batailler avec lui et me moquer de lui quand il y avait lieu. Or, je dois vous dire que je le crus sérieusement atteint de folie, quand il me déroula tout l'événement de juillet 1830, avec sa date, ses circonstances, ses résultats par rapport à la famille royale et au duc d'Orléans. Comme il s'impatientait de mon incrédulité, et qu'il tenait à me convertir, comme s'il se fût agi du salut de mon âme, il finit par ces mots que je n'oublierai jamais : « Eh bien ! puisqu'il n'y a rien à faire avec vous pour le moment, les événements seront plus habiles que moi ; ils vous convaincront. Promettez-moi seulement une chose, c'est que, si tout commence par arriver comme je vous le prédis, vous croirez le surplus, et vous cesserez d'être incrédule « sur Louis XVII, qui est la clef de tous les événements ? » « Je le promets. » — « Vous m'en donnez votre parole d'honneur ? » — Je la lui donnai. — « Dans ce cas, dit-il, je suis sûr de mon fait ; et 1830 ne se passera pas sans vous avoir converti à Louis XVII. »

« A mesure que nous avançâmes dans cette triste année, Mgr Tharin prit de plus en plus avec moi un air de voyant et d'inspiré. Il me fit part de toutes ses pensées de retraite et de fuite. La veille de son départ, un mois avant les glorieuses journées, j'allai dîner avec lui à Saint-Cloud, tête à tête. Il prophétisa de nouveau, ce qui était moins difficile qu'en octobre 1827, et fit mille efforts pour m'engager à fuir avec lui en terre étrangère.

« Le point sur lequel je le chagrinais le plus, était l'espèce de contradiction que je voyais entre sa charge de précepteur du duc de Bordeaux et sa foi en Louis XVII. « Ce n'est pas ma faute, me répondit-il, si mon élève n'est pas l'héritier légitime du trône ; » il peut le devenir après la mort de son oncle Louis XVII. Rien n'empêche que je voie en lui le successeur des rois de France par son droit de naissance et que je l'élève pour cette fin. Mais, jusqu'à présent, il n'est pas, à mes yeux, l'héritier présomptif du trône dans l'ordre où il paraît l'être. »

« Voici à ce sujet de bien mémorables paroles que Mgr Tharin m'a mis b en des fois dans le cas d'entendre sortir de sa bouche : « Tous les événements qui s'accomplissent, ceux qui s'accompliront encore sont l'effet de la colère de Dieu. Une grande malédiction pèse sur la famille que vous voyez «parcequ'elle règne sciemment au préjudice du fils de Louis XVI. » Elle est avertie de son « usurpation. » Louis XVIII a profité le premier de ce bien mal acquis ; les autres ont succombé comme lui à la tentation d'occuper le trône de Louis XVII. Cette injustice retombe sur leurs têtes. Tant pis pour eux ! J'en suis désolé pour mon petit duc de Bordeaux qui est innocent et n'en peut mais. Il subira le sort commun sans le mériter, sans être complice de l'usurpation de ses parents ; mais qu'y faire ? Le ciel prend les choses comme il les trouve ; et il est obligé de balayer tout devant lui, pour faire place à Louis XVII, qui est son oint véritable. La grande malédiction ne peut finir que comme cela. »

« D'après tout ce que je vous dis, monsieur, vous imaginez que j'ai fini par croire. Je m'y étais engagé sur ma parole d'honneur, et assurément personne ne paraît plus obligé que moi d'avoir l'esprit ébranlé. Hé bien ! non. En voyant la prédiction de Mgr Tharin s'accomplir d'une manière si frappante, en juillet 1830, tout ce que j'ai pu faire a été de lui écrire bien vite en Suisse, pour le reconnaître comme prophète ; mais, en même temps, je lui ai confessé que je ne croyais pas encore à ce surplus, pour lequel j'avais témérairement engagé ma parole d'honneur. Du reste, il est armé de ma lettre pour la montrer à tout le monde et se faire reconnaître pour voyant. Il est vrai que c'est une pièce d'autant plus propre à faire impression qu'elle part de la main d'un incrédule, et que cet incrédule est forcé d'avouer les choses les plus incroyables et les plus merveilleuses ; car, je vous l'avoue, je suis encore tout étourdi d'avoir vu se réaliser si exactement une catastrophe annoncée trois ans d'avance et dont mon imagination a été vivement frappée après l'événement.

« Monseigneur Tharin, toujours conduit par ses inspirations et sa ferme conviction, a quitté la Suisse, il y a un mois, pour aller chercher l'ombre qu'il poursuit. Je n'ose ni le plaindre, ni me moquer de lui, parce qu'il a réellement contre moi des antécédents avec lesquels il peut me battre. Cependant, je ne crois pas à son surplus ; et tout ce que

je puis faire, c'est de pardonner le reste de son rêve à un
homme qui a rêvé si juste sur les autres points. »

« Signé : B... »

Ces deux lettres, non suspectes à coup sûr de partialité,
puisqu'elles portent des traces nombreuses de l'incrédulité de
leur auteur, font ressortir de plus en plus les points sur lesquels nous avions appelé l'attention :

Mgr Tharin croyait à l'existence du fils de Louis XVI ;

Il possédait et a communiqué des preuves authentiques de
cette existence ;

Le duc de Bordeaux, son élève, n'était point, à ses yeux,
l'héritier légitime du trône ;

Louis XVIII et Charles X étaient des usurpateurs ;

Ils régnaient « sciemment » au préjudice du fils de
Louis XVI ;

La famille royale avait été avertie et n'en continuait pas
moins son inique conduite ;

Mgr Tharin prédit la chute de cette famille et quitta la
cour pour échapper à la malédiction de Dieu qui pesait sur
elle.

N'est-ce pas le sentiment de sa faute et de cette malédiction,
qui, dans une de ses soirées d'exil à Holy-Rood, faisait dire
au roi Charles X, en présence de MM. Loisson de Guinau-
mont et Desèze : « Quand j'aurais résisté, je n'en serais pas
moins ici. »

Une autre lettre, plus précieuse encore, parce qu'elle émane
de l'ancien secrétaire de l'évêque de Strasbourg, nous a été
adressée. Elle était destinée à l'*Univers*, mais ce journal en
refusa l'insertion.

PIÈCE 74. — « Verberie, Oise, 2 octobre 1850.

« A Monsieur le rédacteur de l'*Univers*.

« Monsieur le rédacteur,

« Je n'ai point l'habitude d'en appeler à l'impartialité des
journaux pour leur demander la rectification de quelques-unes
de ces mille et une inexactitudes qu'ils commettent, quelquefois à leur insu ; mais je ne puis m'empêcher de réclamer contre une fausse assertion que j'ai lue, il y a peu de jours, dans
un des premiers numéros de vos feuilletons sur les *faux Dauphins,* parce qu'elle m'a paru offensante pour la mémoire
d'un saint et illustre pontife, qui a tenu, dans les rangs de
l'épiscopat français, une place honorable, et dont il me semble qu'un journal qui se dit religieux aurait dû parler plus
convenablement.

« S'il faut en croire M***, auteur des premiers feuilletons,
Mgr Tharin, ancien évêque de Strasbourg et précepteur de

.Mgr le duc de Bordeaux, aurait été renvoyé de la cour parce-qu'il croyait à l'existence du fils de Louis XVI.

« Non, monsieur, Mgr Tharin n'a point cessé de remplir les fonctions de précepteur du duc de Bordeaux, sous le coup d'une disgrâce. Sa retraite fut volontaire, et le roi Charles X ne voulut pas lui donner de successeur, pour pouvoir mieux récompenser ses bons et importants services, en portant sa pension à un chiffre plus élevé. Il lui accorda, en effet, une pension annuelle de vingt mille francs, avec l'offre du premier siége vacant qui serait à sa convenance. Il ne s'ensuit pas que Mgr Tharin n'ait pas cru à l'existence du fils de Louis XVI. « Non-seulement Mgr Tharin a cru que l'orphelin du Temple a été sauvé; mais cette croyance, qu'il a conservée jusqu'à sa dernière heure, j'affirme, moi, qui eus l honneur d'être son secrétaire, et pour qui, je ne crains pas de le dire, il n'avait rien de caché, j'affirme que c'est à la cour même et en faisant l'éducation du duc de Bordeaux qu'elle lui est venue. » Il y a plus ; bien qu'il ait prétexté sa mauvaise santé pour s'é-loigner de son royal élève, qu'il aimait beaucoup et qui lui était très attaché, « le véritable motif de sa retraite fut la conviction où il était que le refus qu'avaient fait les Bour-bons, et notamment Louis XVIII, de reconnaître le Dauphin, dont ils n'ignoraient pas la conservation, attirerait prochai-nement, sur cette famille et sur la France entière, les plus grands malheurs. » Or, pour tous ceux qui ont connu Mgr Tharin, son opinion est d'un très grand poids. Un homme d'un caractère aussi élevé et d'un mérite aussi éminent n'a pas cru, sans y être déterminé par les plus puissants motifs, à l'existence du fils de Louis XVI.

« Cette opinion, d'ailleurs, et personne ne le conteste, fut, avant 1830, celle de la Grande-Aumônerie et des seigneurs les plus en crédit à la cour; » et un témoignage, que je ne crains pas de rapporter ici, me semble la preuve que la famille royale elle-même partageait, à cette époque, si toutefois elle ne la partage pas encore, cette croyance, qui a toujours compté un si grand nombre de partisans dans toutes les classes de la société.

« En 1833, j'eus l'honneur de voir, à Fribourg, en Suisse, un de ces hommes que tous les partis vénèrent, qui n'en était pas moins un chaud partisan de Louis XVII, M. le marquis de Nicolaï, beau-frère de M. le duc de Lévi, dont on connaît le noble et admirable dévoûment à la personne de Mgr le duc de Bordeaux. Madame de Nicolaï faisait alors ses préparatifs de départ pour aller remplacer à Prague, où se trouvait la fa-mille royale, madame de Gontaut, en qualité de gouvernante de Mademoiselle, sœur du duc de Bordeaux. Sachant que madame la marquise partageait toutes les idées de son mari sur l'existence du Dauphin, je me permis de demander à M. de

Nicolaï si leur croyance à Louis XVII était connue à Prague.
M. le marquis m'assura qu'on ne l'ignorait pas du tout. Je lui
témoignai alors toute ma surprise du choix qu'avait fait la
famille royale de madame de Nicolaï pour remplacer madame
de Gontaut. Voulez-vous savoir, monsieur le rédacteur, quelle
fut la réponse de M. de Nicolaï; je la livre textuellement à
votre appréciation :

« Monsieur l'abbé, la famille royale croit aussi fortement
que vous et moi à l'existence de Louis XVII. »

« J'ignore si M. le marquis de Nicolaï a persévéré dans son
ancienne croyance, mais j'augure trop bien de la noblesse de
son caractère pour ne pas espérer qu'il me pardonnera bien
volontiers de m'être appuyé, dans l'intérêt d'une cause que
je crois être celle de la justice et de la vérité, de l'autorité si
respectable de son nom et de sa parole ; et vous-même, monsieur le rédacteur, si, dans cette question, vous voulez faire
preuve d'impartialité, comme on est en droit de l'attendre
d'un écrivain religieux, vous ne refuserez pas de donner
place, dans votre feuille, à ce témoignage, dont il vous sera
libre toutefois de discuter la valeur, en même temps que vous
accueillerez, j'espère, la réclamation que j'ai cru devoir vous
adresser par respect pour la mémoire si digne de vénération
de Mgr Tharin.

« . . . .
. . . .

« Agréez...

« Signé: DE LA H..., chanoine honoraire et ancien secrétaire-général de l'évêché de Strasbourg. »

Neuf points capitaux, les uns déjà relevés dans les deux
lettres du révérend père B..., les autres nouveaux, ressortent
de cet important document :

1o M. l'abbé de la H.., secrétaire, ami, confident intime de
Mgr Tharin, affirme que ce prélat « était convaincu de l'existence du fils de Louis XVI, qu'il avait acquis cette conviction
à la cour, qu'il l'avait conservée jusqu'à son dernier sou-
pir. »

2o La croyance de Mgr Tharin, choisi parmi les prêtres les
plus éminents par leur piété, leur savoir et leur intelligence,
pour être le précepteur du duc de Bordeaux, de l'héritier du
trône, est une immense autorité.

3o Mgr Tharin, vivant avec la famille royale, au milieu des
personnages de l'ancienne et de la nouvelle cour, a nécessairement fondé son opinion sur des renseignements puisés
aux meilleures sources ; il a dû interroger les souvenirs, sonder les réticences des principaux serviteurs des Bourbons pendant leurs malheurs et leur restauration. Son opinion est donc
moins une opinion personnelle que l'écho des opinions des

restes de l'ancienne et loyale noblesse, qui se voyait alors indignement délaissée pour les Decaze.

4° « La famille royale n'ignorait pas la conservation du fils de Louis XVI ; » Mgr Tharin l'affirme ; il était à portée de s'en assurer.

5° Mgr Tharin quitte la cour de son propre mouvement, s'éloigne de son royal élève, qu'il chérissait, « persuadé que le refus qu'avaient fait les Bourbons, et notamment Louis XVIII, de reconnaître le Dauphin, dont ils connaissaient l'existence, attirerait prochainement sur cette famille et sur la France entière les plus grands malheurs. » C'est ce qui est arrivé.

6° La Grande-Aumônerie, les seigneurs les plus en crédit à la cour croyaient, avant 1830, à l'existence du Dauphin.

7° En 1833, le beau-frère de M. le duc de Lévi, M. le marquis de Nicolaï, ne déguisait pas à M. l'abbé de la H...., que « cette croyance était la sienne et celle de la marquise, sa femme.»

8° Nonobstant cette croyance, ou peut-être à cause de cette croyance, dont il importait d'arrêter la manifestation, Mme la marquise de Nicolaï est appelée à remplir les fonctions de gouvernante près de Mademoiselle.

9° Enfin, M. de Nicolaï, interrogé par M. l'abbé de la H...., lui fait cette réponse péremptoire : — « Monsieur l'abbé « la famille royale croit aussi fortement que vous et moi à l'existence de Louis XVII. »

Si nous ne connaissions le mauvais vouloir et l'obstination des conseillers de Froshdorff, nous leur dirions de méditer ces convictions d'un prélat illustre et vénérable, qu'ils ont choisi, qu'ils ont aimé et respecté ; de méditer aussi les tardifs repentirs de l'exil ; mais ce serait en pure perte ; ils veulent lutter contre leur conscience et contre la vérité, c'est-à-dire contre Dieu... Qu'ils luttent! l'issue du combat n'est pas douteuse.

Nous dirigeons notre voix vers des oreilles mieux disposées à nous entendre et nous demandons à tous les hommes de bonne foi, de quelque parti qu'ils soient : pouvez-vous hésiter un seul instant à croire au fils de Louis XVI, quand le précepteur du duc de Bordeaux lui-même, intéressé à trouver son élève roi légitime, vous désigne l'orphelin du Temple vivant, méconnu, délaissé, sa famille coupable de la plus injuste des spoliations et devenue, pour cette cause, l'objet des malédictions divines?

Combien de personnages encore dont nous pourrions évoquer l'opinion déjà manifestée dans nos preuves: Mgr de Forbin-Janson, mesdames d'Estérazy, de Souci, de Bussenne, de Boulainvilliers, Périerz-d'Escart, M. le comte de Croy, MM. de Montciel, de Brémont, de Pons, d'Arsac, d'Olry, de Larochejacquelein, de Bruges, de Montchenu, du Moustier,

Pacca, de Dampierre, de Montesquiou, Cambacérès, Lanjuirais, et tant d'écrivains, et tant de diplomates, et tant de prélats ! Que serait-ce, si, trahissant les dévoûments timides, nous inscrivions sur cette liste des noms qui vont de pair avec ceux des Montmorency et des Larochefoucault ? Quoique nous ne comprenions guère ces zèles masqués et plastronnés, nous ne leur enlèverons pas l'avantage de se retirer intacts, en cas d'échec, et de se faire valoir plus que les combattants, en cas de succès.

La conviction de l'existence du fils de Louis XVI n'avait pas envahi seulement la conscience de quelques hauts personnages, elle s'enracina jusque dans les masses, dans un corps d'armée ; en voici la preuve :

PIÈCE 75. — « A monsieur le directeur de l'*Inflexible*.

« Monsieur,

« Lecteur attentif de votre journal, je viens porter à votre connaissance un fait qui se lie à la grande question historique que vous traitez avec autant de courage que de talent. Je vous laisse, monsieur, la liberté de le publier, si vous le jugez convenable : heureux si je puis vous aider à soulever la pierre de ce tombeau factice qui, depuis plus d'un demi-siècle, cache une existence à laquelle se rattache peut-être le salut de la France !

« En 1848, peu de jours après les funestes événements de juin, l'on causait chez moi, de l'existence du fils de Louis XVI devant M. de Montreuse, homme fort honorable et partisan de la légitimité. « Je n'y puis croire, dit-il ; comment faire coïncider cette existence avec la piété et les vertus de madame la duchesse d'Angoulême ? Cependant, je ne nie pas que la mort de ce prince n'ait été contestée bien des fois ; voici un fait que je puis vous garantir, car j'en fus l'acteur principal ; — il dut sans doute la méprise dont il parle plus bas, à la grande analogie qui existe entre ses traits et ceux des princes de la famille des Bourbons :

« Lors des journées de juillet 1830, le bruit se répandit dans la garde royale, où j'étais capitaine, que la chute de Charles X était un juste châtiment de la Providence, pour la spoliation et les persécutions dont se trouvait victime le fils de l'infortuné Louis XVI. Ces murmures et cette effervescence eurent un dénoûment auquel j'étais loin de m'attendre : à Chaillot, où nous nous étions repliés dès le 29, sur les ordres du duc de Raguse, des gardes royaux se saisirent de moi, et, le sabre levé, crièrent : Vive Louis XVII ! Ils voulaient m'entraîner de force vers la capitale. A leurs acclamations réitérées, je répondais : Vive le roi ! J'eus toutes les peines du monde à me tirer de leurs mains.

« La vérité de ce récit peut vous être attestée par M. Odilon Barrot, qui, au même instant, gravissait la montée dans sa voiture. Il s'enquit de ces cris et de ce rassemblement, et apprit que les gardes royaux voulaient conduire Louis XVII à Paris pour le faire reconnaître : « Qu'ils se hâtent, répliqua M. Barrot, le duc d'Orléans va être proclamé à l'Hôtel-de-ville.»

«M. de Monneuse ajouta que son père, général sous Louis XVI, et payeur sous l'Empire, fut soupçonné maintes fois d'avoir caché chez lui le jeune Dauphin. »

« Tout prouve donc qu'en dépit des ténébreuses trames ourdies autour de cette mytérieuse existence, les efforts ont été vains pour empêcher la vérité de soulever, par intervalle, un coin du voile qui couvre tant d'iniquités.

« Agréez...

« Signé : H. P.... »

Résumé.

Ainsi,

Abstraction faite de la certitude qu'avait Louis XVIII de l'évasion du fils de Louis XVI, dès le moment où elle s'opéra; abstraction faite de l'autorité des transactions politiques par lui conclues avec les Puissances étrangères, qui établissent cette certitude; abstraction faite des ignominieux traités de 1815, qui sont l'action de grâces d'un usurpateur envers les Alliés, ses complices; sa conduite relativement aux honneurs funèbres rendus à la mémoire de Louis XVI, de Marie-Antoinette, de Madame Elisabeth, et déniés à celle du Dauphin; la rouerie du procès de Rouen; ses aveux à M. de Dreux-Brezé: «Nous ne sommes pas assez sûrs de la mort;» ses aveux à M. de Montesquiou; l'arrestation faite en Lombardie, à l'instigation de son ambassadeur, M. de Caraman, «d'un personnage porteur d'attestations du prince de Condé qui lui attribuent une naissance royale, en le désignant sous les noms de Louis-Charles de France, duc de Normandie; » les contradictions entre ses aveux et la marche de son gouvernement : car, il doute de la mort... et il n'ordonne aucunes recherches; il doute... et il laisse subsister l'acte de décès; il doute... et sa police dresse de faux Dauphins, les instruit, et les condamne avec éclat, pour étouffer le souvenir du véritable ; il doute... et pendant ce procès l'arrestation de Milan s'opérait; il doute... et chacun de ses actes, des écrits officiels, chacune des histoires approuvées par l'Université, tend à confirmer les bruits de mort; il doute... et le seul prince de la famille qui ne doute pas, qui croit à la loyauté, à la justice, et ose prendre le parti de l'opprimé, l'infortuné duc de Berry, tombe sous le poignard d'un assassin guidé... Tout prouve jusqu'à l'évidence la certitude que Louis XVIII avait de l'existence de son neveu ; tout prouve son hypocrisie, sa duplicité, son ambition et ses crimes.

Ainsi,

Madame la duchesse d'Angoulême s'entend dire par la Simon : « Votre frère existe ; » elle provoque ou ratifie le voyage du marquis de Montmort à Rouen, sous le prétexte d'interroger Bruneau, le Dauphin fabriqué ; par son ordre, il remet au ministre de la police, Decaze, l'interrogatoire et des lettres ; et Decaze joue la comédie concertée : « Si cet homme est Louis XVII, on lui rendra son droit. » En 1839, MM. de Bruges et de Montchenu s'annoncent comme « délégués par elle, à l'effet de procéder à une enquête tendant à constater l'existence et l'identité de son frère, » puis elle suspend leur travail ; des remords assaillent son sommeil, et les exclamations : « Mon frère ! mon pauvre frère ! » échappent de sa bouche ; elle ne provoque aucune cérémonie religieuse en l'honneur de son frère ; elle refuse le cœur de l'enfant mort au Temple, offert par le docteur Pelletan ; Mgr de Quélen et d'autres ont connaissance de ce refus ; au lieu de quatre portraits des royales victimes de la révolution, brodés sur une nappe d'autel, elle prétend qu'il ne doit y en avoir que trois ; et jamais elle n'a placé l'image de ce frère parmi celles de ses parents martyrs ; interrogée par M. le comte de Croy et plusieurs gentilshommes sur l'existence du Dauphin, elle ne répond ni oui, ni non ; à Mgr de B... elle avoue que la mort est « probable, mais qu'elle n'en a pas la certitude ; » elle repousse durement à Versailles celui qu'elle sait être son frère : « Allez ! allez ! jamais mes bras ne s'ouvriront pour recevoir l'ennemi de notre famille ; » elle dit à madame d'Estérazy qui le répète à Mgr Tharin et à M. Th. de B..., qui l'ont raconté à M. de Richemont et à beaucoup d'autres : « Je sais parfaitement que mon frère n'est pas mort au Temple. » « Croyez-moi, comtesse, il y a des nécessités qu'on est forcé de subir ; notre position.., les traités consentis, les promesses faites, l'avenir de notre famille exigeaient impérieusement qu'on repoussât un homme dont l'éducation et les principes religieux n'étaient point en harmonie avec les nôtres, et encore moins avec ceux de nos alliés ; nous avons dû faire ce sacrifice, quelque pénible qu'il fût, et... il a été ABANDONNÉ. »

Abandonné !... Un frère !... En profitant, à son détriment, des richesses paternelles, on ne s'inquiétait pas même s'il avait ou non un asile... un morceau de pain !... Et on parlait de sacrifice !... Quel sacrifice ?... Au fait, à quoi bon s'inquiéter « d'un homme dont l'éducation et les principes religieux ne sont pas en harmonie avec les nôtres, avec ceux de nos alliés ? » Il n'avait pas, il est vrai, vos principes, car combien de fois n'a-t-il pas exposé sa vie pour essayer de serrer la main qui le repoussait. Et cependant, en foulant aux pieds les devoirs les plus saints, les plus naturels, on osait placer ses prétentions sous l'égide du droit divin ! Grand Dieu ! vos châtiments ont été terribles ; hé bien ! je me demande s'ils égalent la culpabilité ; et j'ai peine à comprendre comment la raison d'Etat et la religion, commentées par les honnêtes conseillers des cours, peuvent à ce point égarer la conscience.

Mais ce frère était « républicain !... » Voici le grand reproche, le grand crime ! Dès lors ce n'est plus un frère, c'est un paria ! Qu'il vive et meure inconnu, pauvre, délaissé, qu'importe ! Il est républicain ! Qu'on vienne donc articuler aujourd'hui un semblable grief contre le fils de Louis XVI devant la France, devenue républicaine grâce aux maladresses et aux iniquités monarchiques ! Les Français républicains pourraient bien répondre : Vous l'avez abandonné, renié parce qu'il était républicain ; Eh bien ! nous, républicains, nous l'adoptons, parce qu'il est notre frère par la souffrance !

Nous avons donc enfin parcouru ce dédale de réticences, d'aveux, de tergiversations honteuses. Il nous reste une observation à faire : Cette même princesse qui, dans ses confidences intimes, reconnaît l'existence de son frère, dans le *récit des événements du Temple*, publié par elle, chez Egron, en 1823, « décrit minutieusement, pages 80, 81 et 82, la maladie et la mort de ce frère, » qu'elle n'avait pas vu, et dont on prétendit faire une victime des républicains, quand il fut la victime de sa propre famille !...

Ce sera le dernier trait.

Ainsi,

Charles X, le duc d'Angoulême, le duc de Berry, martyr de sa fidélité, le prince de Condé, le duc de Bourbon, la duchesse douairière d'Orléans, les Puissances, les grands, des masses entières, ont donné des preuves de croyance à la conservation du Dauphin... et on la révoquerait en doute !...

Une seule chose m'étonne, c'est que, sous la Restauration, parmi tant de personnes instruites des malheurs et de la vie du fils de Louis XVI, il ne se soit pas trouvé un homme fort de son cœur, de sa conscience et de la vérité, qui, méprisant l'indifférence commune, la sotte tyrannie de l'opinion et les vengeances du pouvoir, ait ouvertement proclamé, à la face du pays, le royal opprimé.

CHAPITRE XIII.

IDENTITÉ DU FILS DE LOUIS XVI AVEC M. DE RICHEMONT.

Pour quiconque examine, réfléchit et discute, les preuves que nous avons données sont une démonstration historique, sincère, complète, approfondie, incontestable de l'évasion du Dauphin de la prison du Temple, de sa conservation, et de la connaissance qu'ont toujours eue de sa vie les princes de la Restauration, leurs courtisans, les souverains et les diplomates de l'Europe. Plusieurs fois déjà, le nom de M. de Richemont, énoncé dans les pièces produites avec la qualification de fils de Louis XVI, a fait pressentir qu'il était l'orphelin royal. C'est qu'en effet M. de Richemont réunit en sa personne toutes les conditions propres à justifier qu'il n'est autre que Louis-Charles de France.

Il s'agit d'établir cette identité.

Les matériaux ne nous manqueront pas.

De misérables imposteurs, entourés de gens liés par intérêt au succès de leur fourberie, parce qu'ils vivent aux dépens des dupes, ont apparu de temps en temps sur la scène. Ils ont joué, tant bien que mal, une partie de leur rôle, tantôt à l'aide des renseignements de la police, tantôt au moyen de confidences extorquées à la bonne foi trop crédule. Aucun ne l'a soutenu jusqu'au bout; aucun n'est resté en France, s'exposant hardiment aux regards de tous, disant à tous : Scrutez mes écrits, ma conduite d'aujourd'hui, d'hier ; trouvez-moi une autre origine que celle que je m'attribue ; prouvez que je mens... Seul M. de Richemont a défié la police, les tribunaux, la presse. Il a subi un procès politique, en 1834 ; et, pendant quatorze mois de prévention, la police et les tribunaux, malgré des investigations de tout genre, n'ont pu découvrir et lui appliquer un acte de naissance autre que celui d'où il tire son nom de Louis-Charles de France. Depuis 1848, il n'a cessé de provoquer la presse, et l'*Inflexible*, en publiant son histoire, l'a mise au défi de lui donner un démenti ; M. de Richemont et l'*Inflexible* attendent encore une réponse loyale et raisonnable. Le silence a répondu pour elle.

Je tire de cette conduite de la presse, si différente de la conduite qu'elle a tenue vis-à-vis des Dauphins controuvés, la preuve qu'elle sait que M. le baron de Richemont est le fils de Louis XVI, et qu'elle craint d'appeler sur lui l'attention publique, même en le combattant.

C'est là mon premier argument ; voici les autres :

Preuves.

Enquête de Bruges.

Pièce 76. — « Par devant nous, comte de Bruges, lieute-nant-général en retraite, ancien grand-chancelier de l'ordre de la Légion-d'Honneur, etc., etc., et vicomte de Montchenu, maréchal-de-camp en retraite, etc., etc., commissaires extraordinaires délégués par S. A. R. Madame la duchesse d'Angoulême, à l'effet de procéder à la reconnaissance de l'état civil de S. A. R. Monseigneur le Dauphin, frère de S. A. R. Madame duchesse d'Angoulême, et de se livrer aux investigations les plus minutieuses pour arriver à constater l'exacte identité de S. A. R. Monseigneur le duc de Normandie, Dauphin, rayé du nombre des vivants par l'acte officiel et révolutionnaire du 24 prairial an III, 12 juin 1795, acte évidemment faux, ainsi qu'il résulte d'actes antérieurs et postérieurs et de déclarations de témoins qui sont prêts à déposer, partout où besoin sera, « que le Dauphin n'est pas mort au Temple, et qu'ils l'ont vu et parfaitement reconnu depuis, »

« A comparu M. Chamblant, ingénieur-opticien, demeurant à Paris, rue Mazarine, 48, lequel a dit :

« Je suis né à Meudon en 1772 ; j'y ai connu toute la famille royale, et j'étais de ceux qui croyaient à la mort au Temple du fils de Louis XVI, lorsqu'un de mes amis m'ayant parlé un jour de l'existence du Dauphin, je lui dis que j'avais un moyen certain de m'assurer si le personnage dont il me parlait était bien ce prince.

« Plusieurs années après, en 1838, cet ami, que je n'avais pas revu depuis, se présenta chez moi avec un monsieur qui m'était inconnu et me rappela ce que je lui avais dit au sujet du duc de Normandie. Après avoir réfléchi un instant, je racontai ce qui suit :

« En 1789, au mois de mai, ma mère m'ayant envoyé chercher de l'eau un matin à la fontaine de l'Ain, j'aperçus deux petits oiseaux qui sautaient et voltigeaient sur l'herbe. A l'aide de mon mouchoir je les attrapai d'autant plus facilement qu'ils étaient apprivoisés, et je les apportai à ma mère qui les mit dans une cage. Diverses personnes qui virent ces oiseaux, nous dirent qu'ils appartenaient aux princes. Ma mère m'ordonna alors de les porter au château, ce que je fis aussitôt. Mon jeune frère, âgé d'environ sept ans, m'accompagna. Nous fûmes conduits à M. le duc d'Harcourt par le Suisse Arlebique, qui nous connaissait. Le duc nous accueillit avec beaucoup de bienveillance et voulut nous faire donner deux pièces d'or, mais sur mon refus et sur l'observation du Suisse que nos parents étaient dans l'aisance, le duc n'insista pas. Nous allions être congédiés, lorsque je demandai la faveur de remettre directement aux princes les oiseaux que nous leur rapportions; cette faveur nous fut accordée, et le duc voulut bien nous accompagner dans la galerie où se trouvaient les deux fils du roi. L'aîné était dans un fauteuil et paraissait souffrant; le duc de Normandie arriva en courant au devant de nous, tout joyeux de revoir ses oiseaux qu'il avait laissés échapper faute d'avoir songé à fermer leur cage. Nous saluâmes les princes et nous nous retirâmes.

« Je terminai ici avec intention mon récit, ajoute M. Chamblant, lorsque l'inconnu qui accompagnait mon ami, m'invita à continuer, en me faisant observer que je n'avais pas tout dit..... Sur mon refus d'y rien ajouter, il me dit :

« Puisque vous ne voulez pas achever votre narration, je vais le faire pour vous. Pendant que vous vous entreteniez avec les princes, en présence de M. le duc d'Harcourt, leur gouverneur, monsieur votre frère ayant quitté votre main, s'était dirigé vers la table de travail du duc de Normandie, et portant la main sur la carte topographique qui y était étendue, il disait tout haut : « Voilà Meudon, voilà Fleury, voilà Bellevue, etc. » Le duc de Normandie lui prit la main qui parcourait la carte, en disant : « Mon petit ami, on ne met pas les mains là-dessus; » mais s'apercevant aussitôt de l'impression pénible que ce peu de mots avait produite sur votre jeune frère, il le prit par le bras, et l'entraîna dans son petit jardin, qui se trouvait à l'autre bout de la galerie, en dehors; ils y jouèrent au jardinier, pendant plus d'une heure, après quoi votre frère, vous rejoignit, et vous retournâtes chez vous. ·

« Je laisse à juger, dit M. Chamblant, quel dut être mon étonnement quand j'entendis rapporter ces circonstances qui complétaient mon récit de la manière la plus exacte. ¡Ayant quelques raisons de supposer que le personnage qui me parlait, et que j'avais bien examiné, pouvait être S. A. R. Monseigneur le duc de Normandie, dont on m'avait parlé tant de fois, j'étais bien aise de m'en assurer par moi-même, et c'était avec intention que j'avais omis ces particularités, dont le prince seul pouvait avoir connaissance. Six personnes avaient été témoins des faits qui s'étaient passés alors à Meudon : Monseigneur le Dauphin, Monseigneur le duc de Normandie, M. le duc d'Harcourt, Arlebique, mon frère et moi. De ces six personnes, quatre sont mortes, et longtemps j'avais cru que Monseigneur le duc de Normandie avait eu le même sort. Je devais donc me croire seul en possession de ces détails, dont je n'avais parlé à personne, vu leur peu d'importance.

« Dans la pensée que je pouvais me trouver en face du fils de l'infortuné Louis XVI, je lui adressai, pour achever de me convaincre, quelques questions sur la position du local, sur la ville, le petit jardin, la pièce d'eau, et autres particularités que Monseigneur le duc de Normandie pouvait peut-être seul se rappeler. Ses réponses furent d'une telle précision, et si spontanées, que je fus certain qu'il avait habité le château avant les changements qui y furent faits depuis.

« Ma conviction étant dès ce moment établie, je me levai et saluai le prince en lui disant : « Comme il n'y a que S. A. R. Monseigneur le duc de Normandie qui puisse savoir ce que vous venez de me dire, Monseigneur, je vous reconnais et suis convaincu que vous êtes réellement le fils de Louis XVI que je vis à Meudon à l'époque sus-relatée. »

« Après quelques instants d'entretien, ces messieurs s'éloignèrent, et depuis j'ignore ce qu'est devenu le personnage dont je viens de parler. Désirant rendre un hommage éclatant à une vérité pour moi si clairement démontrée, j'ai fait et signé la présente déclaration que j'affirme sur la foi du serment être sincère et véritable.

« Signé : Chamblant. »

« Nous, commissaires susdits, vu le certificat dont la teneur suit :

« Je, soussigné, Charles-Joseph Caffa, garde suisse en février 1771, grenadier en 1773, compagnie de Vigier, même corps, sorti du corps en qualité de sergent en 1782; capitaine de volontaires nationaux, le 4 décembre 1791, etc., etc., juge aux tribunaux spéciaux de l'Ain et de la Drôme, chevalier de Saint-Louis, admis à la retraite depuis 1815, demeurant à Paris, rue du Foin-Saint-Jacques, 8 :

« Déclare devant Dieu et devant les hommes que, par l'effet de la divine Providence, et après une longue absence, je viens de me trouver, pendant plus de trois heures, « en présence du fils de l'infortuné Louis XVI; que je l'ai parfaitement reconnu, » quoiqu'il se soit écoulé plus de quarante ans depuis que je l'avais vu au château de Versailles, en compagnie de son auguste mère; que dans la conversation que j'ai eue avec ce prince, il s'est entretenu sur toutes les particularités de cette époque, et me les a racontées avec une exactitude telle, que j'en ai été extraordinairement surpris; que j'ai parfaitement rencontré sur sa figure les traits de son enfance, et ceux qui caractérisaient spécialement ceux du roi, son père; et que j'ai eu bien de la peine à revenir de l'étonnement dans lequel toutes ces circonstances m'ont jeté... Désirant témoigner à ce prince toute la reconnaissance et le respect que je dois aux illustres auteurs de ses jours, je m'empresse de faire cette déclaration pour servir et valoir ce que de raison, étant prêt et disposé à la confirmer partout où besoin sera, et d'y joindre les titres nécessaires qui serviront à prouver que je suis homme d'honneur et incapable de donner la main à une intrigue quelconque. Je prie, en conséquence, toutes les personnes qui, comme moi, pourraient avoir des notions directes ou indirectes à cet égard, de les publier dans l'intérêt de la vérité et de l'innocence si injustement opprimée.

« Fait à Paris, le 21 janvier 1833.

« Signé : CAFFE, Chevalier de Saint-Louis. »

« Vu les notices dont voici les extraits :

Première notice.

« Madame Teste Dubailler, née Delestra, nièce de M. l'abbé Davaux, précepteur de S. A. R. Mgr. le duc de Normandie. savait d'une manière très positive que le fils de Louis XVI n'était pas mort au Temple, et, dans la persuasion que Dieu l'avait conservé depuis l'époque de son enlèvement, elle avait dit plusieurs fois à un ecclésiastique, qu'elle honorait de sa confiance, que ce qu'elle désirait le plus ardemment au monde, c'était de voir le prince, et de lui faire hommage d'un anneau précieux qu'elle tenait de M. Davaux, son oncle.

« Or, il y a déjà bien des années que les désirs de cette vénérable dame se sont réalisés.

« Elle a vu et reconnu le fils de Louis XVI dans la personne de M. le baron de Richemont, qu'elle a eu l'occasion de rencontrer chez M. Gentil, négociant à Vienne, Isère, et avec lequel elle a eu plusieurs entrevues, en présence des membres de la famille Gentil. Un portrait ressemblant du prince enfant, et quelques communications sur les rapports du royal élève avec son précepteur, ont suffi pour rendre la reconnaissance complète.

« Quant à l'anneau, madame Teste l'a fait remettre à M. le baron de Richemont, qui l'a reçu avec un vif sentiment de reconnaissance et le conserve précieusement. Cet anneau, surmonté de petits diamants, servant de lien à une gerbe de cheveux de la reine Marie-Antoinette et du jeune Dauphin, son fils, avait été, ainsi que le portrait dont il est parlé ci-dessus, offert à M. Davaux par son élève, un jour que le prince souhaitait la fête à son *bon abbé*. »

Deuxième notice.

« M. le baron M..., demeurant à Paris, rue Saint-Nicolas-d'Antin, 7, déclare : qu'ayant rencontré dans le monde un personnage qu'on lui avait dit être le fils de l'infortuné Louis XVI, et voulant s'assurer si le fait était vrai, il lui présenta, en 1832, un écrit signé en 1793 au Temple, par le Dauphin et les autres membres de sa famille prisonniers avec lui ; ce billet était adressé au roi Louis XVI, après leur séparation, afin de lui donner signe de vie. Après la première inspection de cet écrit, et sans en avoir pu lire un mot, le prince stupéfait de l'existence d'une pièce unique, qu'il croyait détruite depuis longtemps, récita de mémoire, et avec une rare fidélité, le contenu de ce billet.

« Sur sa demande comment cette pièce se trouvait entre les mains de celui qui la présentait, puisqu'il était notoire que le roi, avant sa mort, avait brûlé tous ses papiers, il fut répondu : que le hasard seul avait tout fait, et que ce billet, oublié sans doute par le roi, avait été trouvé dans le fond de la place du tiroir de sa table.

« Dès lors, plus de doute « que celui à qui ladite pièce venait d'être présentée, ne fût véritablement le fils de Louis XVI.

« C'est effectivement ce dont demeurèrent d'accord les personnes présentes à cette reconnaissance si surprenante, parce que le possesseur de cette pièce ne l'avait montrée à qui que ce fût, et qu'elle n'était jamais sortie de son portefeuille. »

« Vu encore une notice écrite de la main de S. A. R. Monseigneur le duc de Normandie, signée par lui et dont la teneur suit :

« 14 janvier 1839.

« Louis-Charles de France, fils de France, duc de Normandie, naquit à Versailles le 27 mars 1785 ; emprisonné le 10 août 1792, avec sa famille, d'abord aux Feuillants, puis au Temple, il en fut enlevé le 19 janvier 1794, et conduit dans les provinces de l'Ouest, où on le tint caché, après quoi on le dirigea sur l'Allemagne, en 1795.

« En 1797, il entra dans les rangs de l'armée française, et fit la campagne d'Égypte de 1798 à 1800, qu'il revint en Europe, avec Desaix, Rapp, Savary et autres. En juin 1800, il assista à la bataille de Marengo. Reçu froidement par le premier consul Bonaparte, au moment où il se présenta pour lui annoncer la mort de Desaix, tué à ses côtés, il quitta l'armée quelque temps après, et se rendit à Paris. En 1802, il visita la femme Simon qui le reconnut parfaitement. Il se présenta ensuite à Fouché, à qui il avait été très particulièrement recommandé par Desaix... En 1803, Fouché lui procura une entrevue avec la femme du premier consul, qui ne l'avait pas revu depuis le jour de son enlèvement du Temple. En 1804, Fouché l'engagea à s'expatrier pour se soustraire aux recherches de Bonaparte, à qui on avait remis des notes de sa main trouvées parmi les papiers saisis chez Pichegru lors de son arrestation.

« Arrivé en Amérique en ladite année 1804, il y séjourna plus de huit ans ; il passa ensuite en Asie, revint en Amérique, et rentra en France en 1815. Il fit alors auprès de sa famille et de sa sœur quelques démarches qui n'eurent aucun résultat, quoiqu'il fût puissamment soutenu par le prince de Condé, le duc de Berry et la duchesse douairière d'Orléans, qu'il visita pour la dernière fois avant de quitter sa patrie.

« Arrêté, d'après les ordres de Louis XVIII, son oncle, dans les États autrichiens, et retenu pendant sept ans six mois et douze jours, pour avoir protesté en 1816 contre les traités de 1814 et de 1815, il revint en France et se trouvait à Paris lors des journées de juillet 1830... Le 12 août, il protesta contre l'irrégularité de ce qui venait de s'accomplir, et sa protestation fut expédiée à toutes les Puissances par l'intermédiaire de leurs ambassadeurs : elle fut adressée à la chambre des députés, le 14 du même mois.

« En 1833 et 1834, il éprouva de nouvelles persécutions, fut arrêté et condamné, pour avoir fait un complot avec des complices restés inconnus!... Evadé de prison en 1835, il se vit encore forcé de s'expatrier.

« Signé : LOUIS-CHARLES. »

« Ces faits entendus, disent MM. les commissaires spéciaux, et après avoir ouï nous-mêmes, et à plusieurs reprises, S. A. R. Monseigneur le duc de Normandie, qui a daigné nous donner sur sa personne et sur sa vie les détails les plus circonstanciés et les plus exacts,

« Disons, à la suite de ce que nous avons vu, entendu, et d'autres renseignements et faits qui sont à notre connaissance, « que le personnage sus-relaté est bien réellement S. A. R. Monseigneur le duc de Normandie, fils de Louis XVI et de Marie-Antoinette-Josèphe-Jeanne de Lorraine, archiduchesse d'Autriche, roi et reine de France, et frère de S. A. R. Madame duchesse d'Angoulème ; » que foi doit y être ajoutée, et que S. A. R. Monseigneur le duc de Normandie doit être considéré comme tel, quelque part et dans quelques circonstances qu'il se présente.

« Fait et rédigé le présent procès-verbal, que nous avons signé et scellé du sceau de nos armes, à Paris, le 21 novembre 1839. »

Ce procès-verbal ne fut pas signé des commissaires spéciaux, par suite des ordres donnés par la duchesse d'Angoulème, qui prescrivait de tout suspendre. L'un des commissaires, M. le vicomte de Montchenu, en fait mention dans le certificat suivant :

PIÈCE 77. — « Le comte de Bruges ayant été chargé par madame duchesse d'Angoulème de faire une enquête sur le compte de son frère, sorti du Temple le 19 janvier 1794, me dit que je lui étais associé dans cette recherche.

« On avait depuis longtemps bien des documents sur cette

grave et importante affaire, et, pour nous, comme pour beaucoup d'autres personnes, « l'existence et l'identité furent complètes dans la personne du baron de Richemont, » condamné le 4 novembre 1834, par la Cour d'assises de la Seine, pour complot.

« Le comte de Bruges est mort dans cette croyance, dans cette foi; et si, comme lui, je meurs avant le triomphe de cette vérité, j'espère que ceux qui m'auront connu, rendant témoignage et justice à ma véracité, porteront secours, appui et dévoûment à celui qui « est notre vrai roi. »

« C'est dans cette assurance et dans cette foi que je signe ce résultat de mes recherches et de ma conviction.

« Fait à Paris, le 8 novembre 1842.

« Signé : le vicomte de MONTCHENU. »

Pour corroborer ce dernier certificat, faire connaître quelle était la position de MM. de Bruges et de Montchenu à la cour, la considération dont ils jouissaient, et en même temps compléter, à l'égard de Charles X, ce que j'ai dit de la certitude que la famille royale avait de l'existence du fils de Louis XVI, j'insère ici une lettre de M. Nicod, curé de la Croix-Rousse, au rédacteur de l'*Inflexible*.

PIÈCE 78. — « Monsieur le rédacteur,

« Il y a des personnes dont le cœur n'a de compassion que pour le côté qui les flatte ; c'est une plaie de notre siècle. Il y a chez lui trop d'égoïsme pour laisser un peu de place à la charité qui est toujours juste.

« Si je m'afflige pour les grandes infortunes et les respecte, quelle qu'en ait été la cause, je respecte encore plus l'innocence outragée, persécutée pendant plus d'un demi-siècle.

« Ce sentiment de justice, plus fort que toutes les considérations humaines, qui doivent se taire en pareille circonstance, m'engage à publier, en faveur de l'infortuné fils du plus infortuné des rois, un témoignage qui, réuni à ceux que renferme l'*Inflexible* dans ses numéros 12 et 13, servira à prouver ce que pensait la famille royale des Bourbons sur la conservation des jours du Dauphin.

« Lié intimement, depuis 1836, avec M. le vicomte de Montchenu, j'avais chaque année, moins celle où il se fractura une jambe, l'avantage de recevoir sa visite, à son passage à Lyon. Au sortir de chez moi, il allait presque toujours offrir un témoignage de son affectueux souvenir à un vieil ami, Mgr l'archevêque d'Amasie, qui ne le niera pas, et qui le voyant entrer, lui disait aussitôt : « Donnez-moi vite des nouvelles de Louis XVII. »

Dans nos causeries intimes, pendant plusieurs années, et à plusieurs reprises, M. de Montchenu m'a raconté le fait suivant : «Aussitôt après la mort de Louis XVIII, dit M. le vicomte, Monsieur,—le comte d'Artois, — qui déjà, à nos yeux, était Charles X, nous manda auprès de lui le comte de Bruges et moi. « Messieurs, nous dit-il, dans la circonstance délicate où je me trouve, j'ai éprouvé le besoin de prendre conseil de deux loyaux et anciens serviteurs comme vous. La mort si regrettable de mon frère, en laissant le trône vacant, me place dans une pénible alternative : d'un côté la France ne voit que moi, n'attend que moi; d'un autre, je ne puis vous le cacher, « le fils de l'infortuné Louis XVI existe. » — Cette parole, dit le vicomte de Montchenu, fut pour de Bruges et pour moi comme un coup de foudre. — « C'est lui, continua Charles X, à qui notre émotion n'avait pu échapper, « c'est lui que le droit de succession appelle au trône; » mais, en voulant l'y faire monter, n'est-il pas à craindre qu'une telle détermination, toute pleine d'équité qu'elle est, ne lui devienne funeste et à nous tous? Le parti royaliste va se diviser; la guerre civile peut éclater : les libéraux, dont les progrès sont chaque jour plus effrayants, ne manqueront pas de fomenter la discorde pour renverser le trône ou le ravir à la branche aînée; que deviendrait alors l'héritier légitime ? En voulant lui rendre la couronne, elle peut se briser sur sa tête, et plonger la France dans de nouveaux malheurs. Ne vaut-il pas mieux laisser les choses suivre leur cours tel qu'il a été ostensible jusqu'ici? Le repos de la France est garanti, et la succession est assurée par la présence de mon petit-fils. »

« Altesse Royale, répondîmes-nous, sans avoir pu nous concerter, « en rendant le trône à qui il appartient, vous ferez un grand acte de justice; et c'est la justice qui sauve les empires. » Le lendemain, nous apprîmes que de plus hautes influences avaient prévalu sur notre conseil. »

« Voilà, monsieur le rédacteur, ce dont je puis attester la vérité devant Dieu et devant les hommes.

« Je ne dirai pas les regrets que plus tard la famille royale éprouva de n'avoir pas reconnu, dans le temps, le fils de Louis XVI, le seul héritier légitime; quand une fois on s'est fourvoyé et que chaque jour, ajoutant au nombre des pas égarés, a rendu le retour difficile, il en coûte de revenir en arrière !!! On aimerait mieux voir périr la justice, si cette justice éternelle pouvait périr...

« Périsse la France ! périsse la patrie ! plutôt qu'un pareil retour à la justice. Un vœu aussi impie fermente dans plus d'un cœur ténébreux. Mais il ne sera pas accompli; et tout ce qui porte un cœur catholique, un cœur français, ne tardera pas longtemps encore à comprendre que c'est la justice qui est le fondement et le salut des empires.

« J'ai l'honneur d'être, etc.

« NICOD,

« Curé de la Croix-Rousse de Lyon.

« La Croix-Rousse, le 7 mai 1850. »

Certaines circonstances de la première notice ayant été, quoique vraies, menacées de désaveu, nous avons dû remonter à la source des menaces, et nous avons découvert tout un système d'intimidation organisé autour de madame Teste, dans le but de l'amener à nier ses rapports avec M. de Richemont. Les instances auraient été si pressantes, et les appréhensions si vives, que cette vénérable dame n'oserait plus avouer les faits qui la concernent, et que d'imprudents amis se seraient avancés jusqu'à dire et même écrire que de ces faits pas un seul n'était vrai.

Or, la notice a été rédigée sur les déclarations écrites de témoins dignes de foi. Nous nous contenterons d'en citer trois : celle du digne ecclésiastique, chargé par madame Teste de remettre l'anneau à M. de Richemont, et celles de MM. Saint-Martin et Pictet.

PIÈCE 79. — « Je, soussigné, déclare et atteste que les faits suivants sont en tout conformes à la vérité :

« Il y a environ dix-huit ans, j'avais l'honneur d'être reçu chez madame veuve Teste Dubailler, née Delestra, à Vienne, Isère, et, assez fréquemment, nous causions du fils de Louis XVI, et de M. l'abbé Davaux, précepteur du jeune prince. Madame Teste nourrissait l'espoir qu'elle verrait un jour le fils du roi martyr, et, dans l'intimité de ses communications, elle me disait combien elle serait heureuse de lui faire hommage d'un anneau précieux qu'elle tenait de son oncle, M. Davaux, lequel l'avait reçu un jour que le royal élève, en compagnie de la reine, souhaitait la fête à son précepteur.

« Madame Teste possédait aussi un portrait en miniature du duc de Normandie, qui venait de la même source, et qui, appendu à la cheminée de sa chambre, était exposé aux regards de toutes les personnes qu'elle recevait.

« L'anneau était soigneusement renfermé, et il ne me fut jamais donné de le voir avant le jour où il me fut remis, de la part de madame Teste, avec prière de l'offrir à M. le baron de Richemont.

« Il était en or, et surmonté d'une gerbe de cheveux appartenant, moitié à la reine Marie-Antoinette, moitié à son fils le Dauphin ; le lien de la gerbe était formé de plusieurs petits diamants. Conformément aux désirs de madame Teste, cet objet précieux passa de mes mains en celles de M. de Richemont, qui le reçut avec une bien vive reconnaissance et une émotion sensible.

« En foi de quoi j'ai signé la présente attestation.

« Genas, 28 septembre 1851.

« Signé : P. V. R..., curé. »

Pièce 80. — « Je, soussigné, déclare et atteste que, dans le temps, madame Teste Dubailler, née Delestra, me confia un anneau précieux, qu'elle me dit avoir appartenu à M. l'abbé Davaux, son oncle, précepteur de Mgr le duc de Normandie, fils de Louis XVI, qui l'avait reçu des mains de la reine, en me priant de le remettre à M. l'abbé R..., alors vicaire à Saint-André-le-Bas, à Vienne, pour que, d'après sa volonté itérativement exprimée, l'anneau passât des mains de ce dernier aux mains de M. le baron de Richemont. Je remplis sans retard la commission qui m'avait été confiée, et c'est en ma présence que M. R... remit l'anneau au personnage auquel il était destiné.

« J'atteste, en outre, avoir été témoin, dans une des entrevues qui eurent lieu chez M. Gentil, mon beau-frère, négociant à Vienne, entre M. le baron de Richemont et madame Teste, du fait suivant :

« Cette dame avait placé, sur la cheminée du salon, le portrait en miniature d'un jeune enfant ; M. le baron était absent alors ; lorsqu'il entra, il se mit à causer, puis, ayant aperçu le portrait, il le prit en disant : «Voilà le Dauphin ! » Cette reconnaissance provoqua des communications qui ne laissèrent aucun doute, dans l'esprit des assistants, sur l'identité de M. le baron de Richemont avec le fils de Louis XVI.

« En foi de quoi, et pour rendre hommage à la vérité, j'ai signé le présent certificat.

« Vienne, le 15 septembre 1851.

« Signé Saint-Martin. »

Pièce 81. — « Je, soussigné, déclare à qui il appartiendra que M. l'abbé R..., ancien vicaire à Vienne, a remis, en ma présence, à M. le baron de Richemont, un anneau précieux, que j'ai su avoir été apporté de Vienne par M. Saint-Martin, à qui madame Teste l'avait confié, pour qu'il fût offert au fils de Louis XVI.

« Lyon, le 28 août 1851.

« Signé J.-P. Pictet. »

En présence de témoins aussi affirmatifs, les dénégations auraient peu de chances de succès.

Les faits de la deuxième notice se trouvent détaillés dans

la dernière partie de la lettre suivante, d'un témoin oculaire :

Pièce 82. — « Permettez-moi, monsieur, de vous signaler certains faits qui sont à ma connaissance et que je puis attester sous serment.

« J'habite Paris depuis 1814. Livré au commerce, je me suis allié à une famille honorable dont un des membres, M. le colonel Lemaître, oncle de ma femme, officier supérieur en retraite, chevalier de la Légion-d'Honneur et de Saint-Louis, résidait à Rouen. Cet oncle, en 1827, m'adresse un monsieur muni d'une lettre de recommandation. Après un entretien de quelques minutes, ce monsieur me charge de diverses commissions, et part pour le midi de la France.

« Ma femme, qui ne l'avait vu que peu d'instants, me questionna sur cette personne si bien recommandée; jaurais été fort embarrassé de répondre; son nom m'était inconnu. Ma femme me dit d'un ton assuré : — « Ce n'est pas un homme ordinaire, sois-en sûr; il ressemble trop à la famille des Bourbons; je ne serais pas surprise que ce fût le Dauphin. Mon père m'a toujours assuré qu'il a été sauvé du Temple. — Quel rêve ! répartis-je. Ce pauvre orphelin est mort victime de nos discordes civiles ; et s'il existait, ce ne serait pas d'un simple négociant qu'il réclamerait des services. D'ailleurs ce qu'on m'a demandé se borne aux renseignements nécessaires à tout étranger dans Paris. » Notre conversation en resta là. Ma femme n'osait plus m'en parler.

« De retour à Paris, notre voyageur revint s'informer de ses commissions ; elles étaient faites..... Il nous parut un homme parfaitement élevé, joignant aux manières les plus distinguées un langage choisi, mais ignorant complétement les usages du monde parisien. Nous pensâmes qu'il était un ancien général, compagnon d'armes de notre oncle, avec lequel il avait fait les campagnes de l'Empire.

« Malgré mon désir de le connaître, ma curiosité ne fut pas satisfaite, mais les soupçons de ma femme redoublèrent sans qu'elle me les avouât.

« Après son départ, je devins l'intermédiaire d'une correspondance qui me paraissait fort extraordinaire; j'étais le rouage qui fonctionne sans comprendre ce qu'il fait. Deux ou trois mois plus tard, notre oncle vint nous voir. Les questions ne manquèrent pas sur le compte de son protégé; dans ses réponses embarrassées, il se contenta de nous apprendre que ce Monsieur était un général peut-être *plus*, et nous pria de ne pas pousser nos investigations plus loin, attendu qu'il y avait des circonstances dans la vie où l'on devait se taire.

« Ma femme, tout entière à la conversation, dit à son oncle

qu'elle avait cru reconnaître dans ce personnage mystérieux un membre de la famille des Bourbons. Il était difficile de garder plus longtemps le secret; tout s'expliqua.

« En 1827, ce Monsieur vint habiter Paris pendant quelques mois; nos rapports étaient plus fréquents; il n'y avait plus de mystère; son histoire me paraissait extraordinaire, incroyable; il s'agissait d'acquérir la certitude de ses affirmations. J'ai constamment étudié ses démarches afin de m'assurer de la vérité; je puis hautement déclarer que tout s'est confirmé. Il adressa plusieurs réclamations à la Chambre des pairs, signées: Duc de Normandie, qui restèrent sans réponse. Une de ces lettres, datée de L....., tirée à plus de vingt mille exemplaires, fut même imprimée devant moi. On l'envoya dans tous les départements ainsi que dans Paris, et l'envoi fut calculé de manière à ce que les copies fussent ouvertes le même jour.

« Plusieurs journaux en rendirent compte, et pas un n'a écrit la vérité. En 1829, il en publia d'autres sur le même sujet, adressées à la Chambre des pairs et des députés, elles eurent le même sort : point de réponse. Il était alors connu dans le monde sous le nom de baron de Richemont, qu'il avait pris.

« La révolution de 1830 éclata; surpris comme tout le monde, il ne put faire usage de son véritable nom, encore inconnu. Il se contenta de rendre deux visites au duc de Bourbon qui demeurait à Saint-Leu, et de publier à la date du 12 août 1830, comme Français et comme prince de la branche aînée des Bourbons, une protestation contre l'élection de Louis-Philippe, attendu que les 219 députés n'avaient pas mandat de changer la forme du gouvernement. Sans avoir eu de rapports avec Louis-Philippe d'Orléans, il connaissait parfaitement son caractère et ses vues ambitieuses; toutes ses prévisions se sont réalisées et au-delà.

« En 1831, il fit diverses réclamations aux Chambres qui ne furent pas mieux écoutées que les précédentes.

« Cependant, ses publications avaient éveillé l'attention de quelques personnes : je reçus bientôt la visite de M. le baron M..., qui me parut âgé d'au moins soixante ans, et celle de M. le comte de R... son parent, beaucoup plus jeune. Ils désiraient s'entretenir avec M. le baron de Richemont. Je promis de lui parler de leur démarche, et de les instruire de sa résolution.

« La proposition fut agréée, et le rendez-vous donné boulevart Beaumarchais. On était dans la belle saison. La demi-heure d'entretien sollicitée se prolongea pendant deux heures; ils m'en témoignèrent leur satisfaction, me faisant entendre que leur scepticisme était fortement ébranlé.

« Le plus âgé, M. le baron M..., me dit en particulier, avant

de nous quitter, qu'il avait des pièces qui pouvaient être d'une
grande utilité pour faciliter la reconnaissance; je le priai de
les confier en communication à qui de droit. Il refusa, déclarant qu'elles n'avaient jamais été en la possession de personne autre que lui depuis qu'il les avait, qu'on pourrait, du
reste, en prendre connaissance chez lui. A une pareille réponse, je dus m'abstenir. Le lendemain, vers les 7 heures du
soir, je reçus la visite de M. de Richemont qui me demanda si
ces messieurs avaient été satisfaits, et quelle était leur opinion;
je m'empressai de lui faire part de la conversation que j'avais
eue avec M. le baron M..., et il pensa que si ces pièces ne
pouvaient être déplacées, elles lui seraient du moins com-
muniquées au domicile du possesseur. Nous nous rendîmes
sur-le-champ rue Saint-Nicolas-d'Antin.

« Dans l'intérêt de la vérité, je déclare que M. de Richemont ne connaissait ces personnes que par mon entremise et
ne savait où elles demeuraient.

« Notre arrivée inattendue chez M. le baron M..... causa
une grande surprise. Nous y trouvâmes réunis le second visiteur et deux dames. Je rappelai à M. le baron M..... l'offre
qu'il m'avait faite la veille, et il s'exécuta de bonne grâce en
allant prendre dans un endroit écarté un carton qui ne
semblait pas avoir été souvent déplacé. Il le mit à la disposition de M. de Richemont qui en fit l'examen ; il reconnut beaucoup de lettres manuscrites de la famille royale,
sans même regarder la signature : enfin il arrive à une pièce
en forme de lettre ; il la retourne, avant d'avoir eu le temps
d'en lire une seule ligne, et demande à M. le baron M.....
comment il se trouvait possesseur de cette pièce. « Je croyais,
lui dit-il, que tous les papiers du roi, mon père, avaient été
brûlés par lui. » Puis il expliqua en substance le contenu de
la pièce, dit : « Elle est signée de la Reine, de la sœur du
Roi, de Marie-Thérèse, ma sœur, et de moi. Voici comment
j'ai signé ; cette pièce est la dernière que nous avons adressée
au Roi avant qu'il aille au supplice. » M. le baron M...... et
sa famille se sont levés en déclarant « qu'ils le reconnaissaient
pour le fils de Louis XVI »; que cette pièce n'était jamais
sortie de ses mains depuis qu'il en était possesseur, et que,
pour donner des explications aussi précises, il fallait « y être
pour quelque chose. » Ce qui l'étonnait le plus, c'était « le
récit fidèle du contenu, après trente-huit années écoulées depuis ces événements. »

« M. le baron M...., en expliquant de quelle manière cette
pièce était en sa possession, dit qu'elle avait été trouvée, après
la mort du Roi, dans une table de la prison du Temple, entre le tiroir et la table.

« J'ai regretté bien des fois que cet examen de pièces n'ait
pas eu lieu devant une assemblée beaucoup plus nombreuse;

il est impossible, pour celui qui a vu et entendu M. le baron
de Richemont, de ne pas croire qu'il est le fils de l'infortuné
Louis XVI : ma conviction a donc été depuis lors pleine et
entière, comme elle l'est aujourd'hui.

« 7 février 1850.

« Signé : S. BOUCHER. »

Outre la reconnaissance de M. le lieutenant-général, comte
de Bruges, et de M. le maréchal-de-camp, vicomte de Mout-
chenu, si grave à cause de leur réputation d'honneur et de
loyauté, à cause du crédit dont ils jouissaient à la cour, à
cause de la confidence que leur avait faite Charles X, PIÈCE 78,
à cause de leur qualité de commissaires délégués par la duchesse
d'Angoulême ; outre la reconnaissance de MM. Chamblant et Caffe, dont nous possédons les attestations originales,
en dehors de celles de l'enquête, nous allons produire des
déclarations d'identité, tellement décisives par leur nombre,
par les anciennes relations de leurs auteurs avec la famille du
roi Louis XVI, ou par leur position actuelle, qu'il sera désormais impossible de remettre en question la personnalité de
M. de Richemont confondue avec celle du fils de Louis XVI.

Commençons par celle de M. Sourdon Dumesnil de Saint-
Cyr, ancien maître d'écriture des enfants de France. Voici
quelles circonstances l'ont déterminée ; M. de Richemont
lui-même les raconte ; elles sont trop frappantes pour que
nous les abrégions :

« Je me transportai, dit M. de Richemont, chez M. de Saint-
Cyr... Il se trouvait costumé comme il l'était avant le 10
août 1792 ; je l'eus bientôt reconnu, et, après m'être nommé,
je lui demandai s'il se rappelait de moi, et surtout des puni-
tions qu'il m'infligeait quand je ne remplissais pas mes devoirs.

« Comme il gardait le silence, j'ajoutai : « Un jour, au lieu
de copier le modèle que vous m'aviez fait, je m'amusai à
écrire ce qui me passait par ma tête, et à tracer sur mon papier certaines figures qui n'étaient point calligraphiques ; vous
vous fâchâtes, et, pour punition, je fus condamné à remplir
huit pages d'écriture... Lorsque vous fûtes sorti, je ruminais
aux moyens de me soustraire à cette punition qui me paraissait beaucoup trop sévère ; il me vint une idée que je saisis
au passage : ce fut de prendre du papier et de tracer sur chaque page un grand L qui partait du haut jusqu'en bas ; je mis
ensuite le tout à votre place, afin que vous le vissiez en entrant, et je me tins en repos.

« En rentrant, vous me demandâtes pourquoi je ne travaillais pas à mes pages ; aussitôt je vous les présentai, en m'é-
criant : les voilà !..... Votre surprise fut telle que vous vous

détournâtes pour rire..... Sur votre observation que ce n'était pas ainsi que vous l'aviez entendu, je vous répondis : qu'attendu que vous m'aviez condamné à remplir huit pages sans stipuler le nombre de lettres, de mots, ou de lignes qui devaient y entrer, j'avais trouvé plus simple de faire une seule lettre qui remplît la page tout entière. Vous parûtes satisfait, et partîtes en disant qu'une autre fois vous vous expliqueriez mieux.

« M. de Saint-Cyr, au récit d'un fait qui n'était connu que du fils de Louis XVI et de lui, fait dont il n'avait jamais parlé, se mit à me regarder plus attentivement; puis, s'étant fait apporter un portefeuille renfermant des caractères d'écriture des membres de ma famille qui avaient été ses élèves et ceux de ses pères depuis Henri IV, seul roi dont le peuple ait gardé la mémoire, il l'ouvrit en me disant : « Puisque vous prétendez être mon royal élève, vous devez reconnaître, parmi les pièces qui sont là, celles qui ont été tracées par vous. »

« Je fis le triage requis, et, présentant à M. de Saint-Cyr toutes les pièces qui avaient été écrites par le fils de Louis XVI, je lui dis qu'il n'y en avait pas d'autres de ma main... M. de Saint-Cyr, convaincu alors que j'étais bien son royal élève, me renouvela ses hommages, et nous nous quittâmes pour ne plus nous revoir... »

Quelques mois après, M. de Richemont recevait le certificat suivant :

PIÈCE 83. — « Je, soussigné, Pierre-Louis Sourdon Dumesnil de Saint-Cyr, propriétaire, demeurant à Versailles, avenue de Saint-Cloud, 10, déclare sur l'honneur, la sincérité et la vérité des faits suivants :

« Professeur d'écriture des enfants de France, j'ai donné, en cette qualité, des leçons aux deux fils de l'infortuné Louis XVI, et en dernier lieu à Monseigneur le duc de Normandie, devenu Dauphin en 1789. J'ai continué ce service jusqu'à l'époque du 10 août 1792, jour où toute la famille royale fut arrachée de son palais, par suite du mouvement insurrectionnel, et conduite à la Convention.

« Plus de cinquante ans s'étaient écoulés depuis les funestes catastrophes dont fut victime cette royale famille, lorsque s'est présenté inopinément à moi, dans mon domicile susdit, un personnage « qui me dit être le fils du roi-martyr, et par conséquent mon élève; » sans attendre que je lui adressasse des questions assez naturelles entre gens qui s'étaient perdus de vue depuis si longtemps, « il m'interrogea lui-même sur quelques faits qui s'étaient passés entre nous, et dont seul il pouvait avoir connaissance; » étonné de m'entendre rappeler certains faits particuliers dont je n'avais parlé à personne, je voulus me convaincre par une autre expérience si ce personnage était bien ce qu'il disait. Je fus chercher un portefeuille dans lequel se trouvaient des modèles d'écriture de plusieurs de mes élèves, et je lui demandai quelles étaient celles de ces pièces qui avaient été tracées de la main de Son Altesse le duc de Normandie ; après les avoir examinées, « il choisit précisément toutes celles qui avaient été écrites par mon élève ; » et il me les présenta comme étant les seules de sa main existant dans ce portefeuille.

« Cette circonstance me convainquit que « j'étais réellement en présence de mon ancien élève, et dès lors tous les doutes disparurent. » Lui ayant demandé comment il se trouvait en France et sous quel nom, il me dit qu'il était rentré dans sa patrie depuis près de quinze ans, « et qu'il était connu dans le monde sous le nom de baron de Richemont. »

« C'est pour rendre hommage à la vérité, et par reconnaissance pour les bienfaits que j'ai reçus de la famille de Son Altesse Royale, que j'ai délivré le présent pour valoir ce que de droit.

« Versailles, ce 8 novembre 1843.

« Signé : SOURDON DE SAINT-CYR. »

Une dame Béquet, née Lemoine, anciennement attachée à la garde-robe de la reine, eut occasion en 1832 et 42, de voir M. de Richemont, qui la reconnut, et lui rappela qu'elle portait alors le nom de mademoiselle Cameau ; qu'un jour, elle ouvrit la porte des appartements du château à la reine, à madame Élisabeth, à la Dauphine et à lui-même ; qu'ayant été réprimandé par sa mère pour être entré en courant, sans avoir remercié la personne qui ouvrait, il était revenu et lui avait dit brusquement : « Merci, mademoiselle Cameau. » A la fidélité d'un pareil souvenir, et aux traits de M. de Richemont, madame Béquet ne put douter qu'elle avait devant les yeux le fils de Louis XVI.

PIÈCE 84. — « Je, soussignée, Marie-Catherine-Antoinette-Charlotte Lemoine, femme Béquet, demeurant à Paris, rue des Prêtres-Saint-Séverin, 12,

« Voulant donner à l'auguste famille de mes anciens maîtres et souverains une dernière preuve de respect et d'attachement, en contribuant de tout mon pouvoir à faire connaître « l'existence du prince, leur fils, qui est véritablement, d'après ma conviction intime, le personnage connu sous le nom de baron de Richemont, »

« Certifie, sur l'honneur, la sincérité et la vérité des faits suivants :

« Attachée au service de la garde-robe de la reine jusqu'au 10 août 1792, j'ai vu et pu voir tous les jours monsei-

gneur le Dauphin et sa sœur, que je n'ai perdus de vue que
depuis les désastres qui ont accablé cette auguste famille, s
digne d'un meilleur sort.

« En 1832, je ne saurais préciser le mois, c'était en automne,
j'étais portière, rue du Foin-Saint-Jacques, 8, lorsqu'un monsieur vint dans la loge demander M. Caffe, chevalier de Saint-
Louis, qui demeurait dans la maison. En voyant ce monsieur,
ma surprise fut des plus grandes, car je reconnus en lui monseigneur le Dauphin, fils de Louis XVI, que j'avais vu si souvent dans le temps où j'habitais le château.

« Pour m'assurer si je ne me trompais pas, je me tins sur
la porte de la loge pour le voir sortir, et, quand il revint me
demander le cordon, je me convainquis que je n'étais pas
dans l'erreur, et que le visiteur était bien monseigneur le
Dauphin. Je montai de suite chez M. Caffe, pour lui demander
s'il connaissait bien la personne qui sortait de chez lui ; il me
répondit qu'il la connaissait. « Et moi aussi je la connais,
lui dis-je alors. » M. Caffe me dit qu'il ne le pensait pas. Eh
bien ! « pour vous prouver que je connais ce monsieur, sachez
que c'est le fils de Louis XVI, » et j'en suis sûre. M. Caffe me
répondit que c'était impossible. Plus tard il m'avoua que
« c'était effectivement monseigneur le Dauphin que j'avais
vu, mais qu'il n'était connu que sous le nom de baron de Richemont. »

« Je ne pensais plus revoir ce monsieur, et je vivais en paix,
rue des Prêtres-Saint-Severin, 12, lorsque le 17 octobre dernier je reçus la visite du même monsieur que j'avais vu rue
du Foin-Saint-Jacques, 8 ; je le reconnus de suite: nous
échangeâmes nos souvenirs ; et les réponses qu'il fit aux
questions que je pris la liberté de lui adresser, sur son invitation, « achevèrent de me confirmer dans la conviction que
j'étais réellement en présence du fils de mon roi. » Ce prince
me quitta, et je ne l'ai pas revu depuis.

« C'est pour rendre hommage à la vérité, et pour donner à
la royale famille de mes anciens maitres une preuve de ma
reconnaissance, que j'ai fait la présente déclaration, que je suis
prête à ratifier en personne partout où besoin sera.

« Fait à Paris, le 20 décembre 1842.

                  « Signé : LEMOINE, F° BÉQUET. »

PIÈCE 85.— « Je, soussigné, Jean-Louis Lemoine, marchand
ferrailleur, demeurant à Paris, rue du Vieux-Colombier, 12,
déclare, sur l'honneur, la sincérité et la vérité des faits suivants :

« Pendant la révolution, et avant les grands malheurs qui
frappèrent la famille royale, j'ai eu souvent l'honneur de voir
monseigneur le Dauphin, soit lorsque j'étais, comme garde
national, de service dans l'intérieur du château, soit lorsque

j'allais dans le jardin des Tuileries, au moment où ce prince était dans son petit jardin.

« Depuis, j'ai entendu dire, par beaucoup de personnes de ma connaissance, que le fils de Louis XVI avait été sauvé du Temple, et qu'il existait encore; quoique porté à le croire, je désirais cependant toujours qu'une occasion me mît en rapport direct ou indirect avec cette auguste victime de la révolution, lorsqu'enfin le hasard, ou plutôt la Providence, m'a mis à même d'avoir ce bonheur et de satisfaire le seul et unique désir que j'ambitionnais avant de mourir.

« Tout récemment, un monsieur s'étant présenté à ma boutique sous le prétexte d'acheter quelques pièces de marchandises, « j'ai reconnu de suite, à sa voix et à ses traits, bien gravés dans ma mémoire, que ce personnage était Monseigneur le Dauphin; » les questions qu'il m'adressa, ainsi que les réponses qu'il fit à mes objections, achevèrent de me convaincre. Mes souvenirs devinrent si clairs et si positifs, que je me rappelai des circonstances que j'avais presque oubliées; enfin mes sensations et mon émotion furent telles, que je ne pus m'empêcher de verser des larmes; « en me quittant, il me dit qu'il était connu dans le monde sous le nom de baron de Richemont. »

« Désirant donner à ce prince un témoignage de respect et de reconnaissance, j'ai fait la présente déclaration, que j'affirme ne contenir que la vérité la plus exacte et la plus sacrée.

« Fait à Paris, le 1er janvier 1843.

« Signé : Jean-Louis LEMOINE. »

La conversation qui donna lieu à cette reconnaissance n'est pas sans intérêt; je la rapporte :

— M. de Rich : « On parle dans ce moment du fils de Louis XVI; on annonce même qu'il se prépare à présenter une demande en réclamation d'état, ce qui semblerait prouver qu'il est vivant; qu'en pensez vous? » — Lem « Je crois aussi qu'il n'est pas mort. » — M. de Rich. « Puisque vous le croyez de ce monde, malgré tout ce que l'on a publié relativement à son prétendu décès au Temple, puisque vous l'avez vu souvent au château et dans son petit jardin, avez-vous jamais entendu parler de ses petits lapins blancs et de ce qu'il fit un jour pour en punir un qui, avec sa patte, l'avait fait saigner en le griffant au nez? » — Lem. « Je ne me le rappelle pas. » — M. de Rich. « Il fit un creux dans la terre et y enterra son indocile lapin jusqu'au cou, après quoi il s'éloigna... Étant revenu un instant après pour voir la figure que faisait l'animal, il trouva le trou vide : il se mit à la recherche du fugitif, qu'il traitait de *républicain*, et qu'il menaçait de sa vengeance pour avoir eu l'audace de se soustraire à la juste

punition qui lui avait été infligée. » — Lem. « Vous me rappe-
lez un fait que j'avais oublié depuis bien des années, et dont
par conséquent je n'ai parlé à qui que ce soit; seul alors
avec Monseigneur le Dauphin, nul n'a pu en faire mention, et s'il a gardé à ce sujet le même silence que moi, il faut
nécessairement que vous soyez Monseigneur le Dauphin, car
vous lui ressemblez d'une manière étonnante... »

La reconnaissance de M. Jard, ancien lieutenant du régiment dont le duc de Normandie était colonel, n'est pas moins
précieuse.

Pièce 86. — « Je, soussigné, Claude-Bernard Jard, ancien
lieutenant porte-drapeau au régiment du Dauphin, en l'année 1790, ancien fabricant bijoutier, maintenant fabricant
de verre pilé, demeurant à Paris, rue de Charonne, 7, déclare sur l'honneur que ce qui suit est la vérité, et le résultat
de mes souvenirs et des faits qui se sont passés à l'époque
où j'étais, comme je l'ai dit ci-dessus, lieutenant porte-drapeau, savoir :
« En 1790, 91 et 92, j'étais souvent de service aux Tuileries et au Louvre ; j'avais, en conséquence, souvent l'occasion de voir le fils de l'infortuné Louis XVI ; je me rappelle
parfaitement que pendant que j'étais de service, « il m'est
arrivé bien des fois de me promener avec Monseigneur le
Dauphin, en le tenant par la main, » et qu'ensemble nous allions visiter les ateliers de menuiserie et d'ébénisterie qui
étaient au Louvre; qu'un jour entre autres, me trouvant avec
le Dauphin, nous allâmes à son petit jardin, qui était au
Louvre, et où il avait des lapins, qu'il voulut en prendre un,
qu'il en fut mordu assez vigoureusement aux doigts et griffé
à la figure ; que, dans le moment de la colère et de la souffrance, il traita le lapin d'*aristocrate*, ce qui me fit rire.
« Que plus tard, alors qu'il était au Temple, je fis, étant
de service comme garde national, tout ce que je pus pour le
voir; non-seulement je n'y parvins pas, mais, à cause de cela,
je fus puni d'une faction de deux heures à la pièce de canon
qui était là au Temple ;
« Depuis, ou du moins pendant bien longtemps, je n'en
avais plus entendu parler que par-ci, par-là, par quelques
personnes de mes connaissances, qui disaient que le Dauphin
avait été sauvé du Temple et que bien certainement il vivait;
« Qu'à l'époque du procès de Mathurin Bruneau, à Rouen,
j'y fus exprès pour le voir, mais je ne reconnus pas en lui
Monseigneur le Dauphin ; — depuis, on m'a dit que c'était le
fils de Louis XVI, qui, à Paris, en 1834, avait été condamné
par la Cour d'assises, sous le nom de baron de Richemont;
— « qu'enfin, en 1842, je me suis rencontré avec un homme

dont la physionomie me frappa au point que je crus reconnaître en lui l'enfant que j'avais vu et promené tant de fois aux Tuileries et au Louvre, lequel affirma bien me reconnaître; » pour m'assurer que c'était bien le fils de Louis XVI, que je voyais, à qui j'avais l'honneur de parler, et qui m'adressait lui-même des questions auxquelles je ne crus pas devoir répondre de suite, je lui en fis à mon tour, et les réponses qu'il me fit sur-le-champ, et sans hésitation, me convainquirent que je ne me trompais pas, de manière que les particularités que nous échangeâmes', nos demandes et nos réponses hâtèrent et fixèrent si bien mes souvenirs, que je fus « plus que convaincu que l'homme que j'avais en face de moi était bien le Dauphin, fils de Louis XVI, que j'avais perdu de vue depuis ses malheurs et ceux de son auguste famille, et qui avait été condamné sous le nom de baron de Richemont, par la cour d'assises de la Seine, pour complot. »

« Enchanté et émerveillé d'une rencontre aussi miraculeuse, je demandai à ce monsieur, qui, pour moi, était bien Monseigneur le Dauphin, s'il voulait bien me permettre de lui donner, en témoignage de mon respect, un écrit concernant et constatant notre rencontre; il ne s'y refusa pas, et c'est ce que je fis.

« C'est donc pour rendre hommage à la vérité, que j'ai rédigé la présente déclaration, et que je signe avec plaisir et bonheur, comme étant l'expression sincère de mes souvenirs et de mes sentiments.

« Paris, le 10 janvier 1843.

« Signé : JARD. »

Madame veuve Fillette, née Hattier, attachée à la garde-robe des fils de France, a non moins explicitement reconnu M. de Richemont pour fils de Louis XVI, après une foule de renseignements et de détails étrangers à tout autre qu'au Dauphin.

PIÈCE 87. — « Je, soussignée, Thérèse Hattier, veuve de Louis Fillette, de son vivant valet de chambre de M. le duc de Guiche, et, en dernier lieu, de M. le prince de Schwartzemberg, demeurant, ladite dame, à Paris, rue Saint-Dominique Saint-Germain, 25, certifie à tous qu'il appartiendra :

« Que, me trouvant chez moi dans le courant du mois de juin, je vis entrer un monsieur, qui, en me saluant, me dit : « Bonjour, mademoiselle Fillette. » Surprise de m'entendre interpeller ainsi, ce qui n'avait lieu qu'à la cour de mes anciens maîtres, le roi, la reine, leurs enfants, les princes et princesses de la famille royale, ainsi que par tout ce qui approchait de leurs majestés, ou était employé au château, je demeurai stupéfaite et interdite d'abord, puis, ayant bien examiné la personne qui était là, debout devant moi, je remarquai en elle des traits qui ne m'étaient point inconnus ; « faisant alors un appel à mes souvenirs, je crus reconnaître le petit enfant auprès duquel je m'étais trouvée avant et au moment de la révolution, en qualité de femme de service attachée à la garde-robe des fils du roi et de la reine, » et je lui dis : « Comme il n'y avait que les enfants du roi Louis XVI qui savaient que l'on m'appelait Mademoiselle, quoique je fusse mariée et mère, « vous êtes Monseigneur le Dauphin, que l'on m'a toujours dit n'être pas mort et avoir été sauvé du Temple. »

« Désirant néanmoins me convaincre par quelques expériences que je n'étais pas dupe d'une hallucination, et que c'était bien Monseigneur le Dauphin que je voyais, je lui adressai plusieurs questions sur les personnes qu'il avait dû naturellement connaître dans son enfance, et dont les noms ne pouvaient être oubliés... Il me répondit de suite et sans hésiter : « Le gouverneur des enfants de France était le duc d'Harcourt ; les sous-gouverneurs, les chevaliers du Puget et d'Allonville ; les gouvernantes, Mesdames de Polignac, de Tourzel ; les sous-gouvernantes, Mesdames de Makau — baronne, — de Soucy — comtesse, — de Soucy — marquise, — et de Villefort — comtesse ; — les principales femmes de chambre de la reine étaient : Mesdames de Mizery, Thibault, de Campan, de Jarjaies, Auguié, d'Arcambal, de Marolles, etc.; les premiers valets de chambre des fils du roi, Villette et Cléry ; les premières femmes de chambre, Mesdames Lemoine et de Neuville ; les femmes de chambre, Mesdames Messilier, Thouin, Belliard, Saint-Brice, de Rambaud, de Sannay, etc., etc., etc ; le précepteur, l'abbé Davaux ; le maître d'écriture, M. de Saint-Cyr ; le maître d'armes, Rousseau, dont la femme était aussi de service au château.

« Madame de Neuville fut à Varennes avec madame Brunier, femme de notre docteur ; elles étaient dans un cabriolet, en avant, et MM. de Valory, de Maldan et du Moustier escortaient et conduisaient la voiture dans laquelle se trouvaient le roi, la reine, madame Élisabeth, les deux enfants et madame de Tourzel, etc, etc.

« Arrêtée l'année suivante, la famille royale fut conduite aux Feuillants, où siégeait la Convention ; elle fut rejointe par madame de Lamballe, sur-intendante de la maison de la reine, Pauline de Tourzel, fille de la gouvernante des enfants de France, mesdames Thibault, Auguié, Navarre, Bazire, Saint-Brice, etc.; MM. de Chamilly et Hüe furent renfermés au Temple avec ces dames et la famille royale, et y restèrent quelques jours ; enfin, vous étiez vous-même attachée à la garde-robe du Dauphin, après avoir été employée en cette qualité à celle de la princesse Sophie, ma dernière sœur, qui mourut âgée de moins d'un an. »

« Au récit de tant de noms et de faits qui m'étaient si familiers, je restai surprise au dernier point... Je fis au personnage quelques questions de détails auxquelles il répondit avec autant de promptitude que de justesse... Lui ayant demandé en outre s'il se rappelait d'un petit enfant de son âge, ce qu'il avait remarqué un jour en le voyant, lorsqu'on le lui conduisit, et ce qu'il lui donna, le personnage me dit : « Cet enfant était votre fils; on l'avait revêtu des habits du Dauphin, que madame de Neuville avait donnés, avec l'autorisation de la reine; il n'y manquait que les insignes; les deux enfants étaient du même âge, à quelques jours près; le Dauphin lui donna des gâteaux, etc., etc. »

« Lui ayant enfin demandé s'il se rappelait de certain bouquet, et de quelles fleurs il était composé, il me dit: « Vous savez que, grand amateur de fleurs, le Dauphin en cultivait avec soin dans son petit jardin, soit à Versailles, Meudon, Rambouillet, soit aux Tuileries... Se trouvant un soir au lit, au lieu de dormir, il disait à madame de Polignac qu'il voulait faire un bouquet; lui ayant demandé de quelles fleurs il le composerait, il répondit qu'il le composerait de trois fleurs seulement: une rose pour la reine, un œillet pour le roi, et un lis pour son frère, qui, à cause de sa maladie, prenait souvent des bains de pieds; et comme l'enfant jabotait toujours, madame de Polignac l'engageait à dormir, etc , etc.»

« Après ces réponses et ces faits, dont j'appréciai la justesse et l'exactitude, par la connaissance que j'en avais moi-même, je lui demandai comment il se trouvait en France, sous quel nom, et s'il ne craignait pas d'être inquiété.... Il me dit : « Je suis en France depuis 1840; je suis rentré après l'amnistie, et suis connu sous le nom de baron de Richemont; depuis 1842, je puis résider ostensiblement et publiquement dans ma patrie. » « La loi de proscription ne vous a-t-elle pas atteint comme le reste de votre famille infortunée, répliquai-je?.. » « Cette loi, répondit le personnage, n'a proscrit, d'après ma réclamation, que Charles X et ses descendants à perpétuité, et non ses ascendants; donc elle ne saurait m'atteindre. »

« Après avoir causé d'une foule de choses et d'autres, le personnage, « qui n'était plus un étranger pour moi, » me quitta et je ne l'ai plus revu depuis.

« J'ai cru devoir, « tant par respect pour d'aussi grandes infortunes, que par reconnaissance, » faire et signer la présente déclaration pour servir et valoir ce que de raison.

« A Paris, le 15 juillet 1844.

« Signé : Thérèse HATTIER, veuve FILLETTE. »

Lors du procès de M. de Richemont, en 1834, un ancien compagnon des jeux de son enfance, M. le marquis de Rédon, assistait à l'audience. M. de Richémont l'ignorait ; quand il le sut, il le chercha et, n'ayant pu le rencontrer, lui adressa une lettre. M. de Rédon lui fut présenté par M. Chamblant, un de ses amis. Après un long échange de noms et de souvenirs intimes, M. de Richemont le salua comme il le saluait autrefois, en lui disant : « Adieu, Maxime. »

M. de Rédon envoya la lettre suivante à M. Chamblant :

Pièce 88. — « Monsieur,

« L'honneur que j'eus, dans mes premières années, de partager les jeux de S. A. R. Monseigneur le duc de Normandie, et d'obtenir la bienveillance de son auguste et malheureuse mère, vous a fait penser que je pourrais vous donner quelques éclaircissements au sujet du personnage qui a joué un rôle politique en 1833, et qui, depuis, a fait publier un ouvrage aussi remarquable par les faits qu'il rapporte, que par les témoignages invoqués pour appuyer et corroborer ses idées.

« Fort jeune, lors de la première révolution, il semblerait que ma mémoire ne dût pas se rappeler les souvenirs d'enfance, mais ma profonde gratitude pour les bienfaits dont moi et ma famille avons été comblés par les royales victimes de nos discordes civiles, les empêche de s'effacer, et chaque jour, au lieu de s'affaiblir, les grands événements qui se sont déroulés sous mes yeux à cette pénible époque, semblent se rapprocher et devenir plus clairs et plus frappants.

« Cousine du prince de Tingry, alliée aux plus grandes maisons de France, mon aïeule, la baronne de Mizery, que son service près de la reine appelait souvent à la cour, recevait dans ses salons les personnages les plus éminents. La politique envahissait tout alors, et quoique à peine âgé de cinq ans, je connaissais le nom des meneurs de la révolution et celui des personnes auxquelles le gouvernement ne pouvait ni n'osait confier ses projets.

« La gravité des circonstances n'avait pas encore empêché notre noble et belle souveraine de se livrer à son penchant pour la toilette ; aussi avait-elle commandé, pour un jour très rapproché, une robe et ses accessoires, d'une coupe et d'une couleur qui devaient, suivant ses prévisions, fixer tous les regards.

« Jeune, belle et d'une taille plus élevée que celle de la reine, la marquise de Rédon, ma mère, eut connaissance de la parure ordonnée par Sa Majesté, et, par un caprice que je ne m'explique pas, elle se fit faire un costume absolument semblable, et s'en para le jour même où la reine devait porter le sien. J'ignore pourquoi la reine ne mit pas son costume ; mais le soir, dans le petit comité de Sa Majesté, où se trou-

vaient le duc de Choiseul, le marquis du Puget, Henri de
Campan et moi, la reine me caressa beaucoup, et me voyant
un habillement de satin rose fort joli, elle dit, en m'embras-
sant : « Rien ne manquait aujourd'hui à la parure de ta
mère, mais la tienne n'est pas complète. » Prenant alors une
petite épée, elle me la donna, en ajoutant : « Qu'en feras-tu,
Maxime? » — «Je m'en servirai pour vous défendre, Madame,
répondis-je avec une assurance qui ne pouvait provenir que
de la prévision des événements dont à chaque minute on s'entretenait devant moi. »

« Plus de quarante années s'étaient écoulées depuis les désastres qui ont accablé et détruit tant de familles, lorsque
le 1er novembre 1834, le baron de Richemont, traduit en cour
d'assises pour complot, après avoir déclaré qu'il était le fils
de Louis XVI, et en avoir offert la preuve tant par titres que
par témoins, adressa au duc de Choiseul, assigné à sa requête,
plusieurs questions relatives au voyage de Varennes, en 1791;
le duc, surpris de ces interpellations, qui reposaient sur des
faits peu connus et jamais publiés, me fit l'honneur de me manifester son étonnement pendant une des suspensions de l'audience et me dit, en faisant allusion à la petite épée : « L'accusé m'a fort étonné, et s'il eût parlé du cadeau que vous fît
Sa Majesté, des doutes bien sérieux s'élèveraient dans mon
esprit. Il est surprenant qu'il ne vous ait pas fait assigner. »
J'en ignore la cause, répondis-je, mais la ressemblance de
l'accusé avec le duc de Normandie me paraît de nature à
faire naître de singuliers soupçons... Telle fut, Monsieur, ma
réponse faite en présence de plusieurs personnes attachées à
la rédaction des journaux, qui s'étaient approchées et ont parfaitement entendu.

« Le baron de Richemont ayant été transféré à Sainte-
Pélagie après sa condamnation, je n'eus aucune occasion de
le voir; je sus seulement, par la rumeur publique, qu'il s'é-
tait évadé de Sainte-Pélagie, le 19 août 1835.

« Rentré en France après l'ordonnance du 27 avril 1840, le
baron de Richemont reparut à Paris; je ne cherchai point à
le voir.

« Dans les premiers jours de mai 1843, au moment où j'y
songeais le moins, je reçus par la voie de la poste une lettre
ainsi conçue :

« Monsieur le Marquis,

« Forcé, par suite de ma maladie, à me servir de mains
amies pour écrire mes lettres, je n'emploierai pas le style qui,
jadis, m'était familier avec mes petits amis.... La révolution
qui a fait tant et de si belles choses, ayant proscrit le langage du cœur, je suis obligé de me conformer à ses prescrip-
tions...

« Après bien des courses inutiles, et malgré toutes les mesures que j'avais prises, je n'ai pu vous rencontrer ; j'en suis
d'autant plus fâché, que j'aurais besoin de causer avec vous :
je n'y ai renoncé que lorsque j'ai reconnu l'impossibilité de
réussir. Quels que soient vos motifs, je ne dois pas insister
davantage.

« Vous n'avez pas oublié, je pense, les paroles que vous pro-
nonçâtes au moment où l'auguste infortunée, qui fut ma mère,
vous remit en ma présence une épée que vous avez, sans
doute, conservée avec soin ; je vous sommerai un jour, j'espère, d'avoir à tenir les promesses que vous fîtes à cette
époque : je présume que vous ne vous étudierez pas à éviter
ma présence qui ne doit cependant avoir rien de bien désa-
gréable pour vous.

                  « Signé : LOUIS-CHARLES. »

« Étonné de m'entendre raconter pour ainsi dire le principal épisode de mon enfance et dont je n'avais jamais parlé,
je cherchais le signataire de la lettre, lorsqu'un ami m'offrit
de me conduire près de ce personnage mystérieux ; j'acceptai
sans hésiter, et vingt minutes après, je me trouvai en présence
de l'homme, qui, en face du jury, avait affirmé devoir le jour
aux deux royales victimes du siècle dernier. Mon émotion fut
grande, comme vous pouvez le penser ; mais bientôt remis,
j'entendis le baron me nommer Rousseau, son maître d'armes,
le comte de Salverte, écuyer cavalcadour de la reine, le marquis de Lastours, premier page, qui tous deux étaient dans
les bonnes grâces du prince, soit à Versailles, soit aux Tuileries ; et après avoir donné à la mémoire de Henri Campan un
souvenir affectueux, il me parla des dames de Tourzel, de
Lamballe, de Soucy, de Makau, etc., etc.

« Tous ces noms, le personnage dont il s'agit pouvait les
avoir appris par des personnes employées autrefois à la cour,
et je me hasardai à lui demander s'il se rappelait d'une jeune
demoiselle placée jadis auprès de S. A. R. Madame la duchesse
d'Angoulême. La réponse ne se fit pas attendre, et je vous la
rapporte fidèlement :

« La jeune personne dont vous me parlez, dit le baron de
Richemont, se nommait Ernestine Lambriquet ; sa mère était
une des femmes de chambre de ma sœur ; un jour, avec elle
et d'autres enfants de notre âge, nous jouions aux gages tou-
chés : le vôtre venait d'être appelé. Excitée par Henri Campan, Ernestine vous commanda d'aller embrasser la reine ; au
lieu d'obéir, vous fléchîtes un genou devant Sa Majesté, et
vous lui baisâtes la main....

« Bien que préparé à quelque chose d'inattendu, je ne pus
maîtriser l'excès de ma stupéfaction en m'entendant rappeler une circonstance connue seulement du fils de Louis XVI

et de moi... Les doutes qui jusqu'alors avaient existé dans mon esprit se dissipèrent, et, remerciant la Providence qui avait miraculeusement sauvé les jours d'un prince dont j'avais déploré la perte, je lui renouvelai l'assurance du respect d'un homme qui ne peut oublier les bontés de Marie-Antoinette, de Louis XVI et de leurs augustes enfants.

« Voilà, Monsieur, tout ce qu'il m'est possible de vous dire, et je termine en vous offrant l'expression de mes sentiments les plus distingués.

« Paris, ce 7 janvier 1844.

« Signé : le marquis DE RÉDON. »

Ce témoignage d'un compagnon d'enfance, reconnaissant M. de Richemont pour fils de Louis XVI, à des particularités et à des habitudes d'intimité que le fils de Louis XVI, seul, pouvait se rappeler et révéler, constitue une de ces preuves saisissantes qui subjuguent les volontés les plus rétives.

Une reconnaissance non moins spontanée, non moins frappante, également fondée sur l'exactitude et la vivacité des souvenirs de M. de Richemont, est celle d'un employé de Sainte-Pélagie, M. d'Aiguillon. Elle est racontée par un ancien détenu politique, peu suspect de bienveillance envers les descendants des rois.

PIÈCE 89. — « Dans un moment où le parti henriquin-quiste se remue en tous sens pour étouffer la République au profit du comte de Chambord, je ne crois pas sans importance de rappeler à ces adorateurs de la réaction prétendue légi-timiste, dignes soutiens de l'usurpation, que le fils de Louis XVI existe encore pour barrer le passage à tous les pèlerins de Froshdorff et leur faire faire fausse route. A moins de fermer les yeux à la lumière, j'aime à penser qu'à l'avenir l'existence du duc de Normandie ne sera plus contestée, lorsque j'aurai mis sous les yeux des partisans de Henri V la vérité de ce qui s'est passé à Sainte-Pélagie en 1834. Tous les détenus po-litiques républicains et autres qui se trouvaient à Sainte-Péla-gie à cette époque ont connu dans cette prison le fils de Louis XVI dans la personne de l'ex-baron de Richemont, et ont eu connaissance de ce qui s'est passé à l'infirmerie de Sainte-Pélagie. Je livre sans commentaire le récit qui m'a été fait alors par M. Letellier, infirmier de la prison. Ce récit a également été fait à d'autres personnes, notamment à M. Prat, directeur de Sainte-Pélagie, qui s'empressa d'en faire part à M. Gisquet, préfet de police.

« M. Letellier s'est à peu près exprimé en ces termes :

« Je viens d'être témoin, à l'infirmerie, d'une chose bien extraordinaire. Le Dauphin du Temple n'est pas mort ; je viens d'en acquérir la certitude la plus positive ; il se trouve dans ce moment à l'infirmerie de Sainte-Pélagie. M. le baron de Richemont n'est autre que le fils de Louis XVI. D'après ce qui vient de se passer entre lui et M. d'Aiguillon, cela ne peut nullement être douteux. M. le baron de Richemont ayant aperçu M. d'Aiguillon, l'a fixé attentivement, et quelques instants après le dialogue suivant s'est établi entre eux :

— « M. de Rich. Monsieur, plus je vous examine, plus il me semble vous reconnaître?

— « D'Aig. C'est possible, monsieur ; à mon âge, on peut m'avoir vu et rencontré souvent.

— « M. de Rich. N'avez-vous pas habité Versailles?

— « D'Aig. Oui, monsieur.

— « M. de Rich. Que faisiez-vous à Versailles?

— « D'Aig. Monsieur, vous êtes trop curieux; je ne vous demande pas ce que vous faisiez, moi ; vous me permettrez donc de ne pas vous répondre.

— « M. de Rich. Puisque vous refusez de me répondre, eh bien! je vais répondre pour vous, je suis même sûr de ne pas me tromper. Vous habitiez Versailles, au château de Trianon ; vous étiez logé au troisième étage ; il y avait dans votre chambre les portraits de tel.... et de tel....; votre lit était placé de telle manière.... ; enfin vous étiez un des pages de Louis XVI. Vous rappelez-vous d'un jeune enfant avec qui vous vous entreteniez souvent? Vous preniez plaisir à favoriser ses jeux. Vous rappelez-vous qu'un jour ce jeune enfant ayant fait une espièglerie à un capitaine des gardes-du-corps, vous vous empressâtes d'aller demander grâce pour lui épargner une punition, et vous l'obtîntes?

« M. d'Aiguillon, se jetant aux pieds de M. le baron de Richemont, lui dit : « Vous êtes le fils de Louis XVI, vous êtes mon roi. »

« Paris, ce 29 décembre 1849.

« Signé : Joseph-Virgile BLACHE,
Homme de lettres, décoré de juillet, ancien détenu
politique, compagnon de captivité de l'ex-baron
de Richemont, à Sainte-Pélagie, en 1834.. »

Dans la pièce suivante, la reconnaissance se fonde sur une cicatrice signalée par la nourrice du Dauphin et existant au doigt de M. de Richemont.

PIÈCE 90. — « Je, soussignée, certifie la vérité des faits que je vais rapporter :

« Dans le courant de l'année 1835, étant sage-femme en chef de l'école d'accouchement de Paris, Maternité, une femme, paraissant âgée d'environ soixante et quelques années, vint me recommander une jeune fille à laquelle elle portait de l'intérèt. Cette femme me dit qu'elle était la nourrice du duc de Normandie, fils de Louis XVI ; elle me parla de mon père, de mon oncle, comme les ayant connus particulièrement. Tous les deux étaient employés dans la maison du roi et de la reine. Ma surprise fut extrême ; l'âge de cette femme, son langage, sa position, ses manières plus que simples, me firent douter de sa véracité. Je lui demandai à quel signe elle avait reconnu celui qu'elle disait être son élève. Elle me dit que le prince, dans son enfance, s'était blessé au petit doigt de la main gauche, dont il était resté une cicatrice très visible ; elle ajouta que, ayant été appelée chez le ministre de la police, elle lui parla de cette cicatrice, comme d'un moyen de reconnaître le prince. Ce fait est vrai ; je me rappelle parfaitement avoir entendu raconter cet accident par le mari d'une de mes parentes, qui était officier de la chambre du roi. Je revis cette femme une seconde fois avec sa protégée, et depuis je n'en ai plus entendu parler ; mais je restai convaincue que le fils de l'infortuné Louis XVI existait dans la personne de M. le baron de Richemont.

« Lorsque, dans le courant de janvier dernier, j'en entendis parler de nouveau par M. Durandeau, le mari d'une de mes élèves, établie à Versailles, il me procura des journaux qui me donnèrent le plus vif désir de le connaître. J'eus ce bonheur ; nous eûmes une conversation d'une heure et demie, dont nos souvenirs du temps firent tous les frais ; et ma conviction était déjà complète, lorsque, lui rappelant la blessure qu'il s'était faite, il m'en a montré la marque, qui fut vue par quatre personnes présentes à notre entrevue, entre autres par MM. Barreau frères.

« C'est donc par un acquit de ma conscience, par reconnaissance, et avec une conviction sincère que j'ai reconnu l'existence et l'identité du fils de Louis XVI dans la personne de M. le baron de Richemont. C'est pour servir à prouver cette vérité que j'ai fait et signé le présent certificat.

« Fait à Versailles, le 15 octobre 1851.

« Signé : M. LEGRAND,

« Sage-femme en chef, honoraire, de l'École d'accouchement de Paris,

« Boulevart de la Reine, n° 9. »

Le certificat était accompagné d'une lettre constatant le refus de légalisation.

PIÈCE 91. — « Versailles, le 22 octobre 1851.

« Je vous envoie, ci-joint, un certificat concernant M. le baron de Richemont, fils de Louis XVI, délivré par madame Legrand, sage-femme honoraire en chef de l'École de la Maternité de Paris ; je me suis présenté à la mairie pour faire légaliser sa signature, mais M. de Saint-Germain, adjoint du maire de Versailles, après avoir lu attentivement ce certificat, me le rendit et me dit qu'il ne pouvait pas le légaliser ; l'ayant prié de m'en dire le motif, il me répondit que ce certificat n'était pas ordinaire, qu'il ne pouvait lui donner le caractère d'authenticité et qu'il s'y refusait positivement.

« Le caractère honorable de M. de Saint-Germain et l'estime générale dont il jouit à Versailles, me font présumer que depuis que M. le baron de Richemont, fils de Louis XVI, a pu se procurer son acte de naissance, il y a, surtout à Versailles, quelque empêchement supérieur dont l'administration municipale est obligée de tenir compte.

« Agréez, etc.

« Signé : DURANDEAU, 40, rue de l'Orangerie. »

C'est toujours le procédé signalé à la suite de la PIÈCE 47.

Si la question d'identité n'est pas tranchée encore en faveur de M. de Richemont, invoquons deux autorités qui feront loi, le prince de Condé et la duchesse douairière d'Orléans. Le témoignage d'un ancien aumônier du prince, d'un côté, et le témoignage du bibliothécaire de la duchesse, de l'autre, prouveront qu'ils voyaient dans M. de Richemont le fils de Louis XVI, et qu'ils le traitaient comme tel.

Monsieur l'abbé Jacolet, ancien aumônier du prince de Condé pendant l'émigration, successivement curé de Vaugirard et de Saint-Ambroise-Popincourt, enfin chanoine honoraire, avait vu le Dauphin au camp en 1795, et a été, jusqu'à sa mort, confesseur de M. le baron de Richemont. Il le connaissait donc intimement, et par le prince de Condé, et par lui-même.

J'ai sous les yeux deux lettres et deux billets de lui.

La première lettre, datée de Mauperthy, Seine-et-Marne, 13 juillet 1843, contient une invitation à M. de Richemont, malade, de venir achever sa guérison à la campagne, et se termine par ces mots :

PIÈCE 92. — « Agréez, M..., l'assurance de notre profond respect et de nos hommages les plus humbles, les plus respectueux et les plus sincères.

« D... V... A...,

« M...,

« Le très humble et obéissant serviteur,

« Signé : JACOLET, chan. hon. »

La deuxième, sans date, est une lettre de félicitations, au nouvel an ; M. Jacolet y dit :

PIÈCE 93. — « Qu'il ne passe pas un jour sans adresser au ciel les vœux les plus sincères et les plus fervents pour le par-

fait rétablissement de M. de Richemont; » et il finit ainsi :
« C'est dans cette heureuse attente que je vous prie de me
croire pour la vie, « le plus humble, le plus fidèle et affectionné serviteur. »

« Signé : J...., chan. hon. »

Le premier billet est conçu en ces termes :

Pièce 94. — « Monseigneur,

« Comme je suis venu à Paris pour quelques jours, je ne
voudrais pas repartir sans avoir le plaisir de vous voir et de
savoir des nouvelles de votre santé. C'est pourquoi, en cas
que je ne vous trouve pas, j'ai laissé ce petit mot à votre
portière.

« Signé : JACOLET, chan. hon. »

Enfin, le deuxième billet porte :

Pièce 95. — « Monseigneur,

« C'est pour avoir l'honneur de vous prévenir que je dirai
demain une messe à neuf heures précises; « si vous me faites
l'honneur d'y assister, » sans que cela vous incommode, à
cause de l'heure un peu matinale, ainsi que de votre éloignement, je serai charmé d'unir mes prières aux vôtres et, après
la messe, de vous offrir une tasse de chocolat, à déjeuner.
Tout à vous, Monseigneur.

« Signé : JACOLET, chan. hon. »

M. Jacolet appelle M. de Richemont : « Monseigneur, »
considère « comme un honneur qu'il veuille assister à sa
messe, » et lui dit : « D... V... A...., M..., » — ce qui signifie : de Votre Altesse, Monseigneur, — « le plus humble, le
plus respectueux, le plus fidèle et affectionné serviteur, » expressions qui ne s'emploient que vis-à-vis des princes. Or, à
cette époque, M. de Richemont avait écrit et publié qu'il
était le fils de Louis XVI, qu'en 1795, il avait été remis entre les mains de Condé, et, qu'en 1816, ce dernier l'avait présenté à la duchesse d'Angoulême, sa sœur;
l'ancien aumônier du prince, qui l'a suivi en émigration, qui
a partagé ses pensées, qui a vu et su ce qui se passait autour
de lui, confirme donc expressément les assertions de M. de
Richemont, le reconnaît fils de Louis XVI, et ne peut être,
sur ce point, que l'écho des convictions de Condé; donc Condé
croyait M. de Richemont fils de Louis XVI; et il est impossible
que Condé ait été trompé.

M. l'abbé G.... atteste, en ces termes, les rapports de M. de
Richemont avec M. Jacolet, et l'opinion de M. Jacolet :

PIÈCE 96. — « A Monsieur le rédacteur de l'*Inflexible*.

« Monsieur,

« J'ai lu, dans le n° de votre journal daté du 31 juillet dernier, deux lettres du vénérable M. Jacolet, ex-curé de Saint-Ambroise-Popincourt, ancien aumônier du prince de Condé. Ces deux lettres attestent qu'il connaissait M. le baron de Richemont comme fils de Louis XVI, et qu'il en était le confesseur. Permettez-moi, monsieur, de vous transmettre ce qui s'est passé en ma présence.

« En l'année 1842, ayant appris par une respectable famille que je fréquentais à cette époque, que M. Jacolet était partisan du fils du roi martyr, et qu'il était son confesseur, je fis la connaissance de ce vénérable ecclésiastique, et je continuai jusqu'à sa mort de lui faire de temps en temps quelques visites. Nos entretiens, dont le prince faisait ordinairement le sujet, m'ont prouvé que « M. Jacolet était parfaitement convaincu que M. le baron de Richemont était le fils de Louis XVI, et qu'il en était le confesseur. » Je dirai de plus qu'en l'année 1844 ou 45, ne pouvant préciser l'année, je sus que M. le baron de Richemont devait faire ses pâques en l'église de Saint-Denis du Saint-Sacrement ; je me rendis à cette église au jour et à l'heure qu'on m'avait indiqués, et cela sans que M. le baron le sût. Je me plaçai derrière lui sans qu'il me vît, en sorte que je pus, tout en faisant mon oraison, le contempler à mon loisir. Je remarquai que, pendant tout le temps du Saint-Sacrifice, il n'a cessé d'être dans un parfait recueillement. C'est le vénérable M. Jacolet qui offrait les saints-mystères, et qui lui a donné la sainte communion. Voilà, Monsieur, la conduite du fils du roi martyr.

« Paris, 6 août 1850.

« Signé : G...., prêtre du diocèse de Paris. »

Le dernier billet de M. Jacolet et cette lettre sont la meilleure réponse qu'on puisse opposer aux calomniateurs qui, dans l'impuissance de combattre raisonnablement une seule des preuves, en sont réduits à dénigrer mensongèrement les principes religieux et moraux d'un homme qui, évidemment, les gêne.

Le témoignage suivant, de M. Labreli de Fontaine, joint à celui que contient la PIÈCE 59, implique aussi fortement reconnaissance d'identité de la part de la duchesse douairière d'Orléans et du prince de Condé :

PIÈCE 97. — « Je, soussigné, « certifie avoir adressé au prince Louis-Charles de Bourbon, duc de Normandie, un cahier manuscrit, petit format, contenant quinze à seize pages d'écriture, toutes de la main de S. A. S. Madame la du-

chesse douairière d'Orléans, composé de notes relatives à des
lettres de S. A. S. le vieux prince de Condé ou à des réponses
reçues de ce prince, auquel manuscrit étaient jointes deux
lettres, dont l'écriture et la signature, paraissant être de la
main du prince, étaient illisibles. »

« Ces notes ne laissaient aucun doute sur les sentiments de
la princesse pour le personnage qui en était l'objet; car on y
trouvait répétées souvent les expressions d'auguste victime,
d'auguste orphelin.

« Je certifie, en outre, que ce cahier manuscrit me fut confié par la princesse six à sept mois avant sa mort, et qu'elle
me dit : « Je ne crois pas vivre longtemps, prenez ces papiers,
gardez-les soigneusement, et si vous êtes assez heureux pour
revoir celui que nous désirons tant, remettez-les-lui; il les
comprendra bien, et ils pourront lui être utiles; ce que je
veux, c'est qu'il soit bien persuadé que deux membres de sa
famille le portaient dans leurs cœurs, et lui en ont donné
des preuves. » Les larmes l'empêchèrent d'en dire davantage.

« J'ai donc dû conserver ces papiers avec soin, et remplis-
sant les désirs de la princesse, « leur donner la destination
qu'elle désirait. » Je l'ai fait dès que l'occasion s'est présentée; car je ne connaissais rien d'aussi obligatoire que l'exécution d'une telle disposition.

« Tels sont les faits qui se sont passés et dont je me plais à
signer ici la déclaration la plus formelle.

« Paris, le 30 juillet 1833.

                    « Signé : LABRELI DE FONTAINE. »

Ces dernières lignes du premier certificat de M. Labreli de
Fontaine, page 130 : « J'ai reconnu dans le baron de Richemont le personnage que j'avais vu chez feue S. A. S., » désignent clairement la personne et la qualité de la personne à
laquelle il a remis les papiers confiés par la duchesse, et la
PIÈCE 97.

Comment se fait-il, dira-t-on, que le dernier des Condé,
le prince de Bourbon, n'ait pas ostensiblement reconnu
M. de Richemont comme fils de Louis XVI, et n'ait entrepris
aucunes démarches en sa faveur, s'il savait, et par lui-
même, et par son père, et par la duchesse douairière d'Orléans, qu'il était réellement le Dauphin.

D'abord, M. Boucher, PIÈCE 82, atteste que M. de Richemont voyait le prince; les deux certificats de M. Labreli de
Fontaine, PIÈCES 59 et 97, prouvent que madame la douairière d'Orléans le recevait également, et savait en quelle
qualité les Condé l'avaient accueilli.

Maintenant, les motifs pour lesquels le dernier des Condé
s'est abstenu d'une reconnaissance publique sont faciles à

deviner : il avait vu l'inutilité des efforts de son père, l'égoïsme et la mauvaise foi de Louis XVIII, de Charles X, et de leurs familiers; il était vieux, sous la domination d'une femme ambitieuse et cupide; et puis enfin, les idées politiques du fils de Louis XVI ne cadraient pas avec les siennes.

Nous allons rapporter une conversation qui montre jusqu'à quel point l'identité de M. de Richemont avec le fils de Louis XVI est évidente, même aux yeux de partisans déclarés du comte de Chambord.

Conversation de Mgr l'évêque de V...
et du vicomte d'Or...

Dans le courant du mois de juillet 1850, Mgr l'évêque de V... était descendu à l'hôtel des Missions étrangères, rue du Bac. Un honorable négociant, demeurant à Paris, rue de la Monnaie, M. P..., eut l'occasion de se rendre près de lui. La conversation tomba tout naturellement sur la politique et sur l'avenir de la France.

— « Qu'en pensez-vous, M. P...? dit le prélat. Ne croyez-vous pas à un retour vers la monarchie? » Et, sans attendre sa réponse, il alla chercher une boîte contenant des ornements pontificaux, l'ouvrit, et, la montrant à M. P...,—«Voyez! c'est un cadeau du comte de Chambord. J'ai eu l'honneur d'être reçu par ce prince il y a peu de temps; c'est un bon et noble caractère!... Oh! certainement, la France redemandera la royauté... A propos, savez-vous que le fils de Louis XVI existe? »

— M. P... « S'il existe, ce ne peut être que dans la personne de M. le baron de Richemont. »

— Mgr « Le connaissez-vous? Que je voudrais donc le voir! »

— M. P... « Rien n'est plus facile, monseigneur, si vous le désirez. »

Et, le 20 juillet, M. P..., qui avait obtenu une audience, conduisait Mgr de V... chez M. Houzelot, rue de Vaugirard, n° 104, où M. de Richemont était venu. L'entrevue se termina à la grande satisfaction des deux personnages. Le prélat sortit pleinement convaincu.

A son retour à l'hôtel des Missions, on était à table; Monseigneur s'excusa de son retard, en racontant sa visite au fils de Louis XVI et les motifs de sa conviction. Une discussion s'engagea immédiatement sur ce sujet. Les avis étaient partagés; les uns niaient l'existence, les autres l'identité, beaucoup convenaient de l'une et de l'autre. Un des convives, qui n'avait point pris part à la controverse, M. le vicomte d'Or..., pria le prélat de lui accorder quelques minutes d'entretien après le dîner. — « Volontiers, répondit le prélat. »

Le dîner fini, ces deux messieurs montèrent à l'appartement

de l'évêque. M. P... s'y trouvait, M. d'Or... hésitait à s'expliquer. — « Parlez, monsieur le vicomte ; M. P... est un des complices de ma croyance et de ma visite au fils de Louis XVI. »

Alors M. le vicomte d'Or... s'exprima à peu près en ces termes :

— « Je n'ai point mission de faire reconnaître M. de Richemont comme fils de Louis XVI ; mais, quant à moi, je n'ai pas le moindre doute sur son identité ; il est bien le fils de Louis XVI ; j'ai des preuves qu'il n'a pas, qu'il ne connaît pas. J'en sais, s'il est possible de parler ainsi, plus que lui sur lui-même. Si j'étais appelé devant les tribunaux, je ne serais pas embarrassé de constater sa qualité. Il y a longtemps que je me suis occupé de cette affaire. J'ai su le secret de Martin. C'était bien réellement la conservation du fils de Louis XVI qu'il a révélée à Louis XVIII. « Trois familles de ma connaissance possèdent une cassette contenant des documents authentiques, incontestables. Elles en ont chacune une clef. Cette cassette dévoilerait tout ; mais elle ne sera ouverte que lorsqu'il en sera temps. »

« Mes relations avec les membres exilés de la famille royale, mon dévoûment à leur cause, m'empêchent de m'occuper ostensiblement de M. de Richemont. Je ne l'ai jamais vu ; je ne veux pas le voir. J'ai parlé de lui au duc de Bordeaux, qui m'a répondu : « Si mon oncle vit, tant mieux ! qu'il règne ! je le désire de tout mon cœur ; mais je ne puis me mêler de sa reconnaissance. » J'en ai parlé à madame la Dauphine, qui a dit : « Hé bien ! qu'on fasse une enquête ; je vais nommer une commission composée moitié de laïcs, moitié d'ecclésiastiques ; je me conformerai à sa décision. » La commission fut en effet nommée et décida que « ce n'était point à madame la duchesse d'Angoulême à se prononcer la première ; que si la France reconnaissait le fils de Louis XVI, alors seulement elle devrait s'expliquer. » Voilà le parti auquel on s'est arrêté. »

L'entrevue de Mgr de V..... avec M. de Richemont, et l'impression favorable qu'en conserve le prélat, nous ont été certifiées par la famille Houzelot. M. P..., l'un des trois interlocuteurs, nous a raconté les détails de la conversation du vicomte d'Or... ; et ce dernier, tout récemment encore, n'a pas fait mystère de sa conviction et des motifs sur lesquels elle s'appuie, conformément à notre récit, à M. de L..., un des hommes les plus véridiques et les plus consciencieux que nous connaissions. Comme ce n'était point en confidence, M. de L... n'a pas cru devoir garder le silence vis-à-vis de nous.

Quels sont les « documents authentiques de la cassette ? » Le procès-verbal d'enlèvement dont parle M. de Brémont, page 163, s'y trouverait-il ? S'il en est ainsi, quel crime de re-

tenir la vérité captive, de prolonger volontairement les douleurs de l'orphelin du Temple, de laisser la calomnie le flétrir,
l'esprit de parti l'opprimer !

Nous puisons dans la visite d'un prélat romain, d'un envoyé du Saint-Siége, une autre preuve d'identité :

Pièce 98. — « Un jour que je me trouvais par hasard chez
M. de Richemont, vers la fin de 1848, je vis entrer M. Boucher
qui lui remit un billet ; il en prit connaissance. — « Quand
voulez-vous me présenter la personne indiquée dans ce billet?
dit M. le baron. — Elle est là. — Faites entrer. — J'attendais
que vous eussiez fini de causer avec monsieur, répondit M. Boucher. — Monsieur est M. F.... ; il n'est pas de trop. » M. Boucher introduisit un prélat vénérable, qui s'avança très respec-
tueusement, faisant deux génuflexions ; et, prenant la main de
M. le baron de Richemont, il la baisa, en lui disant : « prince,
ou monseigneur. » Un instant après, je me retirai. M. Boucher
sortit aussi, et me raconta que le prélat, qu'il venait d'introduire auprès du prince, était envoyé par le Saint-Père le
Pape, avec mission de visiter des maisons religieuses, et « le
fils de Louis XVI, pour en rendre compte à Sa Sainteté. »

« Paris, 7 juillet 1850.

« Signé, F.... »

Passons à l'opinion de la famille Bonaparte ; elle est entièrement favorable à l'identité de M. de Richemont.

M. D. P... offrait à M. M..., député de son pays, la biographie du duc de Normandie ; il ajoutait en même temps quelques détails sur M. le baron de Richemont ;

Pièce 99. — « Vos paroles, reprit le député, me rappellent
celles de Pierre Bonaparte, qui siége à côté de moi dans l'Assemblée. Il m'a dit plusieurs fois « que son père avait connu
particulièrement le fils de Louis XVI et avait été assez heureux
pour pouvoir lui rendre quelques services. »

« Paris, 30 juin 1849.

« Signé : D...P...,
« Rue des Francs-Bourgeois-Saint-Michel. »

Deux certificats viennent à l'appui des confidences attribuées à M. Pierre Bonaparte, en révélant des sentiments
conformes chez d'autres membres de sa famille.

Le premier est de M. Foyatier :

Pièce 100. — « En 1849, dans la conversation, je dis à
M. le baron de Richemont que j'avais pour voisine, à Clamart,
la petite-fille de Lucien Bonaparte ; il me dit qu'il la connaissait bien, qu'il l'avait vue souvent chez sa mère, qu'il serait

bien aise de lui faire une visite, et que, si je voulais, nous irions ensemble. Le jour convenu, nous nous fîmes annoncer. La princesse, en entrant dans la salle, porta son regard sur moi, qu'elle ne connaissait pas, puis, fixant M. le baron de Richemont, elle fit une exclamation, se jeta à son cou, l'embrassa avec transport, et, dans l'élan de son cœur, elle me tendit aussi la main. Après la première expression du plaisir qu'elle avait de le voir, elle lui dit : « J'ai appris que votre sœur, la duchesse d'Angoulème, va enfin vous reconnaître, etc. » Son mari était là. Son beau-frère étant survenu, elle leur dit : « Je vous présente le fils de Louis XVI, Louis XVII ; oui, oui, Louis XVII ; sa sœur va le reconnaître. » La causerie s'engage ; on parle des affaires de M. de Richemont. — « A propos, dit la princesse, avez-vous fait imprimer vos mémoires? j'en ai eu le manuscrit entre les mains pendant plusieurs jours ; ma mère en a lu la préface. — Je crois, sans pouvoir l'affirmer, qu'elle aurait ajouté : en votre présence, en présence de madame la marquise de Bréan et de moi. » M. de Richemont répondit affirmativement, et demanda la permission de lui offrir un exemplaire des *Mémoires d'un contemporain*, en lui disant qu'il marquerait les pages où il était question de son grand-père, Lucien Bonaparte, qui lui avait rendu de grands services étant ministre ; que ces pages avaient été lues par sa mère, et, je crois, aussi par sa grand-mère. La jeune princesse reprit qu'elle avait entendu dire que sa mère les avait trouvées justes ; elle accepta avec plaisir ; et, quatre ou cinq jours plus tard, je lui portai l'exemplaire, accompagné d'une lettre que le prince m'avait lue.

« En le prenant, elle me dit qu'il lui paraissait plus fort que celui qu'elle avait vu.

« Les faits que je viens de raconter n'ont pas pu augmenter ma conviction, que « M. le baron de Richemont est véritablement le fils de Louis XVI et de Marie-Antoinette. » Cette conviction profonde vient probablement de l'intimité qui s'est établie entre nos âmes par la causerie et par une infinité de ces riens qui fondent des convictions, aussi bien que les faits les plus importants.

« Ce que je viens de dire est conforme à la vérité la plus exacte.

« Paris, 7 juillet 1849.

« Signé : FOYATIER. »

Le second est du même M. Foyatier et de moi :

PIÈCE 101. — « Nous, soussignés, Foyatier, sculpteur, et Savigny, avocat, déclarons avoir été, de la part de M. le baron de Richemont, en décembre 1849, offrir à madame la princesse Lœtitia Bonaparte, fille de Lucien, rue du Colysée, un

exemplaire des *Mémoires d'un contemporain* et quelques numéros de l'*Inflexible* : la princesse les reçut et nous accueillit
de la manière la plus gracieuse. « Elle nous parla avec un intérêt marqué de M. de Richemont, s'informa de sa réclamation d'état, nous dit qu'elle était convaincue de l'identité du
baron de Richemont avec le fils de Louis XVI ; que du reste
l'évasion et l'existence de ce malheureux prince étaient une
tradition de famille. » Elle nous pria de dire à M. de Richemont qu'elle verrait avec plaisir « la France lui rendre son
nom, et témoigna le désir de lui présenter un ancien colonel
de ses amis. »

« Paris, le 15 janvier 1830.

« Signé : FOYATIER, SUVIGNY. »

Terminons par une preuve matérielle, palpable, qui ne
souffre point d'objections, celle de l'identité de conformation
de M. de Richemont et du fils de Louis XVI.

M. Foyatier venait d'achever le buste de M. de Richemont,
qui a figuré cette année au salon de l'exposition, quand un
des amis du prince, passant dans la rue de la Concorde, aperçut,
chez un marchand d'objets d'art et de curiosités, le buste en
terre cuite d'un jeune enfant dont la ressemblance avec M. de
Richemont était frappante. Il s'arrête, examine, entre, et demande de qui est le buste. — « C'est celui du Dauphin, fils
de Louis XVI, lui est-il répondu ; il provient de Trianon ; sur
le piédouche, aujourd'hui brisé, on lisait, à côté de la signature d'Houdon, le nom de Louis XVII. »

En effet, l'authenticité du buste et de son origine est attestée, non-seulement par le marchand, mais par deux des pré-
cédents possesseurs.

— « Serait-il possible de le faire voir à M. de Richemont ?
— Certainement. » Et le marchand eut la complaisance de
le lui envoyer. M. de Richemont le regarda, se reconnut, et
témoigna le désir de l'acheter, si sa position de fortune le lui
permettait. Cette réponse ayant été rapportée au marchand,
celui-ci s'empressa de l'offrir à M. N.... pour M. de Richemont,
insista jusqu'à ce qu'il acceptât, disant : « Je serais désolé qu'un
motif pécuniaire privât M. de Richemont d'un objet qui pourrait lui faire plaisir. »

Le buste fut donc remis à M. de Richemont, et, de chez lui,
transporté dans l'atelier de M. Foyatier.

La conformité des lignes et de l'expression du visage frap-
pait tellement tous les artistes et les amateurs qui visitaient
l'atelier, et frappa tellement M. Foyatier lui-même, qu'il eut
d'abord l'idée de faire mouler le buste d'Houdon, et de l'exposer à côté de celui de M. de Richemont, afin que la comparaison démontrât jusqu'à l'évidence l'identité des deux personnages. Mais il aurait fallu tromper le jury, et donner comme

sienne une œuvre qui, malgré des changements d'accessoires,
eût été, pour le fond, l'œuvre d'autrui. Il dut renoncer à ce
projet d'argument naturel. Mais il engagea plusieurs personnes
à vérifier cette ressemblance à son atelier, M. de Pastoret,
entre autres, auquel il écrivit la lettre suivante :

PIÈCE 102. — « Paris, le 10 octobre 1850.

« Monsieur le marquis,

« Lorsque j'eus l'honneur de vous voir dernièrement, vous
me témoignâtes le désir d'examiner le buste du Dauphin, fait
par Houdon, pour le comparer avec celui du baron de Richemont. Comme ces bustes ne doivent rester à mon atelier que
jusqu'au 15 ou 20 courant, je vous prierai d'avoir la bonté de
m'indiquer le jour où vous seriez disposé à venir, afin que je
me trouve là pour vous recevoir.

« J'ai continué à étudier attentivement les rapports de ce
buste du Dauphin avec la physionomie du baron de Richemont, et je suis tout-à-fait convaincu « qu'il n'a pu être exécuté que d'après le même original, âgé de six à sept ans. »
Je retrouve, en effet, « la même allure dans l'ensemble ; le
même développement de poitrine ; la même hauteur d'épaules ;
la même dimension courte du cou ; la même conformation
osseuse du front ; la même disposition du nez et surtout des
narines, de la bouche, du menton, de la mâchoire ; le même
massé charnu des joues ; la même fermeté de l'œil ; des détails particuliers d'orbites et de paupières, motivés dans le petit buste, et existant chez M. de Richemont; la même inéga-
lité dans les sourcils ; la même ligne d'attache des cheveux,
remarquable en ce qu'elle s'abaisse au milieu du front ; le
même point d'adhérence et d'origine de l'oreille, » dont la
partie supérieure se cache sous des boucles de longs cheveux,
dans le buste d'Houdon. « J'y trouve en un mot, tout ce qui
constitue l'identité parfaite. »

« Loin de m'étonner de l'incrédulité générale, j'ai moi-
même, je vous l'ai avoué, monsieur, été fort incrédule ; mais
quand des hommes sérieux m'eurent parlé de cette étrange
histoire, j'eus, et je m'en félicite aujourd'hui, la bonne foi
d'examiner.

« Pour y parvenir plus aisément et plus sûrement, je demandai à modeler son buste. J'avais déjà fait ceux de la famille royale ; c'était un excellent moyen de comparaison. Au
premier aspect, je fus frappé de l'identité du son de voix, de
la vivacité et de la tournure. D'ailleurs, mon parti était pris :
c'était un imposteur à étudier, ou une grande infortune à respecter. Je ne tardai pas à arriver à cette dernière conclusion.

« J'appris de sa bouche la manière dont il avait été sauvé
du Temple, et une partie des malheurs de sa vie. En même-

temps, je lus ses mémoires et les fis lire à plusieurs avocats distingués, qui trouvèrent très graves les principaux faits du livre. Alors, nous nous réunîmes plusieurs amis, dans le but d'entreprendre des recherches à ce sujet. Loin d'être inutiles, elles ont procuré la découverte de pièces nombreuses qui sont venues corroborer celles contenues dans ses mémoires. C'est de notre société qu'est né le journal l'*Inflexible* qui provoque depuis plus d'un an la discussion pour et contre. Aucune des preuves établissant que le baron de Richemont est véritablement le fils de Louis XVI n'a, jusqu'ici, été renversée, ni même solidement attaquée.

« Mais, monsieur le marquis, ces recherches que nous autres hommes, sans autorité de fortune ou de position sociale, entreprenons par dévoûment à la cause de la vérité, n'appartiendraient-elles pas plutôt tout naturellement à des personnages d'un haut rang, à vous, par exemple, monsieur le marquis, comme président de l'Institut historique, puis comme chef du parti légitimiste ? et si, comme nous, vous reconnaissiez le Dauphin dans la personne de M. le baron de Richemont, votre conscience d'honnête homme vous forcerait de proclamer que le Dauphin est retrouvé et qu'il est le principe de la légitimité.

« J'ai l'honneur d'être, etc.   « FOYATIER,

> « Sculpteur, ancien élève et ami du docteur Gall, an
> cien membre de la société phrénologique, membre
> de l'Institut historique. »

Inutile d'ajouter que M. Foyatier ne reçut ni visite, ni réponse. Il alla chez un autre membre, non moins distingué, de la haute légitimité, M. de Larochejacquelein, espérant qu'une réputation d'énergique loyauté ferait un devoir d'examiner la question. Erreur ! la lettre précédente fut communiquée, l'invitation d'examiner les deux bustes réitérée. Refus formel ; pas d'autre réponse. Aussi M. Foyatier, en le quittant, ne put-il s'empêcher de dire : « Vous et les vôtres, vous vous bouchez les yeux pour ne pas voir, les oreilles pour ne point entendre. » Il aurait dû ajouter : « Vous comptez sur l'habileté, sur l'égoïsme des hommes ; vous croyez diriger les événements ; nous, nous attendons tout de la vérité et de Dieu. »

Il serait assez difficile de réfuter la preuve d'identité résultant de la parfaite ressemblance de M. de Richemont avec le buste du Dauphin. Le hasard n'opère point de semblables miracles, et M. Foyatier n'est pas un juge dont la compétence soit contestable en pareille matière. Arrivé par un travail continuel et de sérieuses études au premier rang dans la statuaire, il se distingue surtout par la perfection de ses têtes. Qu'on en juge d'après Spartacus, Cincinnatus, etc. Elève et ami de Gall, il a spécialement dirigé ses observations d'artiste sur la physionomie, cette traduction extérieure de l'homme intérieur, de sa race, de sa famille. M. Foyatier a exécuté une foule de bustes ; on pourrait dire qu'ayant consacré à ce genre les deux tiers de sa carrière, il a nécessairement acquis l'habitude de comparer, d'apprécier et de saisir les différences et les ressemblances physionomiques. Eh bien ! quand M. Foyatier affirme « qu'il y a identité parfaite entre le buste du Dauphin et celui de M. de Richemont, et que les deux ont été faits sur le même original, » qui pourrait douter que M. de Richemont et le fils de Louis XVI ne soient un seul et même personnage?

M. Foyatier est allé plus loin : nous l'avons souvent entendu manifester le regret de n'avoir pas connu le buste d'Houdon avant l'achèvement du sien : il aurait mieux saisi le caractère physionomique. Car le visage de M. de Richemont se présente sous deux aspects bien différents : triste et sérieux dans la solitude, il a dans le monde une grande expression de gaîté. Houdon a choisi le type gai ; c'était le seul que pouvait avoir le Dauphin enfant ; M. Foyatier, au contraire, a pris un type mixte, et le fils de Louis XVI y perd.

Voici une anecdote qui achèvera de montrer quels rapports intimes existent entre M. de Richemont et le buste du fils de Louis XVI par Houdon :

M. M...., représentant du peuple, causait avec M. Foyatier ; la conversation tombe sur M. de Richemont. —« Je l'ai connu, dit-il, en 1827 ; je ne l'ai pas revu depuis. — «Quel homme était-ce? — « C'était un homme vigoureux, actif, de stature moyenne ; il avait la taille droite, de larges épaules, de l'embonpoint, le teint animé, les yeux d'un bleu mêlé de jaune, les cheveux d'un blond vif. — « Le reconnaissez-vous dans cette lithographie, reprend M. Foyatier, en mettant sous les yeux de son interlocuteur un assez bon dessin de Maurin ? — «Pas trop, répond M. M.... ; mais ce buste, en désignant celui d'Houdon, me le rappelle parfaitement. »

Il serait aisé de grossir indéfiniment le nombre des preuves d'identité, d'ajouter, par exemple,

Qu'en 1833 et 42, madame Clairet, employée autrefois chez le concierge du Temple pendant les années 1792 et 93, reconnut, non sans terreur, « dans M. de Richemont le prisonnier du Temple. » M. de Richemont venait, en 1848, d'arrêter un appartement dans une maison rue de Tournon, où demeurait madame Clairet ; aussitôt qu'elle l'eut aperçu, elle courut prévenir le propriétaire et les locataires qu'il y avait danger de recevoir ce personnage « qui n'était autre que le fils de Louis XVI. » Les meubles étaient à la porte, on refusait de les laisser entrer ; M. de Richemont dut recourir à l'intervention du magistrat ;

Qu'en 1842, madame Dezarneaux, veuve de l'ancien fumiste

de la cour, qui avait vu plusieurs fois le Dauphin dans son enfance, se trouvant devant plusieurs personnes en présence de M. de Richemont, « le reconnut pour le fils de Louis XVI » à sa ressemblance et en outre parce que, lui ayant présenté un petit étui d'or à secret, il dit qu'il devait avoir appartenu à la reine, et contenir un couteau, il trouva de suite le secret, et l'ouvrit ;

Qu'aux environs de Strasbourg, dans la maison d'un diplomate très connu, M. de Richemont, apercevant sur la cheminée une pendule, se mit à dire, après l'avoir considérée attentivement : « Elle ressemble bien à une pendule qu'avait ma mère ; il y a un carillon. » — « Mais non. » — « Oh ! pardonnez-moi ; et ce carillon doit sonner des airs allemands que ma mère aimait beaucoup. » Le maître de la maison, qui savait qu'effectivement la pendule avait appartenu à la reine Marie-Antoinette, alla demander à l'horloger qui la lui avait vendue, s'il savait qu'elle eût eu un carillon de cette espèce ; l'horloger répondit affirmativement ;

Que, tout récemment, en passant à Châlons, interrogé sur le voyage de Varennes, M. de Richemont rappela « qu'à tel endroit on s'était arrêté pour faire reposer les chevaux, qu'il avait mangé des *cerises*, fort rares alors, et qu'il en avait distribué à de jeunes enfants. » L'interrogateur connaissait précisément cette circonstance et ne douta plus qu'il ne parlât au fils de Louis XVI ;

Que, le 21 septembre 1850, on nous écrivait de Stra bourg :

Pièce 103. — « M. le baron, m'entendant nommer une personne de ma famille, se rappela et me fit observer qu'une demoiselle de ce nom avait été attachée à son service. Il est, en effet, très exact que cette personne avait été attachée au service de Louis XVII ; elle est morte maintenant, mais je l'ai connue, et elle m'en a souvent entretenu.

« Ce souvenir de l'ex-baron de Richemont me paraît une preuve frappante de son identité avec l'infortuné fils de Louis XVI.

« Signé : P.... »

Mais à quoi bon d'autres preuves ; l'identité n'est-elle pas démontrée ?

Résumé.

Y a-t-il, en effet, notoriété historique ou judiciaire plus fortement établie que celle-ci ? En histoire, deux ou trois témoins, souvent même des présomptions graves, des inductions tirées d'actes accomplis, suffisent pour constater ce qu'on appelle une vérité ; en justice, dans la matière la plus importante, quand il s'agit de suppléer au défaut de représentation d'un acte de naissance, la loi se contente de sept témoins ; en voici déjà plus du triple, sans compter tous ceux qui ont fourni leur contingent de preuves aux autres chapitres de l'ouvrage ! Et quels témoins ? des témoins contre lesquels il n'y a ni reproches ni récusation possibles.

Car l'identité est proclamée :

Par deux anciens généraux, honorés de la confiance de Charles X, et délégués de madame la duchesse d'Angoulême, MM. de Bruges et de Montchenu ; par M. Chamblant, auquel nul autre que le fils de Louis XVI ne pouvait raconter ce qui s'était passé entre eux, au château de Meudon, lorsqu'il rapporta, avec son frère, les oiseaux du prince échappés ; par M. Caffe, ancien garde-suisse, capitaine de volontaires, juge, chevalier de Saint-Louis, qui avait vu et connu parfaitement le Dauphin ; par la nièce de son ancien précepteur ; par M. le baron M..., par madame Béquet, anciennement attachée à la garde-robe de la reine ; par M. Lemoine, par M. Jard, ancien lieutenant porte-drapeau du régiment Dauphin, par mademoiselle Fillette, autrefois employée à la garde-robe des fils de France, par M. d'Aiguillon, ayant demeuré jadis à Trianon, par M. P..., qui, tous, ont reconnu le fils de Louis XVI à ses traits, d'abord, et à des souvenirs personnels, de la plus minutieuse exactitude ; par son ancien maître d'écriture, M. de Saint-Cyr, qui l'a reconnu à une épreuve dans laquelle tout autre que son élève eût succombé, au choix des manuscrits du Dauphin ; par un compagnon des jeux de son enfance, M. Maxime de Redon, auquel il a rappelé de ces faits tellement intimes qu'ils enlèvent jusqu'à l'ombre d'un doute ; par madame Durandeau, à la vue de la cicatrice d'une blessure que lui avait signalée la nourrice du Dauphin ; par l'aumônier du prince de Condé ; par le bibliothécaire de la duchesse douairière d'Orléans ; par les descendants de Lucien Bonaparte, sur des traditions de famille ; enfin, par l'un de nos premiers sculpteurs, M. Foyatier, sur la parfaite similitude de conformation du buste du Dauphin enfant avec celui de M. de Richemont.

En outre, madame veuve L..., femme de confiance de madame de Génovil, PIÈCE 5 ; M. d'Arsac, PIÈCE 14 ; M. l'abbé Ne..., PIÈCE 30 ; madame Duplessis, artiste distinguée, qui avait entendu l'impératrice Joséphine révéler à madame la comtesse d'Aumale, sa marraine, l'existence du fils de Louis XVI, et qui souvent avait peint les portraits des membres de la famille royale, PIÈCE 36 ; le colonel Govéan, PIÈCE 49 ; MM. Hérard de Villiers et Rouillé, PIÈCE 50 ; M. le curé de la Croix-Rousse de Lyon ; ont reconnu et attesté l'identité.

M. le chevalier d'Olry, PIÈCE 46, commence ainsi sa lettre à M. de Richemont : « Monseigneur, »... et la termine par ces deux phrases :

« La gloire de la France, si la France ose en parler encore, sera un retour aussi sérieux que nécessaire sur elle-même, retour sur lequel rayonnent les destinées « du fils retrouvé de Louis XVI. »

« Recevez, Monseigneur, avec cette libre expression de ma pensée et de mon espérance, l'hommage de mon vieux dévoûment et du profond respect avec lequel j'ai l'honneur d'être... etc. »

M. le comte de Pons, ancien page d'Artois, devant qui se passa l'entrevue de Versailles, et qui a reconnu dans M. de Richemont le personnage présenté par le prince de Condé à la duchesse d'Angoulême, lui écrit, PIÈCE 57:

« Dieu veuille, M. le baron, que ma déclaration, en harmonie avec les sentiments que mon cœur éprouve « pour le fils d'un monarque aussi vertueux que juste, » puisse vous être de quelque utilité. Mon sang est mêlé du vôtre, et il est tout à la disposition de « l'illustre rejeton du petit-fils de saint Louis. » Heureux si la dernière goutte coulait un jour pour lui et pour une malheureuse patrie qui n'a plus de bonheur depuis qu'elle a banni la race antique de ses rois. »

Joignons à toutes ces reconnaissances celle résultant des paroles échangées entre madame la duchesse d'Angoulême et M. de Richemont, pendant l'entrevue de Versailles : « Allez, vous êtes la cause de tous les malheurs de ma famille ! » — « Ah ! ma sœur. ma sœur!... » PIÈCE 57 ; et celle résultant de la réception de M de Richemont par le pape sous le nom et le titre de fils de Louis XVI.

Cumuler plus de preuves d'une identité fondée sur des témoignages si nombreux, si graves, si peu contestables, serait faire insulte à la sagacité du lecteur. Qu'il veuille bien ne pas les isoler de celles qui montrent à nu l'opinion et la conduite de la Restauration ; qu'il réfléchisse à la reconnaissance tacite découlant du silence obstiné de la duchesse d'Angoulême, du duc de Bordeaux, de leurs conseillers, des de Montbel, des de Levi, des Pastoret..., de tous les journaux légitimistes; qu'il apprécie l'exactitude et la bonne foi que j'ai apportées dans l'exposition, le développement et la discussion des preuves; il verra qu'en réunissant et classant ces documents, je n'ai point fait un sacrifice à l'esprit de parti, mais que j'ai suivi l'instinct sacré de la conscience, de la vérité, de la justice; qu'en un mot, j'ai tracé le préambule d'une grande et nationale histoire, en tête de laquelle la France entière écrira le nom du fils de Louis XVI, qu'elle substituera bientôt à celui de baron de Richemont.

CHAPITRE XIV.

PROCÈS DE M. DE RICHEMONT, EN 1834.

Nous avons interrompu l'histoire du fils de Louis XVI, au moment de sa sortie des prisons de Milan; reprenons-la.

Les autorités supérieures de la ville s'empressèrent de lui annoncer sa mise en liberté ; les employés de la haute police vinrent le féliciter et lui souhaiter un heureux voyage. On le prévint même des difficultés qu'il éprouverait à pénétrer en France, et des mesures adoptées contre lui par le gouvernement de sa patrie.

Il traversa la Suisse, et arriva à Genève, vers la fin de novembre 1825. Des ordres étaient donnés pour l'empêcher d'y résider, et pour l'arrêter à la frontière. Sous le nom, et avec le passeport d'un citoyen recommandable de Genève, il parvint à déjouer la surveillance de la police et à gagner Lyon, le 6 janvier 1826.

De là, il se rendit à Toulon, avec l'intention de s'embarquer pour Lisbonne et d'y rejoindre don Juan. Aucun vaisseau n'étant prêt à mettre à la voile, il alla au Havre, espérant être plus heureux ; la mort de don Juan, qu'il y apprit, changea tous ses projets. Le fils de Louis XVI perdait son dernier ami ; Condé était mort en 1818.

Il résolut de séjourner à Rouen, afin de recueillir des renseignements sur les intrigues de Louis XVIII, dans l'affaire de Mathurin Bruneau. Pour mieux réussir, et en même temps pour se soustraire aux recherches de la police, il entra dans les bureaux de la préfecture, ce qui lui fut d'autant plus aisé qu'il ne demandait pas d'appointements.

Toujours prêt à rendre service, il aida d'assez fortes sommes d'argent un négociant gêné dans ses affaires ; ce qui lui attira des désagréments qui l'engagèrent à se fixer à Paris en 1827.

Le 2 février 1828, il adressait à la chambre des pairs la réclamation suivante, datée de Luxembourg, quoiqu'il fût à Paris ; il en est question dans la PIÈCE 82 :

« Nobles pairs,

« Organes de la justice, c'est à votre haute sagesse que l'infortuné Louis-Charles de Bourbon, duc de Normandie, vient confier ses intérêts. Arraché, comme par miracle, des mains de ses farouches bourreaux, et après avoir végété pendant de longues années, dans les diverses parties de l'univers, il revint en France après la Restauration. Repoussé par ses proches, il fut forcé de s'expatrier, pour se soustraire à leurs coupables tentatives. Ayant dirigé ses pas vers les États d'un de ses proches parents maternels, la haine des premiers l'y poursuivit encore, et il fut arrêté... D'après ses réclamations, et au bout de sept ans, six mois et douze jours, l'empereur d'Autriche ordonna sa mise en liberté.

« Il s'adresse loyalement à vos nobles seigneuries..... Il ne réclame point le trône de ses pères ; il appartient à la nation qui seule a pu et peut en disposer... Il demande seulement à votre équité un asile pour sa tête, qui ne peut reposer nulle part sans péril, et une patrie que plus de trente ans d'exil n'ont pu lui faire oublier... Tout ce qui a été dit ou fait jusqu'ici en son nom lui est absolument étranger : il rougirait de s'abaisser au rôle d'un obscur factieux ; ces menées furent l'ouvrage de l'iniquité ; leurs véritables auteurs, qui vous sont assez connus, et dont quelques-uns siégent parmi vous, ont cru en éterniser le silence, lorsqu'ils eurent réussi à le faire ensevelir dans les cachots de l'Autriche.

« Immédiatement après sa sortie, le duc de Normandie a été en butte à de nouvelles persécutions, et s'est vu obligé de s'éloigner d'un État voisin, qui lui fit signifier qu'il ne pouvait le garder sur son territoire..... Il reconnut à ce trait que la haine de ses persécuteurs n'était point encore éteinte, et il dut se conformer à l'impérieuse nécessité.

« Fatigué de mener une vie errante depuis si longtemps, il se présente hardiment à vous avec l'intime conviction que, non-seulement vous ne repousserez pas sa légitime réclamation, mais que vous prononcerez sur sa validité.

« Tous les Français ont des droits à votre justice et à votre impartialité, et il ose croire qu'il n'aura pas la douleur d'être le seul qui se sera confié en vain à votre loyauté et à vos lumières.

« Signé : LE DUC DE NORMANDIE. »

Les Tuileries furent en émoi, mais ne découvrirent point l'auteur de la réclamation, qui, cependant, écrivait dans les journaux de l'opposition.

La révolution de juillet éclata ; il fit, sans résultat, des démarches pour arrêter sa famille sur les bords du précipice.

Le 12 août 1830, il protesta contre l'élection illégale de Louis-Philippe en ces termes :

« Louis-Charles de France, etc.

« Considérant en droit que tout mandat est spécial ou général, article 1987 du Code civil ; que le mandataire ne peut rien faire au-delà de son mandat ; que le pouvoir de transiger ne renferme pas celui de compromettre, article 1989 ; qu'en fait de mandat, le mandant n'est tenu de ce qui a été fait au-delà qu'autant qu'il l'a ratifié expressément ou tacitement, article 1978 ; que la violation du mandat rend illégales, irrégulières, et par conséquent nulles les opérations qui en découlent ;

« Considérant en fait que la mission des députés de 1830 fut toute spéciale ; qu'elle avait pour but unique le renversement du ministère et du système, et le refus de subsides en cas de résistance ; que les députés n'ont pu, sans violer leur mandat, s'arroger le droit de réviser la charte, et encore moins d'imposer à leurs commettants une forme de gouvernement quelconque, sans les avoir préalablement consultés ; que ces deux opérations ne pouvaient être faites que par des mandataires munis de pouvoirs spéciaux à ce sujet ;

« Par tous ces motifs et autres, à déduire en temps et lieu, je déclare que, comme Français, je proteste, à la face du ciel et de la terre, contre l'illégalité, l'irrégularité et l'abus monstrueux de pouvoir, dont se sont rendus coupables les députés assemblés le 3 août 1830, en révisant la constitution, opération qui ne pouvait être faite que par la nation, ou ses mandataires spéciaux.

« Comme prince et chef de la branche aînée des Bourbons, je proteste contre l'élection de Louis-Philippe d'Orléans et tout ce qui s'ensuivra, comme étant, ladite élection, entachée de nullité radicale, en ce qu'une chambre provisoire ne pouvait être constituante, ni transmettre plus de droits qu'elle n'en avait elle-même.

« La présente protestation sera adressée aux Puissances étrangères, pour qu'elles y aient tels égards que de droit.

« Signé Louis Charles. »

Cette protestation fut publiée, répandue à profusion, et expédiée à tous les cabinets par la voie des ambassades.

Pendant les années 1830, 31, 32 et 33, le fils de Louis XVI se mêla aux agitations politiques de la presse, et fit imprimer plusieurs brochures piquantes. Il s'occupa principalement à rassembler des matériaux pour sa réclamation d'état.

En février 1833, les documents se trouvant assez nombreux, une conférence eut lieu chez Me Le Roy, avocat, en présence de Me Debetbeder, avoué ; on y arrêta les bases de la requête, et on se mit en mesure de la dresser et de la présenter. Ce projet bientôt connu du château y jeta l'alarme.

En effet, si la dynastie de juillet, encore peu solidement fondée, souriait à l'idée de flétrir la Restauration et de diviser les légitimistes en laissant agir le fils de Louis XVI, elle savait qu'il avait protesté contre son élection, et redoutait un concurrent sur lequel allait se porter infailliblement l'intérêt public. Elle prit le parti d'empêcher la réclamation.

Le principal agent de la police du château dirigea l'intrigue. A son instigation, une femme Durut, qui s'arrogeait le titre de comtesse des Deux-Ponts, fit savoir, par intermédiaire, à M de Richemont qu'elle pouvait lui procurer des titres importants, et le mettre en relation avec un homme capable de servir sa cause. Cet homme était l'agent de Louis-Philippe. Abusant ainsi de la bonne foi de M. de Richemont, elle parvint à lui extorquer de grosses sommes d'argent, et à lier entre lui et l'inconnu une correspondance compromettante. Aussitôt que ce dernier eut en sa possession des lettres dans lesquelles le nouveau pouvoir était fort maltraité, il les adressa au parquet, et, le 29 août 1833, M. de Richemont fut arrêté sous la prévention, banale alors, de complot.

Ce qu'on voulait, c'était une occasion de s'emparer de ses papiers ; on y tenait ; car les mandats portaient : « surtout attachez-vous aux papiers. » Le même jour, on fit une perquisition à son domicile , et on saisit des lettres, des brochures, un poignard, une main-courante, un agenda, un manuscrit de la duchesse douairière d'Orléans, et quelques lettres autographes du prince de Condé. Dans le procès-verbal on refusa de consigner le détail des pièces. Le préfet de police d'alors était le très honorable M. Gisquet.

Dépouillé de ses titres, M. de Richemont devenait moins embarrassant ; pourtant le château le craignait encore ; pendant quatorze mois il recula devant le procès, et si M. de Richemont se fût montré plus traitable, jamais le procès n'aurait eu de suite. Mais il refusa la main de la princesse Clémentine qu'on lui offrait, sous la condition d'abdiquer en faveur de Louis-Philippe. Dès ce moment les persécutions commencèrent. M. de Richemont, malade, reçut l'ordre de partir pour Lyon, à pied, entre deux gendarmes, au cœur de l'hiver. Il fallait, disait-on, le confronter avec ses complices. Il obtint avec peine d'être transporté en voiture, à ses frais. Inutile de faire remarquer qu'à Lyon comme à Paris il ne se trouva ni complot, ni complices. Au bout de deux mois, il revint à Sainte-Pélagie. La police soudoya un des prisonniers, nommé Georget, qui déclara reconnaître dans M. de Richemont le sieur Hervagault ; malheureusement Hervagault était mort à Bicêtre, en 1812.

Ce petit conte des gens de la rue de Jérusalem est à peu près de la même force que celui des légitimistes qui ont prétendu le confondre avec le fils d'un boucher.

Ce n'est pas tout ; trois personnes arrêtées sous la même inculpation furent persécutées, tourmentées de toute façon. On n'eut pas honte de leur laisser entendre qu'en chargeant M. de Richemont elles obtiendraient de suite leur liberté. M. Boucher, l'une d'elles, m'a dénoncé ces odieuses tentatives de corruption.

L'instruction durait toujours. Sans doute, à force de lenteurs calculées et de tracasseries, le gouvernement espérait obtenir, de guerre lasse, l'adhésion du fils de Louis XVI à ses propositions. Ses espérances furent déçues. M. de Richemont adressa tant de réclamations à la magistrature, au parquet, aux journaux qu'il ne fut plus possible, malgré les instances du juge d'instruction pour obtenir une ordonnance de non-lieu et épargner au pouvoir une discussion épineuse, de perpétuer sa détention sans jugement.

Après quatorze mois d'incarcération préventive, il comparut enfin, le 30 octobre 1834, devant la Cour d'assises de la Seine, accusé :

1° De complot, ayant pour but un attentat contre la vie du roi et des membres de la famille royale, la destruction du gouvernement, et l'excitation à la guerre civile ;

2° De délits de presse ;

3° De possession d'une imprimerie clandestine ;

4° De port d'une arme prohibée ;

2° D'escroquerie et de tentative d'escroquerie.

L'affaire occupa six audiences.

Je ne rappellerai ni le témoignage d'Andryane, ni celui du duc de Caraman, qui ne laissèrent aucun doute sur l'identité de M. de Richemont avec le prisonnier de Milan, et sur l'intervention du gouvernement français dans son arrestation près de Mantoue ; ils ont été appréciés au chapitre XI ; je n'insisterai pas non plus sur celui de M. de Chabrol, qui déclara avoir assisté, en 1795, à l'arrestation de l'enfant soupçonné d'être Louis XVII; *Gazette des Tribunaux* du 3 novembre 1834; j'ai d'autres arguments à tirer du procès.

Les aveux d'Andryane, à la première audience, produisirent une telle sensation que la police royale en émoi fouilla ses vieilles traditions et mit en scène un Louis XVII taillé sur le modèle des Hervagault et des Bruneau, l'horloger prussien Naündorff. La veille, cet homme avait envoyé à tous les journaux un écrit dans lequel on prodiguait l'injure et la calomnie au baron de Richemont. Dès la deuxième audience, on le fait circuler dans la salle. C'était le prélude de la scène ridicule que voici :

A l'ouverture de l'audience, un certain Morel de Saint-Didier se présente à la barre, se dit porteur d'une réclamation du véritable fils de Louis XVI, Naündorff, contre les prétentions du baron de Richemont, qu'il traite de fourbe, d'intrigant, d'imposteur, etc. ; il remet au président cette lettre signée Charles-Louis...; et la Cour, se prêtant complaisamment à ce manége, ordonne le dépôt de la lettre, et fait gravement rédiger procès-verbal de l'incident. *Observateur des trib.*, t. 5, p. 302 et suiv. Que le parquet agisse ainsi, cela se conçoit : il est l'agent destituable du pouvoir ! mais la Cour !!... A-t-elle été dupe d'un piége si grossier ? ce n'est pas croyable.

A-t-elle joué le rôle de compère ? je ne le pense pas. L'impartialité du président dans le résumé des débats, sa bienveillance même envers le prévenu, excluent toute participation de son côté. N'a-t-elle donné qu'une adhésion de convenance à cette parade organisée à son insu ? J'aime mieux le présumer.

Interpellé sur l'incident, M. de Richemont se contente de répondre : « Quand un citoyen quelconque réclame un nom, il doit au moins le connaître. Le fils de Louis XVI s'appelle Louis-Charles et non Charles-Louis. — Sensation. *Moniteur.*

Notez que pendant le débat un autre individu tâchait de prouver à l'auditoire qu'il était lui-même fils de Louis XVI, et faisait parvenir à l'un des conseillers une lettre que celui-ci ouvrait en disant : « Encore un Louis XVII ! » *Observateur des trib.*, t. 5, p. 305. J'espère qu'il y en avait pour les aveugles ! *Risum teneatis !*

Comment un jury français s'est-il laissé prendre à pareille comédie ?... N'était-il pas clair comme le jour que le parquet et la police la composaient pour le besoin de la cause, parce qu'ils savaient l'accusation dénuée de fondement ; parce que les pièces saisies chez M. de Richemont attestaient sa qualité et son identité ; parce que MM. Andryane et de Caraman confirmaient ses allégations ; parce que, durant les quatorze mois de prévention, ils n'avaient pu, malgré leurs recherches en France et à l'étranger, lui découvrir une origine, un nom autres que ceux qu'il s'attribuait ; parce qu'ils craignaient que le jury ne tirât de cette impuissance une conclusion favorable à l'accusé, et qu'au lieu de prononcer sa condamnation, il ne dît hautement : « Oui, M. de Richemont est le fils de Louis XVI ! » et alors quel ennui, quelle honte, quelles entraves pour le pouvoir !

Ces intrigues sont la meilleure preuve que le gouvernement reconnaissait en M. de Richemont le fils de Louis XVI, et que, ne pouvant le repousser par des armes loyales, il essayait contre lui le ridicule d'une impudente rouerie.

Non content de s'attaquer à sa personnalité civile, le ministère public essaya de flétrir sa personnalité morale. Pourvu qu'il réussît à l'écarter, tous les moyens étaient bons.

Il fit venir de Lyon et de Rouen des témoins à charge, dans l'espoir d'établir contre M. de Richemont des actes ou des tentatives d'escroquerie.

Les témoins de Lyon, désignés comme victimes de ses manœuvres, déclarèrent unanimement, de vive voix, et par des écrits en notre possession, n'avoir jamais eu qu'à se louer de la délicatesse de ses relations ; l'aumônier des dames de Grigny manifesta la plus vive indignation contre ces accusations mensongères, et un autre ecclésiastique, M. l'abbé Niévolet, signala, en pleine audience, l'insistance et les menaces des juges instructeurs envers les témoins, leurs efforts pour contraindre ceux-ci à dénoncer des faits d'escroquerie ou de complot, conduite qui découvre les intentions et les menées du pouvoir.

Alors , M. de Richemont , se contenant à peine , lança au ministère public cette vigoureuse apostrophe :

« L'accusation, qui a précipité l'arrivée des témoins de Lyon, est tellement absurde, que j'avais d'abord résolu de ne pas répondre. Mais l'animosité avec laquelle M. l'avocat-général a, depuis le commencement des débats, interrogé les témoins et oppressé en quelque sorte ceux qui ne déposaient pas contre moi, m'oblige à faire une observation.

« Madame de Louvat est morte ; ses héritiers se sont-ils plaints qu'une somme lui ait été soustraite et soustraite par moi ? Répondez, monsieur l'avocat-général ; car avant de me poursuivre comme escroc, il fallait prendre sur ce point des renseignements et acquérir une conviction. Il fallait , avant de m'accuser, être certain que le crime ou le délit existait. Au lieu de cela, on accuse, et les témoins qui déposent de la vérité sont considérés comme des imposteurs.

« Un pareil scandale n'est pas tolérable, et je déclare que pour ne pas exposer les témoins à de pareilles injures, je me retrancherai dans un complet silence pendant tous les débats, à moins que M. le président ne donne des ordres pour qu'il y soit mis un terme. » — Mouvement prolongé.

L'avocat général hésite à répondre à l'accusé. Après quelques secondes, il dit, sans se lever, et, d'une voix assez émue :

« Vous comprenez, MM. les jurés, notre « embarras ; nous croyons faire notre devoir et l'avoir toujours fait ; nous ne croyons pas avoir de leçons de loyauté ou de convenance à recevoir de qui que ce soit..... » *Gaz. des Trib.* du 3 novembre, col. 4.

Les témoins de Rouen déposèrent à leur tour. Le ministère public fut extrêmement désappointé, quand, au lieu d'inculper le prévenu, ils citèrent de lui les plus beaux traits de bienfaisance, au point que le président ne put s'empêcher de dire : «C'est bien ; mais cela prouve qu'il possédait une grande fortune, puisqu'il la dépensait ainsi. » *Bon sens.* Cela prouve plus, monsieur le président : un intrigant, un imposteur ne fait pas de son argent un si noble usage ; il ne va pas délivrer, à ses frais, un prisonnier pour dettes, honnête, mais inconnu, tandis que celui qui sent la hauteur de son origine conserve , même au sein de l'adversité, une âme élevée et généreuse ; il est toujours lui. La conscience intime qu'il a de sa valeur produit un effet électrique qui se communique aux âmes les plus incapables de tout mouvement d'honneur.

La femme Durut en est un exemple : interpellée par M. de Richemont sur ses fâcheux antécédents, sur le rôle d'agent de police qu'elle avait rempli, elle répond avec vivacité : « Je

prie monsieur le président de faire tenir note de ce que vient
de dire M. le duc de Normandie. »

Le prés. — « Le reconnaissez-vous donc pour tel ?

La Durut. — « Oui, monsieur. » *Bon sens.*

Et à la suite de nouveaux reproches de M. de Richemont,
elle s'écrie : « Ah! monsieur le duc de Normandie, vous me
traitez comme ça! » *Messager.*

Ainsi, jusqu'aux agents de police, tous étaient convaincus
que M. de Richemont était le fils de Louis XVI.

Le premier témoin à décharge, M. le duc de Choiseul, aide-
de-camp de Louis-Philippe, un rallié, comme disaient alors
les légitimistes qui, depuis, ont conseillé l'alliance de la postérité du duc de Berry avec celle de Philippe Egalité, vint raconter un épisode personnel du voyage de Varennes, épisode
connu seulement des infortunés voyageurs et du témoin.
M. de Richemont avait provoqué cette narration, et rappelé
tout d'abord au duc les détails les plus importants et les plus
secrets. M. de Choiseul, se souvenant mieux de sa qualité
d'aide-de-camp de Louis-Philippe que de celle d'ancien défen-
seur de Louis XVI, avait déposé à la préfecture de police la
protestation du 12 août 1830, et s'efforçait, à l'audience, de
détruire l'impression produite par l'exactitude du récit de
M. de Richemont.

Il y a plus, au moment où M. de Choiseul répondait aux interpellations du prévenu, M. Maxime de Redon se trouvait à
côté de lui. Le duc, surpris de la vérité des explications de
M. de Richemont, dit à M. de Redon : « Ma foi, s'il eût parlé
du cadeau que vous fit la reine, — la petite épée, — des doutes
sérieux s'élèveraient dans mon esprit. »

Dès que M. de Choiseul crut avoir des doutes, n'était-il pas
de son devoir d'honnête homme de les éclaircir, d'informer
le président de la présence de M. de Redon, qui eût été entendu et mis en face de l'accusé? Dès lors tout se découvrait.
Ce que M. de Redon a attesté, PIÈCE 88, il l'eût déclaré publiquement ; et la reconnaissance du fils de Louis XVI était
immédiate. C'est ce que ne voulaient ni le ministère public, ni
le duc rallié. Donc, à leurs yeux, M. de Richemont était le fils
de Louis XVI.

A l'ouverture de la troisième audience, M. de Richemont
critiqua quelques dépositions de témoins, releva leurs contradictions, montra la possibilité de l'évasion du Temple et de
l'existence du Dauphin, donna des renseignements sur l'arrestation et l'emprisonnement de Milan, sur l'emploi de son
temps depuis sa mise en liberté. Une longue agitation dans
l'auditoire suivit ses explications, après lesquelles le président,
s'adressant à M. de Richemont comme on ne s'adresse point
à un prévenu, mais à une personne qu'on respecte, lui dit :

« Vous savez que MM. les jurés ne peuvent connaître d'une

question relative à votre état civil : vous devez présenter requête au parquet de M. le procureur du roi, appeler votre sœur en cause, et vous inscrire en faux contre l'acte de décès qu'on vous oppose, et qui ne peut tomber que devant une inscription de faux. *Moniteur* et *Réformateur.*

Votre sœur... évidemment le président se serait exprimé d'une autre manière s'il avait cru M. de Richemont autre que le frère de la duchesse d'Angoulême, autre que le fils de Louis XVI.

Le 3 novembre, l'avocat-général prit la parole. Il terminait son allocution aux jurés par ce singulier aveu : « Hommes de bon sens, d'expérience et de probité, vous avez réduit à leur juste valeur, à l'instant même où elles se sont produites, toutes les extravagances qui forment le fond de ce procès. » Il ne pouvait rien dire de si vrai ; car l'accusation et ses moyens n'étaient qu'un tissu de fourberies policières, indignes de fixer l'attention de la justice, si ce n'est pour être flétries. Les jurés cependant s'y laissèrent prendre.

M. de Richemont répondit :

« Messieurs les jurés, après plus de quatorze mois de détention préventive, je parais devant vous sous le poids d'une accusation inqualifiable... Pendant ma longue captivité, je n'ai cessé de demander des juges ; mes vœux sont enfin exaucés !...

« Il me sera donc permis d'épancher librement, une fois en ma vie, ce cœur tant ulcéré et tant comprimé depuis plus de quarante ans ! Le moment est venu de lever le voile qui couvre un grand mystère d'iniquité ! Vous connaîtrez, messieurs, les malheurs qui ont abreuvé mon existence ; vous apprendrez, et l'Europe apprendra avec vous, les persécutions auxquelles ma fatale naissance m'a mis continuellement en butte !... Vous connaîtrez leur victime !...

« Ma présence ici est un de ces phénomènes que les révolutions seules peuvent produire, je suis une de ces victimes qui survivent rarement à la rage des factions...

« Je ne suivrai point l'accusation dans tous ses détails ; ce sera la tâche de mon conseil ; je présenterai seulement quelques observations générales. J'attacherai plus particulièrement mes soins à vous démontrer tout l'odieux des accusations dirigées contre moi, et des moyens frauduleux employés pour leur donner de la vraisemblance.

« Vous en ferez justice, messieurs ; vous donnerez une sévère et utile leçon aux fauteurs présents et à venir de forfaitures et de prévarications.

« J'ai été arrêté sans mandat ; j'ai vainement réclamé contre cet acte arbitraire et illégal ; le juge a refusé d'insérer mes protestations...

« Vous dirai-je, messieurs, les visites, les perquisitions, les saisies faites chez moi et ailleurs !...

« Dirai-je la violation de domicile commise à Passy, où l'on a enfoncé les portes, brisé les serrures, bouleversé tout un appartement, enlevé des papiers et du linge, malgré mes déclarations, celles des portiers et des habitants de la maison, qui établissaient positivement que j'y étais inconnu !

« Dirai-je le guet-apens commis contre moi, le 15 octobre 1833, époque à laquelle on a voulu m'arracher violemment de mon lit, quoique je fusse gravement indisposé, pour me conduire à Lyon, à pied, dans la boue, à la pluie, attaché en laisse aux chevaux des gendarmes, enchaîné et accouplé peut-être à la lie des malfaiteurs.

« Dirai-je les trames ourdies contre. moi pendant tout le temps d'une aussi longue prévention !

« Dirai-je les propositions qui m'ont été faites, les correspondances et confidences dangereuses, les visites et les perquisitions supposées générales, mais dont le but unique était de m'enlever mes pensées secrètes, des papiers importants, et surtout une correspondance qui alarmait le pouvoir !...

« Dirai-je les faux témoignages arrachés à un prisonnier, à l'aide d'un salaire ou d'une promesse d'emploi !...

« Dirai-je la coupable condescendance d'un magistrat, aujourd'hui ministre, qui, dans un acte d'accusation auquel j'étais étranger, désigna l'un des accusés comme ayant secondé des intrigues à l'aide desquelles j'aurais exploité quelques crédulités de sacristies et de châteaux !...

« Dirai-je la perfidie des journaux salariés par le pouvoir qui dénaturèrent l'accusation de complot et d'attentat, pour y substituer nne imputation calomnieuse et dégoûtante !...

« Dirai-je la conduite du juge, qui, chargé de l'instruction du procès, a forcé des témoins à me connaître, en a menacé d'autres, et fait parler des muets et des morts !...

« Dirai-je, enfin, celle des magistrats composant la chambre du conseil et celle des mises en accusation de la cour royale, qui, appelés à statuer sur une demande de mise en liberté provisoire sous caution, ont prononcé sans avoir vu le dossier !...

« Comment qualifier tous ces actes? je vous en laisse le soin, messieurs.

« Il résulte de tant d'iniquités un fait bien positif, c'est que agents supérieurs et subalternes des polices, magistrats, journaux salariés, tous ont concouru à jeter la déconsidération sur moi, et à paralyser l'intérêt qu'on savait devoir se rattacher à ma cause.

« Il ne nous sera pas difficile, messieurs, de pulvériser l'accusation, et de flétrir toutes ces indignes manœuvres.

— S'adressant à l'avocat-général. — « Vous osez m'accuser de complot!... Quel est-il? Où sont mes complices? — L'accusé regarde autour de lui. — « Je cherche et je n'en trouve point!

« Vous osez m'accuser d'attentat!... Mais quel acte m'opposez-vous? une correspondance avec des agents du pouvoir, agents que vous connaissez, que vous rougissez d'avouer, et que vous vous seriez bien gardés de produire, si je ne me fusse moi-même chargé de ce soin.

« Vous osez m'accuser de rédaction d'écrits injurieux contre le pouvoir et d'autres! Vous savez bien qu'il n'en est rien, que le manuscrit qui porte ce nom était destiné à former une brochure de quatorze feuilles, plus de deux cents pages, et ne devait être que le développement des principes politiques et d'ordre renfermés dans une publication faite en 1830, et reproduite depuis.

« Vous osez m'accuser d'avoir pris de faux noms et de faux titres!... Où sont vos preuves? La société me doit un nom, et il n'a pu être permis d'en priver violemment, et encore moins officiellement, un citoyen quelconque, en le rayant du nombre des vivants, alors qu'on le sait existant, et qu'on en fournit soi-même la preuve la plus irréfragable... — L'accusé désigne le dossier du procès qui est sur le bureau devant M. le président.

« Au reste, est-il permis à des magistrats de torturer le texte des lois et de qualifier faussement des faits pour justifier une arrestation arbitraire et une détention préventive indéfinie?

« Où en sommes-nous, messieurs, puisque de telles horreurs se commettent impunément!

« Je dois le dire avec toute la sincérité d'un homme d'honneur : s'il n'y a eu ni complot ni attentat, c'est que les provocations de ce genre ont été impuissantes, que toutes mes démarches ne tendaient qu'à obtenir un état civil, et que j'allais, dans ce but, investir régulièrement la justice du pays ; le pouvoir ne l'ignorait pas, et c'est précisément la raison pour laquelle il s'est conduit ainsi à mon égard:.

« C'est ici le moment, messieurs, de vous initier aux coupables intrigues ourdies contre moi. Je le ferai avec franchise et loyauté ; je ferai taire mon indignation ; je laisserai en paix la cendre des morts ; je n'évoquerai point des ombres accusatrices ; je serai généreux jusqu'au bout ; mais qu'on sache néanmoins que toute patience a ses bornes.

« Le pouvoir savait qu'il existait une victime échappée à l'orage qui avait englouti presque toute sa famille ; il était instruit par ses agents qu'elle faisait des démarches pour découvrir d'anciens serviteurs et recouvrer certains papiers qui lui avaient été violemment enlevés, papiers qui lui étaient indispensables pour procéder à une demande en reconnaissance d'état civil; le pouvoir prévoyait les conséquences de cet acte régulier et légal, et en redoutait les suites; il fallait donc l'empêcher à tout prix. Les moyens familiers et ordinaires avec lesquels on se débarrasse d'un importun ne pouvant être employés sans danger, on eut recours à d'autres expédients. L'agent supérieur de certain lieu fut chargé de m'écrire pour me détourner de mes projets : il me dit des choses vraies, que son maître seul pouvait connaître; il m'engagea fortement à ne pas faire procéder à une reconnaissance d'état civil, m'assurant que les papiers que je cherchais étaient en son pouvoir ; il me donna un détail si exact de leur forme, de leur contexture, de leur contenu, de leurs dates et de leurs signatures, qu'il fallait absolument les avoir à sa disposition et même sous les yeux pour s'en expliquer ainsi ; il m'offrit de me les rendre et de m'aider en outre à découvrir les personnes que je cherchais. Dès lors, plus de doutes possibles..... La crédulité est le partage de la bonne foi.

« A l'aide de ces promesses, on parvint à m'extorquer des sommes considérables que les agents se partagèrent entre eux. En échange de cette coupable spoliation, je reste possesseur d'une correspondance qui compromet gravement le pouvoir; on jugera bientôt de son importance, car elle va être imprimée, publiée et distribuée à profusion.

On comprendra tout l'intérêt qu'avait le pouvoir à l'arracher de mes mains ; on comprendra par quels calculs je dus, en reconnaissant l'agent provocateur à sa grossière amorce, me résoudre à feindre d'être sa dupe, afin d'en arracher des aveux auxquels je tiens plus qu'à la vie.

« On comprendra mon arrestation, les visites domiciliaires, la violation de domicile, ce voyage à Lyon, où je n'avais que faire, dans la saison la plus rigoureuse de l'année, les provocations de la police avant et pendant ma détention, les soustractions et altérations de pièces, les propositions, les calomnies des parquets, la coupable condescendance de certains magistrats, la perfidie des journaux salariés, les menaces aux témoins, les faux témoignages, les tortures d'un secret continuel de quatorze mois, l'arrestation d'un témoin avant même d'avoir été entendu, ma longue captivité et l'accusation absurde qui pèse sur moi.

« Quelques mots encore, messieurs, et j'ai fini.

« En 1765, Gessner, consulté par l'impératrice Marie-Thérèse, sur le sort de sa fille, qui fût ma mère, fit cette réponse remarquable: «Il est des croix pour toutes les épaules. »

« L'Egyptienne qui prédit à Napoléon, à Jaffa, qu'après avoir gagné des batailles, conquis et donné des royaumes et porté une couronne, il mourrait en exil, m'annonça, sur la même plage, que je parcourrais le monde sans trouver d'asile, que je serais malheureux toute ma vie, et que je mourrais d'être né...

« Ma mère a porté sa croix !...

« Napoléon est mort en exil !...

« J'ai parcouru la terre et n'ai trouvé d'asile nulle part !...

« J'ai été malheureux toute ma vie !...

« Une seule de ces prédictions n'est point encore accomplie... Votre verdict, messieurs, et le pays en décideront. » *Rénovateur.*

L'avocat-général répliqua.

Pour la dernière fois, M. de Richemont s'exprima en ces termes :

« Messieurs les jurés ,

« M. l'avocat-général vous a dit que je suis un artisan de trouble et de sédition, affilié à toutes les opérations séditieuses ; c'est une calomnie d'autant plus indigne qu'il sait qu'elle influera sur la détermination que vous allez prendre, et que c'est le moyen le plus sûr d'obtenir de vous un verdict de culpabilité... Je lui porte le défi de citer aucun acte de sédition ou d'improbité, de faire connaître à quelles sociétés je suis affilié, et de produire un seul de mes prétendus complices... Il savait bien que c'était une calomnie, et il craignait de tout dévoiler en produisant ces prétendus complices qui sont tellement haut placés qu'il recule d'épouvante devant le blâme qu'il encourrait...

« Il vous a dit que je suis un homme dangereux ; savez-vous pour qui ? Pour ceux qui, depuis plus de quarante ans, m'oppriment afin d'empêcher l'effet de mes trop justes réclamations.

Il vous a parlé de bruits répandus sur mon passage, bruits vagues à la vérité, mais bien étonnants ; vous en a-t-il dit la source, nommé les auteurs ? Non, car encore là il eût rencontré les mêmes hommes !...

« Il vous a parlé de menées révolutionnaires : en quoi les fait-il consister ? quelles sont-elles ? Je lui porte le défi de vous les dévoiler... Il vous a parlé de manœuvres ténébreuses, mais il s'est bien gardé de vous les faire connaître ; il en eût été bien en peine : c'est une nouvelle calomnie, et, dans cette enceinte, il faut autre chose que des allégations...

« Il vous a dit que des enquêtes ont été faites partout, et notamment à Rhodez, où a été assassiné l'infortuné Fualdès, dépositaire de ma correspondance avec don Juan, roi de Portugal, mais il se garde bien encore de vous en faire connaître les résultats ; il ne le pourrait pas, sa puissance ne va point jusque-là, une autre puissance s'y oppose !...

« Il vous a dit que je ne puis être le fils de Louis XVI... Vous dit-il qui je suis ?... C'était son devoir, sa tâche, celle de tous

les parquets et des polices du royaume ; le temps et les moyens
ne leur ont pas manqué... Je les ai interpellés formellement
et à plusieurs reprises de le déclarer ; ils ont tous gardé et
gardent encore le silence !... Vous l'apprécierez, messieurs,
ce silence ; il n'est pas celui de l'impuissance, mais bien de
la mauvaise volonté et de la crainte...

« Vous apprécierez aussi la cause qui nous a empêché de
produire nos titres ; ce n'est ni le lieu, ni le moment : la manière seule dont on nous a sommé suffisait pour exciter nos
justes défiances... Nous n'avons pas voulu nous exposer à la
perte certaine de nos pièces ; elles nous ont coûté trop de peine
à recueillir... Les tribunaux compétents auront à statuer à
cet égard, et la justice ne sera peut-être pas toujours un vain
mot.

« Eh quoi, messieurs, vous penseriez qu'avec un homme
tel que moi, et dans un pareil moment, on eût négligé de
porter des investigations dans tous les endroits où j'ai séjourné, et notamment à Milan ? Non, non, messieurs, n'en
croyez rien ; on a écrit partout, partout on a obtenu ce que
l'on désirait et qu'on n'ose vous faire connaître ; ou plutôt
on s'est abstenu, parce qu'on savait à quoi s'en tenir à mon
sujet, et que toutes démarches eussent été superflues.

« Je ne vous retiendrai pas davantage, messieurs ; car vous
devez être convaincus. » — *Réformateur.*

Que devaient faire les rois, les gouvernements et les polices,
en présence d'un défi aussi solennel ? Ils devaient tous, ne
fût-ce que pour justifier les actes monstrueux, arbitraires et
illégaux, mis en usage contre l'accusé, chercher à le dévoiler
sans pitié... Au lieu de cela, tous ont gardé le silence !!... Silence dont les jurés seuls n'ont compris ni l'éloquence, ni la
portée !

Puis M. le président commence ainsi son résumé :

« Messieurs, quel est l'accusé qui se trouve aujourd'hui
devant vous ? Quel est son nom véritable, son origine, sa famille, ses antécédents, sa vie tout entière ? Serait-ce un de
ces artisans de discorde, ardents à jeter le trouble pour en
tirer parti, s'adressant aux sentiments religieux des uns, aux
sympathies politiques des autres ? Serait-ce un instrument
des ennemis de la France, cherchant à porter partout la guerre
civile, dans le dessein de favoriser de honteuses spécula-
tions ?

« Ne serait-ce qu'un infortuné sauvé comme par miracle
des horreurs d'une sanglante révolution, proscrit, frappé
d'anathème par sa naissance elle-même, ne trouvant plus de
nom, d'asile pour reposer sa tête ? Ou ne serait-ce qu'un
homme placé sous une préoccupation fâcheuse ? C'est un point,
messieurs, sur lequel nous appellerons votre attention. »

Dans cette dernière partie, empreinte d'une bienveillante

sensibilité, la croyance du président à l'identité du prévenu avec le fils de Louis XVI perce et devient transparente.

Ensuite vint la position des questions : sous quel nom désigner l'accusé ? Ce fut l'objet d'une discussion entre l'avocat et le ministère public, qui termina le différend par une cote mal taillée : « L'appellera-t-on colonel Gustave, Transtamarre, Legras, Esthelbert, baron de Richemont ? Le nom de Henri Hébert se trouve dans presque tous les actes importants où l'accusé a figuré ; il est donc plus rationnel de le désigner sous ce nom, en ajoutant, pour lui donner satisfaction, cette mention : se disant baron de Richemont, qualité qu'il a prise dans l'instruction. » *Moniteur.*

A-t-on jamais vu un président, un avocat-général, ignorer le nom, l'origine, la famille, la vie d'un accusé, après quatorze mois de prévention ? C'est impossible. Si l'on vivait dans un temps d'anarchie et de désordre, ou au milieu des déserts, on pourrait tout au plus venir dire qu'on ne sait quel est l'individu que l'on retient sous les verrous depuis plus de quatorze mois, après l'avoir fait poursuivre, arrêter, et garder au secret, à l'étranger, pendant sept ans, six mois, et douze jours, sans le juger !... Mais en France, pays le plus administrativement gouverné, où il est impossible de rester inconnu, venir demander quel est l'accusé qu'on a pourchassé, traqué, dépouillé, emprisonné ; l'accusé, qu'on a entouré d'espions, qu'on a tourmenté, auquel on a tendu des piéges de toutes sortes ; l'accusé, sur lequel on a déversé l'injure, l'outrage, la calomnie ; l'accusé qui, se dressant de toute sa hauteur, osait jeter son gage, défier ainsi tous les souverains de l'Europe, et dire avec calme, en pleine audience, à la magistrature et aux jurés : « Je suis le fils de Louis XVI, le prisonnier du Temple et de Milan ; » je m'offre de le prouver tant par titres que par témoins ; me voilà !... que me voulez-vous ?... Demander, dis-je, quel est cet homme. C'est du dernier ridicule, au moins, en présence d'un passé qui accuse et d'actes qui condamnent !...

Dans tous les cas, on aurait dû punir M. de Richemont pour usurpation de nom, de qualités. On s'en est bien gardé.

Après ces énormités, si transparentes, si décisives, croirait-on qu'il se soit trouvé, qu'il se trouve peut-être encore, des gens assez dépourvus de sens ou de bonne foi, pour aller affirmant et colportant la vieille nouvelle que M. de Richemont, le prisonnier de Milan, le prévenu de 1834, tant examiné, tant épluché par des magistrats intéressés à faire montre de dévoûment et de sagacité, est le fils d'un boucher des environs de Lyon !... Ils font peu d'honneur aux limiers du parquet et de la police, qui transférèrent M. de Richemont à Lyon, tout exprès pour y dresser contre lui un supplément d'instruction et l'enfermèrent dans la même prison où avait été détenu le fils du boucher en question et sous la garde du même directeur, qui n'aurait pas demandé mieux que de le reconnaître s'il y eût eu identité de personnes, et qui, cependant, ne cessa de le traiter avec la plus grande déférence. Je préférerais à leur place, et ce serait au moins plus spirituel, répéter l'assertion des légitimistes qui, sous Louis-Philippe, faisaient de M. de Richemont un agent de police. Singulier agent de police, qui aurait protesté contre les traités de 1814 et de 1815, contre son patron Louis-Philippe, en 1830, et qui, pour ses bons et loyaux services, aurait été, après quatorze mois de détention provisoire, condamné à douze ans de la même peine!!... Sous la Restauration, on n'eût pas manqué de le dire agent des libéraux. Mais, depuis 1848, en pleine république, avant qu'on ait osé ouvertement agiter la question de monarchie, il a réclamé de nouveau son nom... De quel parti sera-t-il donc l'émissaire? Il y a des gens qui veulent être stupides à tout prix !

Enfin l'arrêt est prononcé: les questions posées au jury, relativement à l'attentat contre la vie du roi et au délit d'escroquerie, sont résolues négativement, les autres affirmativement.

« La cour, après en avoir délibéré, considérant qu'il résulte de la déclaration du jury que Henri Hébert, se disant Esthelbert-Louis-Hector-Alfred, baron de Richemont, est coupable :

« 1° D'avoir, en 1830, 1831, 1832 et 1833, par une résolution d'agir, concertée et arrêtée entre deux ou plusieurs personnes « restées inconnues, » formé un complot ayant pour but la destruction du gouvernement et l'excitation à la guerre civile, etc., etc.;

« 2° D'offenses envers la personne du roi, par des écrits imprimés, etc., etc.;

« 3° D'avoir été possesseur d'une imprimerie clandestine et porteur d'une arme prohibée par la loi ;

« Faisant application, etc., etc., condamne :

« Henri Hébert, se disant Esthelbert-Louis-Hector-Alfred, baron de Richemont, à douze années de détention, ordonne la destruction de la presse clandestine et des écrits saisis. »

L'arrêt ne prononce pas la surveillance.

L'accusé écoute sa condamnation sans proférer un seul mot. On l'entend dire, en se retirant : « Celui qui ne sait pas souffrir n'est pas digne des honneurs de la persécution. »
Gazette des Tribunaux.

Que pensez-vous d'un complot formé avec des personnes restées inconnues ? C'est fort. Un complot suppose plusieurs volontés méditant le même acte. Comment savoir qu'il y a plusieurs volontés quand on déclare ingénument qu'on ne connaît pas les co-méditants. Les termes de l'arrêt impliquent

contradiction. Il n'en est pas moins rendu , avec application
du maximum de la peine, douze ans de détention !

De cette accusation, de ce jugement, véritable dérision judiciaire, tout observateur impartial tirera avec nous ces conséquences: le gouvernement savait que M. de Richemont
était le fils de Louis XVI ; ses protestations , sa réclamation
d'état l'inquiétaient ; il fit naître un prétexte pour s'emparer de ses papiers, une accusation pour légitimer l'odieuse
conduite de ses agents ; et., ne pouvant acheter son silence
par des promesses, donna l'ordre de le condamner pour se
débarrasser de lui. Plus d'une fois les magistrats donnèrent
à entendre par leurs ménagements spontanés qu'ils savaient
ou devinaient la vérité.

CHAPITRE XV.

VOYAGE DU FILS DE LOUIS XVI A GAETE PRÈS DU SOUVERAIN PONTIFE.

M. de Richemont, condamné, avait été réintégré à Sainte-Pélagie. Profitant d'un complot d'évasion, organisé par deux détenus politiques, MM. Couder et Rossignol, il s'échappa le 19 août 1835, et se réfugia à l'étranger, où il passa, dans une retraite absolue, les années 1836 et 37.

En 1838, il se rendit à Lyon. A peine installé, il fut aperçu et reconnu par un fonctionnaire public, qui le dénonça au procureur-général. Ce magistrat avait présidé les assises de la Seine, lors du procès de 1834. Il fit son rapport au garde-des-sceaux, qui lui écrivit : « Tant que le baron de Richemont ne réclamera rien ; tant qu'il n'écrira pas dans les journaux, et qu'il ne bougera pas, laissez-le tranquille. »

Il vint secrètement à Paris, en 1839. C'est à cette époque que se fit l'enquête de Bruges. Enfin, l'amnistie du 27 avril 1840 lui permit de se montrer.

En 1841 et 42, un nommé Wedimbach, attaché à la police secrète du château, s'introduisait près de M. de Richemont, et lui faisait, de la part de Louis-Philippe, des propositions qui tendaient évidemment au même but que celles de 1833. M. de Richemont persista dans ses refus. Pour s'en venger, on résolut de l'arrêter ; il se laissa conduire, ou plutôt porter à la préfecture de police, car il était malade. Le lendemain, seulement, il sut qu'afin de créer un prétexte d'arrestation, on avait imaginé de l'accuser de rupture de ban, en affectant de le confondre avec un sieur Perrin. Telle est l'origine des fables débitées par les ennemis du fils de Louis XVI. M. de Richemont n'eut pas de peine à démontrer l'absurdité de cette confusion volontaire. Aussi le préfet s'empressa-t-il de faire cesser une détention à laquelle lui et son administration étaient étrangers. Elle ne dura que vingt-quatre heures.

Après avoir recueilli les documents nécessaires, le fils de Louis XVI publia, en 1843, la première édition de ses *Mémoires d'un Contemporain*, et, en 1846, la seconde.

De cette époque à la révolution de février, il figure dans la presse parmi les écrivains de l'opposition.

Le 25 mai 1848, par une demande motivée, le fils de Louis XVI sollicita l'intervention de l'Assemblée nationale pour obtenir le nom de son père, sa qualité et ses droits de citoyen français, dont l'acte frauduleux du 12 juin 1795 l'avait dépouillé.

Nous touchons au voyage de Gaëte.

Preuves.

Vers la fin d'octobre 1848, arrivait de Rome en France un digne prélat, supérieur d'un ordre religieux. Il venait avec mission du Saint-Père de visiter plusieurs couvents. En avait-il une autre ? Le lecteur en jugera. Toujours est-il qu'il se rendit à Paris, muni d'une lettre de M. Nicod, curé de la Croix-Rousse, de Lyon, pour M. Boucher, et qu'il pria ce dernier de le présenter à M. le baron de Richemont. Il lui fut en effet présenté le 1er novembre, et, en présence de M. Boucher, et de M. F... qui l'a attesté, PIÈCE 98, « il fit devant ce prince deux génuflexions, baisa sa main et l'appela Monseigneur. »

M. de Richemont apprit de sa bouche que le souverain Pontife, instruit de son existence et de ses malheurs, prenait un vif intérêt à ce qui le regardait. Il crut même comprendre que Sa Sainteté ne refuserait pas de se constituer intermédiaire entre madame la duchesse d'Angoulême, sa sœur, et lui.

C'est ce qui le détermina, le 24 novembre, à écrire au pape la lettre suivante, que le vénérable abbé se chargea de faire parvenir :

PIÈCE 104. — « Très Saint-Père,

« Votre Sainteté connaît les malheurs de l'auguste famille royale de France, la mort du roi, de la reine, de la princesse, sœur du roi, et la captivité au Temple des enfants du roi. Elle a été informée du prétendu décès du prince royal, de son enlèvement, de sa conservation miraculeuse et toute providentielle, et de ses apparitions en Europe depuis ce prétendu décès.

« Votre Sainteté aura connu également l'arrestation du fils de Louis XVI, sa détention de plus de sept ans dans les États autrichiens, sans motif apparent et sans jugement, et sa mise en liberté, en vertu des ordres de l'empereur lui-même.

« Votre Sainteté a su aussi la rentrée en France, en 1826, du fils de Louis XVI, ses luttes avec les pouvoirs et les gouvernements, sa nouvelle incarcération en 1833, le procès qui fut fait pour un crime imaginaire, sa condamnation, son évasion en 1835, son retour dans sa patrie et les démarches qu'il a faites jusqu'à ce jour.

« Très Saint-Père, ce prince se propose de demander légalement l'annulation de l'acte de décès irrégulier et frauduleux du 12 juin 1795, attendu qu'il ne porte point son nom, et que c'est celui d'un autre enfant. Une multitude de preuves écrites et orales seront produites à l'appui de sa réclamation, et il a l'espoir de réussir.

« Cependant, quoique la route fermée jusqu'ici lui soit ouverte, quoique tout se réunisse pour assurer à sa demande un succès certain, le fils de Louis XVI vient soumettre à Votre Sainteté l'étrangeté de sa position, lui exposer les causes qui le forcent à agir, et la prier de lui accorder sa bienveillante protection, et de s'interposer officieusement entre lui et la princesse, fille du roi, sa sœur, afin qu'elle reconnaisse dans la victime de tant de vicissitudes, le frère qu'elle sait n'être mort ni au Temple ni ailleurs.

« Cette déclaration de la princesse pourra seule éviter à sa famille, à son frère, à elle-même, les regrets amers que va nécessairement occasionner le scandale d'une procédure qui doit dévoiler à la face du monde étonné et consterné, les manœuvres employées pour étouffer les cris de l'innocence opprimée. Ces manœuvres voueront à la honte et à l'ignominie tous ceux qui ont sciemment contribué à maintenir une suppression d'état contre laquelle protestent énergiquement la nature, la religion, la morale, la justice et la probité.

« Quelle que soit la détermination que prendra Votre Sainteté, le fils de l'infortuné Louis XVI n'en persistera pas moins à se dire,

« De Votre Béatitude,

« Très Saint-Père,

« Le très humble et très soumis fils en Jésus-Christ,

« Signé : LOUIS-CHARLES.

« Paris le 24 novembre 1848. »

Encouragé par ce qui lui avait été dit de l'opinion du Saint-Père, de sa bienveillance, de ses vertus, certain que la lettre lui avait été remise, poussé par le désir de s'entretenir avec lui, de se procurer l'allocution du pape Pie VI, et copie du traité secret de 1802, M. de Richemont se décide tout-à-coup à faire le voyage de Gaëte.

Il part de Paris le 22 janvier 1849, avec M. Noyer, son médecin, arrive le 24 à Lyon, et, le 6 février, à Marseille. M. l'abbé Royannais, curé de Chauffry, diocèse de Meaux, le rejoint à Valence.

J'ai entre les mains les passeports des trois voyageurs. La

destination, les visa, étant identiquement semblables, je me contenterai de copier celui du fils de Louis XVI :

PIÈCE 105. — « Passeport à l'étranger, délivré le 7 février 1849, par M. le préfet des Bouches-du-Rhône, à M. Louis-Charles de France, natif de Versailles, Seine-et-Oise, demeurant à Paris, pour aller à Naples.

« Signalement :

« Agé de soixante-trois ans, taille d'un mètre soixante-neuf centimètres, cheveux gris, front haut, sourcils gris, yeux bleus, nez moyen, bouche moyenne, barbe grise, menton rond, visage ovale, teint coloré.

« Visé à Marseille par le consul général du Pape, bon pour la voie de mer, le 8 février. Signé : Carlo Ferrari. Sceau du consulat-général papal.

« Visé par le consul général de Sardaigne. Signé : Al. Arfabio. Sceau du consulat-général sarde.

« Visé par le consul général du grand duc de Toscane. Signé : J.-B. Amaldi. Sceau du consulat-général de Toscane.

« Visé par le consul-général des Deux-Siciles. Signé : Giocomo de Martines. Sceau du consulat-général de Naples.

« Visé par le commissaire général de police de Naples, le 13 février 1849, bon pour débarquer. Signé : G. de Simonini. Sceau du commissariat-général des Deux-Siciles.

« Visé à la légation de France, à Naples, bon pour aller à Gaëte. Naples, le 14 février 1849. Signé : Ch. Desly. Sceau de la légation de France.

« Visé à la légation de France, bon pour aller à Paris par Marseille, le 23 février 1849. Le consul de France, signé : Ch. Desly. Sceau de la légation de France.

« Visé par le consul général de Sardaigne, bon pour traverser les États sardes. Naples, le 23 février 1849. Signé : Car. P. Spora. Sceau du consulat-général sarde.

« Visé bon pour Paris, royaume de France. Naples, le 23 février 1849. Le directeur des affaires étrangères des Deux-Siciles, signé : E. Tangionie. Sceau du ministre des affaires étrangères des Deux-Siciles.

« Visé à la délégation maritime, bon pour partir. Naples, le 25 février 1849. Le commissaire, signé : G. de Simonini. Sceau de la délégation maritime de Naples. »

Le 9 février, les voyageurs s'embarquèrent à Marseille, à bord du *Sésostris*, arrivèrent à Naples le 14, et reçurent un accueil très obligeant des chefs de la police, qui, en échange des passeports français, leur en signèrent d'autres pour Gaëte.

Voici le permis de passage du prince, traduit de l'italien :

PièCE 106. — « Passeport délivré à Naples, le 19 février 1849, à M, Louis-Charles de France, pour se rendre à Gaële; valable pour six mois. Le préfet de police, signé : Pucheneda.

« Visé à Mola di Gaeta, le 17 février 1849 ; bon pour Gaële. L'inspecteur de police, signé : Francesco Castellano. Sceau de l'inspection générale de Mola di Gaeta.

« Visé à Mola di Gaeta, le 21 février 1849, bon pour Naples. L'inspecteur de police, signé : Francesco Castellano. Sceau de l'inspection générale de Mola di Gaeta.

« Visé à Capoue pour Naples, le 21 février 1849. L'inspecteur, signé : Licerelli. Sceau de l'inspection-générale de police de Capoue. »

Pendant le trajet, deux personnes se réunirent aux compagnons du prince : c'étaient un gentilhomme belge, allié à l'une des premières familles de France, et une religieuse française.

Le 17 février, le fils de Louis XVI arrive à Gaële ; il attend une demi-heure aux portes de la ville la permission du gouverneur ; elle est accordée; il entre et se rend au palais. Le commandant supérieur, major de Jongh, demande aux voyageurs qui ils sont, ce qu'ils veulent ; le fils de Louis XVI, prenant la parole pour lui et ses compagnons, répond :

— « Je suis gentilhomme français ; voici un prêtre et un médecin qui m'accompagnent ; nous désirons offrir nos hommages au Saint-Père. Madame est religieuse française et vient, dans le même but, remplir une mission que j'ignore. Monsieur est un gentilhomme belge qui nous a rencontrés en chemin. »

Aussitôt le gentilhomme belge exhibe un passeport catholique de l'archevêque de Malines.

— « Monsieur, lui dit le major de Jongh, ce passeport ne suffit pas ; votre ambassadeur est à Naples; il faut attendre son retour et sa recommandation. » Puis, se retournant vers les autres voyageurs: « La faveur que vous réclamez s'obtient très difficilement ; chargé de veiller sur une vie qui est si précieuse, je ne laisse arriver jusqu'au Saint-Père que ceux dont je connais les principes et tous les antécédents ; si donc vous né vous faites pas complètement connaître, vous ne serez point admis, et vous pouvez repartir comme vous êtes venus... »

— « Pourrais-je vous parler en particulier, monsieur ? dit M. de Richemont au major.

— « Volontiers. »

Ils se retirèrent ensemble dans l'embrasure de la porte d'une pièce voisine, et M. de Richemont débuta par ces mots :

— « Je suis l'oncle de votre roi ; c'est-à-dire oncle à la

mode de Bretagne ; sa grand-mère fut la sœur de ma mère, et par conséquent ma tante et de plus ma marraine. »

Le commandant ayant alors dirigé ses yeux vers ceux de M. de Richemont, lui dit :

— « Prenez garde à ce que vous dites ; vous êtes ici en notre puissance, et la prison ferait bientôt justice d'une telle impudence. »

M. de Richemont tira de son portefeuille plusieurs papiers parmi lesquels se trouvaient une copie de la lettre qu'il avait écrite au pape en novembre 1848, lettre qui lui avait été remise par le révérend père F..., et son acte de naissance, puis, les montrant au commandant, en présence de ses compagnons de voyage, il lui dit :

— « Vous voyez par cette lettre que je ne suis point inconnu du Saint-Père, et par cet acte de naissance, que je suis assez proche parent de votre roi. »

Le commandant lut la lettre, PIÈCE 104, et l'acte de naissance ainsi conçu :

PIÈCE 107. — **Extrait du registre des actes de naissance de la ville de Versailles pour l'année 1785.**

« L'an mil sept cent quatre-vingt-cinq, le vingt-sept mars, très haut et très puissant prince Louis-Charles de France, duc de Normandie, né de ce jour, fils de très haut, très puissant et très excellent prince Louis-Auguste, roi de France et de Navarre, et de très haute, très puissante et très excellente princesse Marie-Antoinette-Josèphe-Jeanne, archiduchesse d'Autriche, reine de France et de Navarre, son épouse, a été baptisé dans la chapelle du roi, par monseigneur le prince Louis-Réné-Edouard, cardinal de la sainte Église romaine, évêque et prince de Strasbourg, landgrave d'Alsace, prince d'état d'Empire, grand aumônier de France, commandeur de l'ordre du Saint-Esprit, en présence de nous, soussigné, curé. Le parrain a été très haut et très puissant prince Louis-Stanislas-Xavier de France, Monsieur, frère du Roi, et la marraine, très haute, très puissante et très excellente princesse Marie-Charlotte-Louise de Lorraine, archiduchesse d'Autriche, reine des Deux-Siciles, sœur de la reine, représentée par très haute et très puissante princesse Elisabeth-Philippine-Marie-Hélène de France, sœur du Roi, en présence de Sa Majesté, et ont signé. Signé : Louis, Louis-Stanislas-Xavier, Élisabeth-Marie-Hélène-Philippine, Marie-Adélaïde-Victorine-Louise, L.-P.-J. d'Orléans, le cardinal de Rohan et Brocqueville, curé.

« Pour extrait conforme délivré le 18 avril 1848,

« Signé : LAMBINET. »

« Nous, président du Tribunal de première instance séant à Versailles, certifions véritable la signature de M. Lambinet, maire de cette ville, apposée ci-contre.

« Signé : BERNARD DE MAUCHAMP.

« A Versailles, le 18 avril. »

Le commandant ne put réprimer un mouvement de surprise qui n'échappa point aux spectateurs, et, changeant de ton et d'allures, il pria M. de Richemont de lui confier ces pièces pendant cinq minutes, parce qu'il désirait les montrer tout de suite au Saint-Père. Cette conduite, à la fois loyale et prudente, allait le mettre dans le cas de juger de la véracité du voyageur et du mérite de ses papiers. Aussitôt qu'il les eut, il dit :

— « Attendez-moi ici. »

Au bout de dix minutes, il descendit, et, képi bas, d'un air respectueux, qui contrastait avec celui du premier abord, il se hâta de dire :

— « J'ai trouvé le Saint-Père endormi : après l'avoir éveillé, je lui ai dit : « Saint-Père, il y a du nouveau ! connaissez-vous Louis XVII ? » — « Non, » a-t-il répondu. — « Vous n'en avez jamais entendu parler ? » — « Si ; j'ai même une lettre de lui que le père F... m'a remise. » — « Il est ici ! » — « Il est ici ? Je le verrai avec plaisir. »

Comme M. de Richemont se disposait à reprendre ses papiers :

— « Voudriez-vous, monsieur, me les laisser jusqu'à demain ; le roi dîne ce soir au château ; je les lui communiquerai ? »

— « Volontiers. »

Le Saint-Père, le roi, la famille royale, le premier ministre, et le major en conférèrent nécessairement ensemble.

Le major de Jongh s'enquit alors de l'adresse des voyageurs, et, sur leur réponse qu'ils n'avaient point encore arrêté de logement, le major leur représenta qu'il était impossible d'en trouver à Gaëte ; qu'à peine le roi de Naples y occupait un appartement convenable ; que le corps diplomatique était logé à Mola, et qu'il leur conseillait d'y aller. Il indiqua lui-même l'hôtel Ciceroni, et l'hôtel Capocèle où résidait l'ambassadeur de France.

— « Et cette bonne religieuse, observa M. de Richemont, nous ne pouvons l'emmener avec nous ; ne sauriez-vous lui indiquer un couvent où se loger ? »

— « Je ne vois rien. Cependant, attendez, je vais m'informer. »

Sans perdre de temps, le bon major, commandant général de la place, va, lui-même, jusqu'auprès des portes, dans une

maison de Dames de la Providence, demande et obtient un
asile pour la religieuse.

Enfin, le commandant pousse la courtoisie jusqu'à recon-
duire les voyageurs à leur voiture, et les quitte en disant :

— « Demain, vous aurez de mes nouvelles. »

Les voyageurs retournent à Mola, descendent et s'installent
à l'hôtel Capocèle, consignent leurs noms sur le registre ; le
prince écrit en toutes lettres : « Louis-Charles de France, » et
les titres conformes à son acte de naissance. Le camerier n'eut
rien de plus pressé que de le porter à notre ambassadeur.

Dès le lendemain, 18 février, une ordonnance apportait au
baron de Richemont la lettre suivante :

PIÈCE 108. — « Le soussigné a l'honneur de faire part à
monsieur Louis-Charles de France que Son Eminence le cardinal Antonelli, pro-secrétaire d'Etat, le recevra aujourd'hui.

« Ladite Eminence est visible toute la journée à la seule
exception de 2 heures 1[2 à 4 heures qui est l'heure du dîner.

« Monsieur de France pourra donc se régler de sorte à
venir avant ou après.

« Gaëta, 18 février 1849.

« Signé : DE JONGH,
« Major. »

M. de Richemont choisit l'heure qui lui convenait. Avis en
fut transmis au commandant par l'estafette, et des ordres furent immédiatement donnés pour que les portes de la forte-
resse fussent ouvertes à l'heure indiquée, et, chose insolite,
c'était un dimanche !

En conséquence, le major de Jongh introduisit le fils de
Louis XVI près du cardinal Antonelli, vers les 4 heures. La
conférence se termina fort tard. En quittant le ministre, le
prince parut content, en quittant le prince, le ministre semblait plein d'égards, et l'accompagna jusque dans l'anticham-
bre.

Le 19, le fils de Louis XVI recevait une nouvelle dépêche :

PIÈCE 109.—« Le major de Jongh a l'honneur de faire part
à monsieur Louis-Charles de France que Sa Sainteté le recevra demain matin à 11 heures pour baiser le pied.

« L'ordre sera donné à la porte de la place pour l'entrée.
« Gaëta, le 19 février 1849. »

Enfin, le 20 février, à la suite d'une seconde conférence
avec le fils de Louis XVI, le ministre « le conduisit, lui-même, »
à l'audience du Saint-Père, et les laissa seuls.

Après un « entretien secret, d'une assez longue durée, »

le souverain Pontife admit M. l'abbé Royannais et M. Noyer, qui purent juger, à l'attitude du prince et du Saint-Père, à l'air de satisfaction qui régnait sur leurs visages, à la manière dont eux-mêmes furent accueillis, que le fils de Louis XVI avait rencontré un cœur digne de compatir à ses infortunes. Pie IX était debout, ayant M. de Richemont à sa droite. Il adressa ces mots aux deux compagnons du prince :

« Je vous félicite de la preuve de courage et de dévoûment que vous avez donnée à votre prince en l'accompagnant jusqu'ici. C'est dans le malheur que l'on connaît ses vrais amis. Soyez toujours unis, et vous serez forts. »

Plusieurs fois, pendant le séjour des voyageurs à Gaëte, le roi de Naples et le fils de Louis XVI échangèrent des saluts gracieux et empressés, saluts tels, qu'il était évident pour M. l'abbé Royannais et M. Noyer que le roi cherchait l'occasion d'apercevoir son parent et de lui témoigner des attentions qui ne pussent lui échapper.

Un jour entre autres, le 20, le prince revenait de visiter la cathédrale ; le roi se trouvait au bas du perron de sa demeure, entouré d'un cercle nombreux; une dame placée près de lui, la reine, le tirant par le bras, lui fit voir les étrangers qui passaient ; immédiatement le cercle s'écarta, et le roi salua le fils de Louis XVI avec un mouvement de curiosité respectueuse.

Le prince put aisément présumer qu'il serait favorablement reçu s'il demandait à l'être, mais, considérant sa position et les ménagements politiques qu'avait à garder la cour des Deux-Siciles, il préféra s'abstenir. Cependant, ne voulant pas lui laisser ignorer qu'il appréciait les marques d'intérêt qui lui avaient été données, lors de son retour à Naples, il écrivit au roi :

PIÈCE 110. — « Sire,

« L'accueil plein de bonté, que Sa Sainteté a daigné me faire lorsque je me suis présenté pour déposer à ses pieds l'hommage de mon respect et de mon admiration, semblait pouvoir m'encourager à offrir à V. M. le juste tribut de reconnaissance qui lui est dû. J'eusse rempli ce devoir avec d'autant plus de plaisir que l'affabilité dont elle m'a donné des preuves, chaque fois que j'ai eu le bonheur de la rencontrer à Gaëte, provoquait tout naturellement ma confiance. Mais l'étrangeté de ma position politique, tout ce qu'elle renferme d'équivoque, ont dû imposer silence à mon pauvre cœur, et me forcer à quitter ses Etats sans avoir osé demander audience.

« Sire, un acte de décès irrégulier en la forme et frauduleux au fond, me raya, le 12 juin 1795, du nombre des vivants. Depuis ce jour, j'ai vainement protesté contre une telle monstruosité. Chaque fois que j'ai voulu réclamer, la prison ou l'exil furent mon partage. J'ai donc été forcé de me résigner et de continuer à souffrir. Malheureusement la justice divine prit soin de punir mes oppresseurs en les condamnant, à diverses reprises, à subir les maux dont ils avaient abreuvé mon enfance, ma jeunesse et presque toute ma vie.

« L'incroyable et, pour ainsi dire, fabuleux événement du 24 février 1848, m'ayant enfin fourni l'occasion de faire entendre ma voix plaintive, sans crainte et sans danger, je me dispose à saisir les tribunaux français d'une demande en réclamation d'état civil, afin d'anéantir l'acte informe que ma famille opposa sans cesse à toutes mes prétentions; et j'ai la certitude de réussir.

« Les preuves surabondent; et il sera démontré, jusqu'à la dernière évidence, que l'enfant, mort au Temple, n'était pas le fils de Louis XVI; puis, que cet enfant, dont le squelette vient d'être providentiellement découvert et examiné avec la plus scrupuleuse attention par quatre des premiers médecins de Paris, avait près de quinze ans, tandis que le Prince royal, né le 27 mars 1785, n'était dans ce moment âgé que de dix ans, deux mois et douze jours.

« Le Dauphin fut enlevé du Temple le 19 janvier 1794. L'une des deux personnes qui procédèrent à cette opération fut assassinée en 1797, d'après les instructions secrètes des membres de la Convention, qui avaient déjà fait empoisonner, le 31 mai 1795, le docteur Desault, qui mourut le 1er juin, et l'autre a été fusillée en 1801.

« En 1798, quelques jours avant l'attentat horrible commis sur la personne de Pie VI, ce pontife fit au sacré-collége une allocution dans laquelle il annonçait que Louis Charles, duc de Normandie, échappé des mains de ses bourreaux, avait habité la Vendée en 1794 et 1795. Cette pièce signée du souverain pontife et revêtue du sceau de l'État, fut présentée en 1814, à Louis XVIII, par un ambassadeur de Pie VII qui refusait de le sacrer, parce qu'il était notoire que son neveu, le duc de Normandie, était encore vivant.

« Le 12 décembre 1802, les rois coalisés signèrent un traité dans lequel ils refusèrent de reconnaître comme roi de France le comte de Provence, depuis Louis XVIII, attendu qu'ils savaient que le fils de son frère aîné avait été enlevé par fraude des prisons du Temple et qu'il existait... Ce fut le duc Antonin de Serra-Capriola qui négocia ce traité dont expédition doit exister dans les archives de Saint-Pétersbourg, Vienne, Berlin et Naples.

« En 1804, Joséphine, qui avait vu le Dauphin le jour même de son enlèvement du Temple, puis en 1803, le fit embarquer pour l'Amérique, d'où il ne put revenir qu'en août 1815, alors que tout était terminé. Ce prince n'a cessé de protester contre tout ce qui se fit à cette époque et depuis.

« Ces faits sont bien connus de l'illustre duchesse de Berry, sœur de Votre Majesté. Son royal époux périt pour s'être trop vivement intéressé à mon triste sort.

« Toutes les personnes qui ont servi, approché, vu et connu le fils de Louis XVI dans les châteaux royaux, au Temple et ailleurs, du 27 mars 1785 au 20 janvier 1849, l'ont parfaitement reconnu et sont prêtes à déposer partout où besoin sera.

« Sire, le Saint-Père dont la charité est immense a bien pu ne pas repousser la victime qui venait verser dans son sein paternel le secret de ses douleurs ; Sa Sainteté avait en main les preuves matérielles de l'existence du fils de Louis XVI, et d'autres preuves morales qui ont pu lui suffire ; mais ces dernières n'étant pas admises par la politique, j'ai cru devoir m'abstenir. J'ose espérer que Votre Majesté ne verra dans cette conduite de ma part qu'une prudente réserve qu'elle daignera pardonner.

« Je suis, avec le plus profond respect,

« De Votre Majesté,

« Sire, le très humble serviteur,

« Signé : LOUIS-CHARLES. »

« Naples, le 23 février 1849. »

Cette lettre fut adressée directement au cardinal Antonelli, avec prière de la transmettre au roi. Elle était accompagnée de ce billet au premier ministre de Sa Sainteté :

PIÈCE 111. — « Éminence,

« Je viens de nouveau remercier Votre Éminence de l'affabilité avec laquelle elle m'a reçu, écouté et présenté au vicaire de Jésus-Christ. Qu'elle soit bien assurée que je n'oublierai jamais tout ce qu'elle a eu la bonté de faire pour moi.

« N'ayant pas cru devoir demander une audience au roi, à cause de l'étrangeté de ma position politique, je prends la liberté de vous adresser directement la lettre que j'écris à Sa Majesté, et dont vous trouverez ci-joint la copie. J'espère que Votre Éminence aura l'obligeance de la lui faire remettre.

« Je demande encore pardon à Votre Éminence de mon importunité. Je lui réitère les sentiments de respect qui lui sont dus, et qui, quel que soit mon sort, m'engageront toujours à me dire,

« De Votre Éminence,

« Le très humble serviteur,

« Signé : LOUIS-CHARLES. »

« Naples, le 23 février 1849. »

Le 20 février, M. le baron de Richemont écrivait à M. le duc d'Harcourt :

Pièce 112. — « Monsieur l'ambassadeur,

« Appelé auprès de Sa Sainteté Pie IX, pour mes affaires particulières, j'eusse été charmé de faire une visite au parent du gentilhomme illustre qui guida nos premiers pas dans la vie, et qui partagea une partie des infortunes qui anéantirent presque toute ma famille. Le caractère dont vous êtes revêtu m'a empêché de suivre l'élan de mon cœur ; et, ne croyant pas à la possibilité de séparer, en ce moment, l'homme public de l'homme privé, j'ai dû partir sans vous voir.

« Quel que soit le sort que la Providence me réserve, soyez convaincu, monsieur l'ambassadeur, que je n'oublierai jamais le nom que vous portez et qui me fut bien cher.

« Signé : L'ex-baron de Richemont. »

Le 21, les voyageurs quittaient Gaëte.

J'ai sous les yeux les originaux de toutes les pièces que je cite ; les lettres du prince ont toutes été copiées par M. le curé de Chauffry, adressées et expédiées par lui, en présence de M. Noyer, aux personnages qu'elles concernent. M. le curé et M. Noyer m'ont raconté et affirmé les détails du voyage, du séjour à Gaëte et des réceptions ; je les écris pour ainsi dire sous leur dictée, et comme ils se rapportent complétement à ceux qui m'ont été communiqués par M. le baron de Richemont, qu'ils coïncident avec une série de faits prouvés et notoires, je dois logiquement conclure et je conclus qu'ils sont vrais.

Voici, du reste, l'attestation de ces deux honorables témoins :

Pièce 113. — « A monsieur Suvigny.

« Oui, monsieur, le 18 février 1849, M. le baron de Richemont eut à Gaëte une première et longue entrevue avec Mgr le cardinal-ministre Antonelli ; le 20, il en eut une seconde, après laquelle le cardinal « l'introduisit lui-même » près de Sa Sainteté. Une audience secrète eut lieu.

« Quand elle fut terminée, M. de Richemont nous présenta, M. le curé de Chauffry et moi, au Saint-Père, qui nous félicita d'avoir accompagné à Gaëte le fils du roi martyr.

« J'affirme sur l'honneur que Sa Sainteté a « reçu et su recevoir, » en la personne de M. le baron de Richemont, le « fils de Louis XVI et l'a traité comme tel. »

« L'acte de naissance de « Louis-Charles de France, fils de Louis XVI et de Marie-Antoinette, roi et reine de France, avait été remis par le prince au major de Jongh, le 17, jour de notre arrivée à Gaëte, et ne fut rendu qu'au moment du départ : je l'ai vu rendre.

« A qui a-t-il été communiqué? Le loyal et noble major de Jongh était le général de confiance du roi de Naples, chargé du commandement de Gaëte et de la sûreté du Saint-Père.

« J'atteste ces faits;

« Quiconque les contredit ment impudemment.

« Paris, le 10 juillet 1850.

« Signé : Noyer, médecin, 8, rue Cassette.

« J'approuve le présent certificat comme étant conforme à la vérité.

« Signé : Royannais, prêtre, curé de Chauffry,
par Rebais, Seine-et-Marne.

Discussion.

Le 15 mars 1849 la relation du voyage à Gaëte fut publiée par la *Revue catholique*. Elle contenait l'exacte vérité; mais était-elle prudente, opportune, diplomatique? Non; car elle fut bientôt l'objet de dénégations, attribuées à un correspondant de Rome, insérées dans *l'Univers* des 5, 14 et 15 mai. Ces dénégations, évidemment dictées par une malveillance calomniatrice, tendaient surtout à établir que M. de Richemont avait été reçu comme simple particulier, et non comme fils de Louis XVI.

L'examen attentif des pièces et des faits montrera si cette prétention est raisonnable; et quelques considérations sur la position diplomatique du pape réduiront à leur juste valeur les dénégations que *l'Univers* a imaginées, ou dont il s'est constitué l'écho.

Longtemps avant le mois d'octobre 1848, Pie IX connaissait l'histoire de M. le baron de Richemont, son origine, ses prétentions; il était touché de ses infortunes; c'est un vénérable prélat qui avoue lui-même l'en avoir entretenu. Ce prélat visite M. le baron de Richemont par permission, sinon par mission spéciale du Saint-Père. Il se charge d'une lettre du prince pour le souverain Pontife; il la lui remet; car M. de Richemont l'a vue entre ses mains lors de sa réception, et cette lettre, du 24 novembre, dit assez clairement ce qu'il est, ce qu'il veut.

Osera-t-on nier les paroles du prélat? Mais elles ont été, du moins en partie, prononcées devant MM. F.... et Boucher.

Il y en aurait assez déjà pour prouver qu'en recevant M. le baron de Richemont, Pie IX savait ne pas recevoir un simple Français.

Mais ce n'est pas tout : un passeport au nom de « Louis-Charles de France, l'acte de naissance du «fils de Louis XVI,» sont remis au major général qui, à la lecture de l'acte de naissance, change de contenance et de ton, court éveiller le

Saint-Père et le lui montrer, et revient plein d'attentions et de complaisances pour les voyageurs. Abandonner ses importantes fonctions, aller par la ville et chercher un logement pour une simple religieuse, parce qu'elle est recommandée par un simple Français, c'est de la part d'un officier supérieur une conduite inexplicable. Mais le major de Jongh n'ignore pas le nom et le titre de celui qu'il reçoit ; il n'ignore pas non plus l'opinion du pape à l'égard de cet étranger, puisqu'il vient de lui communiquer son acte de naissance, et il agit en conséquence.

Qu'on veuille bien comparer les procédés dont use le major envers M. de Richemont et ceux qu'il emploie vis-à-vis du gentilhomme belge : quoique muni d'un passeport catholique de l'archevêque de Malines, celui-ci devra attendre le retour de son ambassadeur ; il l'attendait encore au moment du départ de M. de Richemont. Et M. de Richemont, simple Français, sans autres pièces que son passeport et son acte de naissance, sans autre crédit que le sien propre, sans qu'on exige un seul mot de l'ambassadeur français qui est à Gaëte, a le pouvoir de faire admettre, et lui-même, et ceux qui l'accompagnent.... Il faut convenir que le simple Français a une grande influence.

Il n'a pas la peine de solliciter longtemps une audience : le lendemain, le premier ministre lui faisait savoir qu'il le recevrait, et poussait la politesse jusqu'à ne point désigner l'heure et la laisser au choix du simple Français.

L'audience se prolongea fort tard. Nécessairement il y fut question des prétentions et des preuves d'identité du baron de Richemont comme fils de Louis XVI. D'ailleurs, la veille au soir, au dîner, où assistaient Pie IX, le roi de Naples, le cardinal Antonelli et le major de Jongh, ce dernier avait communiqué l'acte de naissance aux illustres convives. Par conséquent, le ministre savait que le personnage reçu par lui d'abord, et présenté le 20 au souverain Pontife, était le baron de Richemont, fils de Louis XVI.

Pie IX, en lui accordant une audience secrète et longue, faveur qui ne se prodigue pas, en le traitant avec une distinction et une bienveillance marquées, en tenant à M. l'abbé Royannais et à M. Noyer le langage qu'il a tenu, a bien prouvé qu'il recevait et croyait recevoir en M. de Richemont le fils de Louis XVI.

Ainsi, commandant-général, ministre, pape et roi ont accueilli M. de Richemont avec la conviction qu'il était fils de Louis XVI.

Qui, moins qu'eux, pouvait être trompé ? Ils connaissaient l'allocution du pape Pie VI, le traité secret de 1802, l'emprisonnement du duc de Normandie à Milan, la persistance de M. de Richemont à se dire fils de Louis XVI ; d'autre part, ils n'ignoraient pas l'opinion commune de la mort et l'acte de décès du 8 juin 1795. S'ils croyaient à la mort du Dauphin, M. de Richemont était un imposteur ; ils devaient le faire arrêter et juger. S'ils l'ont reçu, s'il a été l'objet de leurs respects, c'est qu'en l'accueillant, ils avaient la certitude d'accueillir le fils de Louis XVI.

Tout cela est avéré ; des pièces non contestables viennent à l'appui, et deux témoins honorables, qui n'ont pas quitté le prince, qui l'ont vu recevoir et qui ont eux-mêmes été reçus, sur sa présentation, par le Saint-Père, attestent qu'il a été traité comme fils de Louis XVI. Nier leur témoignage, c'est nier l'évidence ; ils étaient présents à tout. L'un, respectable curé, a toujours été considéré comme un bon prêtre, loyal et droit ; et, bien qu'il ait affirmé hautement des faits et des circonstances contraires aux narrations de quelques membres du haut clergé, politiquement intéressés à nier, il n'en est pas moins estimé de son évêque, monseigneur de Meaux, qui, s'il eût été soupçonné de mensonge, n'aurait pas manqué de le punir, et avec raison. L'autre, médecin, cachant dans la solitude son amour du travail et la rude franchise de son esprit, n'a pas un caractère assez souple pour se prêter à une manigance. Quel intérêt, d'ailleurs ? Le fils de Louis XVI est pauvre.

Ils ne sont pas les seuls qui aient eu connaissance de ce qui s'est passé : le grand-vicaire, secrétaire de feu monseigneur Giraut, s'en est entretenu à Gaëte avec M. le curé de Chauffry ; le corps diplomatique qui résidait à l'hôtel Capocèle ou dans les environs, l'a su ; le duc d'Harcourt a lu, le 18 février au plus tard, sur le registre, le nom et les titres de Louis-Charles de France. Il a reçu de lui une lettre, et certes, par devoir, il a dû s'informer de ce qu'il venait faire sans son intervention.

Mais la réception de Gaëte était un événement important, qui pouvait porter un coup mortel aux prétendants des diverses branches, à leurs fidèles et à leurs journaux ; donc il fallait nier, même l'évidence.

Ou les dénégations de l'*Univers* viennent du journal, ou elles viennent de la diplomatie.

Si elles viennent du journal, elles ne valent pas la peine d'être relevées ;

Si elles viennent de la diplomatie, elles s'expliquent et ne se justifient pas. C'est le bagage ordinaire des agents de cette véridique institution. En matière politique, le mensonge s'excuse par l'usage. Les hommes honnêtes ont beau lever les épaules : le principe est consacré et reçoit chaque jour son application ; rien n'y fait.

Je me place à l'époque du voyage à Gaëte, et je distingue

dans le pape deux personnes : le vicaire de Jésus-Christ et le
souverain.

Le vicaire de Jésus-Christ n'a de supérieur que sa conscience, la voix du ciel : il n'a point de cour, point de ministres, point d'ambassadeurs ; il est prêtre, consacré à Dieu,
obligé de donner au monde catholique l'exemple de toutes
les vertus, et, sous ce rapport, la papauté n'a jamais été plus
saintement représentée ; le vicaire de Jésus-Christ ne rele-
vant de personne, n'a personne à flatter, ni à craindre ; le
vicaire de Jésus-Christ ne dénie ni ses actes ni ses paroles, ni
ses pensées, et si l'*Univers* et ses adhérents allaient demander au vicaire de Jésus-Christ : « Très Saint-Père, avez-vous
reçu l'ex-baron de Richemont comme fils de Louis XVI ? »
ce n'est pas lui qui irait leur répondre : « Non. » Ils le savent
bien : ils savent bien que le baron de Richemont n'aurait pas
été à Gaëte uniquement pour faire recevoir le baron de Richemont. Dans quel but ? Nous ne serions pas étonnés d'entendre bientôt ces casuistes quotidiens soutenir haut et ferme
qu'ils n'ont pas voulu dire que le pape n'avait pas reçu M. de
Richemont sachant qu'il était le fils de Louis XVI, mais simplement qu'il ne l'avait pas reçu avec les honneurs publics
dus au fils de Louis XVI. Ils sont de cette force-là.

Le souverain, placé dans de tout autres conditions, a cour,
ministres, diplomates ; il a des relations d'intérêts avec les
princes étrangers ; il subit leur influence, ou tend à leur imposer la sienne ; son gouvernement temporel se meut nécessairement par les ressorts de tous les gouvernements, il en a
les vices. Consulté, pressé, menacé par l'*Univers* et ses fidèles,
ce gouvernement, pour se débarrasser d'instances gênantes,
aura pu faire une réponse équivoque qui, commentée, in-
terprétée à la façon de ces messieurs, sera devenue l'équivalent de celle-ci : » M. de Richemont a été reçu comme simple
Français. » Il paraît que l'*Univers* y tenait, car il a fallu l'autorité d'un huissier pour qu'il admît les très justes rectifica-
tions du calomnié.

Malheureusement le gouvernement papal n'avait pas, à ce
moment, que l'*Univers* et les siens à ménager. La France in-
tervenait en sa faveur ; ses armées occupaient l'Italie ; elle pouvait se montrer susceptible et trouver mauvais que le Saint-
Père consacrât ostensiblement, par une réception qui a tout le
poids d'une reconnaissance, et à laquelle les intéressés avaient
eu peut-être le tort de donner trop de publicité, les légitimes
prétentions du fils de Louis XVI à ne pas rester vivant au
nombre des morts. Ces prétentions pouvaient grandir. De là,
nécessité politique d'une dénégation, en admettant que la dénégation parte de haut au lieu de venir de bas. Mais atténue-
t-elle la vérité ? Au contraire, elle lui donne plus d'éclat et

plus de portée; car on n'aurait pas dénié avec tant d'acharnement une réception sans importance.

S'étonnera-t-on du silence du roi de Naples? Les mêmes effets s'expliquent par les mêmes causes. L'intérêt, plus que la vérité, dicte la conduite des hommes; comment ne dicterait-elle pas celle des gouvernements?

Quel intérêt a poussé l'*Univers?* Avait-il vendu ses services aux orléanistes? aux légitimistes? Nous l'ignorons. Et qui pénètre l'opinion entortillée de l'*Univers?* Quoi qu'il en soit, pour un journal qui se dit *catholique*, il a été bien malhabile. Car, en niant que M. de Richemont ait été reçu comme fils de Louis XVI, il fait du Saint-Père, du roi de Naples, du ministre Antonelli, du major de Jongh, autant de dupes ou de compères; du vénérable prélat, qui a favorisé les relations de M. de Richemont avec le saint-siége, un fourbe; de l'honorable curé de Chauffry et de son compagnon, des menteurs; telles sont les conséquences des dénégations de l'*Univers.*

Personne au reste ne devait échapper à ses calomnies, pas même la religieuse qui voyageait accidentellement avec M. de Richemont, et qui le précéda à l'audience du Saint-Père, pour accomplir une mission ignorée du prince. Une lettre de son supérieur, en justifiant sa démarche, la défend amplement contre ses détracteurs :

PIÈCE 114. — « Château-Thierry, 21 juillet 1850.

« Monsieur le rédacteur,

« Comme la religieuse française, dont vous avez parlé dans votre dernier numéro, fut elle-même, entre autres inculpations, accusée d'avoir voyagé sans permission, son supérieur doit à la vérité, à l'édification et à la réputation de sa fille spirituelle, de dire et d'affirmer que partout on voulut bien lui témoigner estime et affection ; qu'après des épreuves longues et multipliées, elle fut, par qui de droit, pleinement autorisée à faire le voyage de Gaëte, dont elle ne fit toutefois connaître le but principal que quand elle fut arrivée ; que c'est accidentellement, et, pour mieux dire, tout providentiellement qu'elle rencontra dans sa route M. le baron de Richemont, qui ne la connaissait pas plus qu'elle ne le connaissait, qu'elle fut parfaitement accueillie à la cour de Gaëte, où elle ne présenta d'autres titres qu'un passeport ordinaire et une simple lettre de recommandation de son supérieur; que le major de Jongh, non-seulement la conduisit en personne dans la maison des sœurs de la Providence, mais poussa la complaisance et l'urbanité jusqu'à l'aller chercher le lendemain, pour être présentée la première de sa compagnie de voyage, suivant son désir, au souverain Pontife ; que Pie IX, en effet, lui donna une audience d'environ trois quarts d'heure, pendant laquelle Sa Sainteté lui dit d'abord expressément que sa lettre de créance, quoique non revêtue de la permission de l'ordinaire, lui suffisait, puisqu'elle était donnée et signée par son fondateur supérieur, puis la traita avec beaucoup de bonté et lui fit présent d'un chapelet en signe et souvenir de sa paternelle bienveillance ; que son Eminence le cardinal Antonelli lui remit personnellement un beau médaillon d'argent renfermé dans un étui digne du contenu ; que depuis son retour en France, un très digne et prudent prélat qui désira l'entretenir sur son voyage, fut très content de ses réponses et de sa conversation, et que depuis elle reçut du major de Jongh la lettre la plus honorifique, dans laquelle il lui est dit, entre autres choses, qu'elle n'est pas du nombre des personnes qu'on puisse facilement oublier ; enfin que maintenant elle ne désire rien tant que de vivre inconnue et dans la pratique silencieuse des devoirs de sa vocation.

« Voilà les faits purs et simples mais par eux-mêmes assez éloquents, qu'atteste, sans commentaire, le supérieur de cette religieuse.

« Signé : Morey,
« Chanoine fondateur supérieur des Célestines. »

Nous avons prouvé rigoureusement que M. de Richemont avait été reçu par le Saint-Père, non comme baron de Richemont, mais comme fils de Louis XVI ; le nom de Richemont n'a pas même été prononcé à Gaëte, où il n'a été question que de Louis-Charles de France, fils de Louis XVI; il est donc prouvé que l'*Univers* de 1849, ou la diplomatie qui l'a soufflé, ont sciemment menti.

Le dernier acte important de M. de Richemont est l'assignation en reconnaissance d'état civil, donnée, à sa requête, à madame la duchesse d'Angoulême, le 27 mars 1849, assignation que de graves considérations et la mort récente de madame d'Angoulême ont rendue jusqu'à ce jour sans effet.

CHAPITRE XVI.

INTRIGUES VIEILLES ET NOUVELLES CONTRE LE FILS

DE LOUIS XVI.

Depuis le jour où, par la mort du premier Dauphin, Louis-Charles de France devint l'héritier présomptif de la couronne, il fut le point de mire des intrigues de son oncle le comte de Provence, qui essaya de le faire déclarer bâtard, en déposant au parlement, par l'intermédiaire du comte de Fitz-James, une protestation contre sa légitimité.

Il ne s'en tint pas là : pendant la captivité du prince au Temple, après le meurtre du roi, il tâcha, dans sa correspondance, de pousser Robespierre à sacrifier le fils comme il avait sacrifié le père. « Vous avez détruit le soliveau, lui écrivait-il, mais tant que le bâtard existera, il n'y aura encore rien de fait. » Cette lettre était une de celles que le Conventionnel Courtois, chargé d'examiner les papiers de Robespierre, avait conservées, et dont Louis XVIII s'empara, à son décès. M. Courtois fils en a connaissance.

Ce furent encore les mauvais desseins du comte de Provence qui contraignirent Condé à garder le silence sur l'évasion et la conservation du fils de Louis XVI, à l'éloigner de son camp, et à le confier aux soins de Kléber.

La conduite de Bonaparte n'est pas plus généreuse, si, comme le rapportent certaines personnes, il intima l'ordre de jeter le prince à la mer, au capitaine du navire qui le transportait en Amérique. Lui, du moins, avait une excuse ; il n'était ni son oncle, ni son parrain, et le fils de Louis XVI avait trempé, par sa présence au conciliabule de Chaillot, dans une conspiration contre lui.

Le retour du Dauphin en 1816, et les démarches du prince de Condé en sa faveur, ayant jeté l'alarme aux Tuileries, Louis XVIII et sa police arrangèrent l'affaire de Mathurin Bruneau à Rouen, pour faire réjaillir l'invraisemblance d'un ridicule procès sur le prince·de Condé, s'il entreprenait de soutenir l'existence du duc de Normandie, et sur le fils de Louis XVI, s'il essayait jamais une réclamation d'État.

L'assassinat du malheureux Fualdès, ordonné par la police de la Restauration, dans l'espoir de s'emparer des papiers importants du Dauphin, n'ayant amené que d'insignifiants résultats, Louis XVIII ne respira qu'après l'arrestation et l'incarcération du fils de Louis XVI à Milan. La reconnaissance écrite du prince de Condé se trouvait enfin saisie. C'était le but, ce fut le couronnement de ses indignes manœuvres. Le grand diplomate de la Sainte-Alliance y joignit les siennes; et la captivité du Dauphin se prolongea pendant sept ans, six mois et douze jours.

Car,

Pièce 115. — « L'empereur d'Autriche au reçu du rapport à lui fait sur cette arrestation, croyant possible que le prisonnier fût, selon sa déclaration, le fils du roi Louis XVI et de la princesse Marie-Antoinette, sa tante, écrivit au vice-roi de Lombardie, son frère, une lettre dans laquelle il le priait d'adresser au prisonnier certaines questions, avec injonction, s'il y répondait d'une manière satisfaisante, de le faire monter immédiatement en chaise de poste, de le diriger sur Vienne, et de lui rendre les honneurs dus à un archiduc.

« M. de Metternich, qui redoutait pour sa politique les suites de la découverte de la vérité, envoya bien l'autographe de l'empereur au vice-roi, mais accompagné d'une lettre de lui, ministre, qui recommandait de ne faire aucune question au prisonnier, d'ensevelir cette affaire dans le silence, disant qu'il prenait tout sous sa responsabilité. Et, quand l'empereur lui demanda compte de l'exécution de ses ordres, M. de Metternich eut l'impudence de répondre « qu'il était impossible de reconnaître comme fils de Louis XVI le captif de Milan, attendu qu'il avait servi en qualité d'officier supérieur dans la garde d'un usurpateur, Murat, roi de Naples, que dès lors il serait dangereux et inconvenant de rendre son rang au prince qni s'était avili jusqu'à accepter un rôle subalterne.   « Signé : N.... »

Des officiers de l'armée napolitaine, interrogés, l'avaient, affirmait M. de Metternich, parfaitement reconnu. C'était faux; mais qu'importe? en politique, l'intérêt est le creuset du juste et de l'honnête. Louis XVIII, usurpateur complaisant, convenait mieux à l'Autriche que le fils de Louis XVI, élève des généraux républicains Kléber et Desaix, et auteur de la protestation contre les traités de la Sainte-Alliance.

Comme de vagues bruits d'existence continuaient à circuler vers la fin du règne de Louis XVIII, on voulut, à diverses reprises, créer de faux Dauphins, afin qu'en multipliant ces jongleries, toujours faciles à démasquer puisque le gouvernement en tenait les fils, l'opinion de l'existence du véritable Dauphin s'affaiblît et disparût. Quelquefois, les tentatives de mise en scène rencontrèrent des hommes honnêtes qui refusèrent de s'y prêter; ils les ont dénoncées, et nous les transmettons à l'histoire pour l'instruction de la postérité.

PIÈCE 116. — « A M. Boucher.

« Paris, le 14 juillet 1850.

« Monsieur,

« Les diverses brochures que j'ai lues provenant de votre maison et le journal l'*Inflexible* cherchent à éclaircir une question fort obscure; il est juste de donner tous les matériaux nécessaires pour découvrir la vérité.

« A diverses époques, on a fait jouer le rôle de Louis XVII à des individus qui n'étaient rien autre que des intrus; dans quel but ? L'histoire finira par le dire; mais ce qu'il y a de fort extraordinaire, c'est qu'on a voulu mettre en scène des personnes qui ne voulurent pas s'y prêter: j'en suis un exemple, et je vais vous raconter avec toute sincérité ce qui m'est arrivé.

« J'ai le bonheur de ressembler à l'infortuné Louis XVI, et, à cause de cette ressemblance, il est venu à l'idée de MM. le comte de Montalembert, décédé, du duc d'Avray de Crouy, du comte de Pradel, du marquis de Conflans, gendre de M. le duc d'Avray de Crouy, du duc d'Avaray, capitaine des gardes, et d'autres grands noms que je pourrais citer au besoin, de vouloir me faire jouer le rô'e du fils de Louis XVI, en me faisant les promesses les plus étendues; mais il fallait renoncer à mon père, à ma mère, et à toute ma famille en général; un pareil rôle ne pouvait me convenir; j'ai été obligé de quitter Paris pour éviter leurs obsessions incessantes; je suis retourné auprès de ma mère, qui demeurait à Bruxelles, et je suis né à Valenciennes.

« Ces faits se sont passés dans la dernière année du règne de Louis XVIII, et ont eu lieu, rue de l'Université, n° 11, où demeuraient MM. les comtes de Montalembert et de Pradel.

« Je déclare sur l'honneur que tous ces faits sont vrais, et que je pourrais au besoin donner plus de détails sur ce qui s'est passé.

« Si cette déclaration peut déchirer le voile de notre histoire, je serai heureux d'y avoir coopéré, et je vous autorise à en faire usage pour faire reconnaître la vérité.

« Fait en présence de Mme veuve F....., rentière, demeurant Rond-Point des Champs-E'ysées, n°...

« Approuvé l'écriture,

« Signé : A. L..., Rond-Point de l'Étoile, n°...

« Signé : veuve F..... »

Charles X, consulté par l'Autriche sur la mise en liberté du prisonnier de Milan, répondit : « Qu'il ne le reconnaissait pas comme Français. » Autre batterie dirigée contre lui.

Louis-Philippe ne resta pas en arrière de ses devanciers

de France et d'Autriche : sachant que le fils de Louis XVI
venait d'être mis en possession d'un manuscrit de la duchesse
douairière d'Orléans et de lettres du vieux prince de Condé,
pouvant suppléer aux pièces saisies à Milan et établir son existence et sa filiation, il fit tendre le piége de 1833, dans lequel
se prit le Dauphin, et qui livra à la police ses papiers les plus
précieux. L'accusation de complot, le procès et la condamnation ne furent que des accessoires, dont le Gouvernement se
serait volontiers passé ; il les arrangea pour se justifier, et
parce que M. de Richemont le contraignit à un éclat en refu-
sant d'écouter ses ouvertures, et en demandant des juges avec
autant d'énergie que de persévérance. Car, au fond, que vou-
lait-on ? le placer dans l'impossibilité d'agir judiciairement ;
la soustraction de ses papiers produisait ce résultat.

Mais l'intrigue du château était si transparente et l'accusation simulée tellement dépourvue de vraisemblance, que Louis-
Philippe eut recours aux roueries de la Restauration. On re-
façonna un nouveau Mathurin Bruneau, dans la personne du
Prussien Naündorff, et on le lança au travers du procès, pour
retirer le ministère public d'un mauvais pas. On le flanqua
même d'un autre comparse qui fut écrasé par le principal
acteur.

Donnons en abrégé l'historique du personnage :

Au mois de juin 1833, arrivait de Prusse en France un aventurier dénué de tout, prononçant à peine quelques mots de
mauvais français ; c'était Naündorff. Établi à Brandebourg, en
1824, il avait été poursuivi pour incendie et acquitté faute
de preuves ; plus tard, accusé de fabrication de fausse monnaie, dans l'espoir d'éviter le châtiment, il s'était avisé de se
déclarer prince *natif*, et n'en avait pas moins été condamné à
trois ans de travaux forcés.

En 1831, pour la première fois, il ajoutait à sa *nativité* in-
déterminée la qualification de fils de Louis XVI.

Provoquée ou fortuite, l'apparition de cet homme fut une
bonne aubaine pour la police qui connaissait ses antécédents.
Elle le styla, l'instruisit, et s'en fit un instrument digne de
figurer à côté de la Durut et de l'agent du château, déguisé
sous le pseudonyme de Berger.

Comme nous l'avons vu, Naündorff se produisit à la deuxième audience du procès de 1834, non en personne, son langage tudesque aurait trop facilement trahi cette grossière
imposture, même aux yeux d'un jury trié, mais par une dou-
blure, de bonne foi peut-être, M. de Saint-Didier, qui vint, au
nom du prince Naündorff, réclamer les prérogatives de son rang.
Par malheur, la police dut s'en mordre les lèvres, le Dauphin
apocryphe signait : Charles-Louis, et son ambassadeur reçut la
mortification d'apprendre de la bouche de M. de Richemont

qu'il ne savait pas même le nom du fils de Louis XVI, qui s'appelait Louis-Charles.

Depuis cet incident, plus digne du répertoire du théâtre Montansier que de la gravité d'une cour d'assises, Naündorff exploite à son profit le rôle que lui a créé la police. Il pénètre dans le faubourg Saint-Germain, est présenté à d'honorables familles, se compose une cour, crée des aides-de-camp, possède des chapelains, un prophète, et surtout réclame et empoche de grosses sommes d'argent.

Un assassinat peut le rendre intéressant? Il s'assassine lui-même, sans danger bien entendu, sur la place du Carrousel, par une nuit sombre de 1834, et les fidèles publient sa conservation miraculeuse.

Il fonde en 1835 un journal, la *Voix du Proscrit*. Le rédacteur en chef, M. Thomas, dépose contre Naündorff une plainte en escroquerie ; Naündorff riposte par une plainte en diffamation. M. Thomas déclare qu'il ne peut rien prouver ; Naündorff retire sa plainte, et ce duel ridicule cesse faute de combattants.

Le 13 juin 1836, il formait une demande en rectification de l'acte de décès du 12 juin 1795 ; deux jours après, il est arrêté et transporté en Angleterre.

La police n'avait plus besoin de Naündorff ; M. de Richemont était condamné, détenu, spolié de ses titres, mis hors d'état de réclamer ; Naündorff ajoutait des scènes à la comédie composée, et voulait la jouer pour son compte ; il faisait trop de bruit ; et si d'autres plaintes en escroquerie survenaient, s'il fallait le juger, le condamner, il pourrait parler, démasquer ses souffleurs... C'est précisément ce que le Gouvernement n'entendait pas ; il adopta le sans-façon usité envers les gens de cette espèce, certain d'avance que la crainte et l'intérêt lieraient sa langue à l'étranger.

Naündorff continue son manége aux environs de Londres, il bat monnaie au préjudice de ses adeptes, prédit l'avenir, reçoit les inspirations d'un ange, se proclame prophète, crée une secte religieuse, et se réassassine le 16 novembre 1838, absolument comme à la place du Carrousel, excepté qu'il emploie le pistolet au lieu du poignard.

La plupart de ces renseignements sont tirés de la lettre suivante de M. Dejean, directeur de la police générale au ministère de l'intérieur :

PIÈCE 117. — « Ministère de l'intérieur.

« Direction de la police générale du royaume.

« Paris, le 9 juillet 1839.

« Monsieur,

« Vous avez désiré obtenir quelques renseignements sur la moralité, les antécédents et la position sociale du sieur Naündorff Charles-Guillaume, qui cherche à se faire passer pour le fils de Louis XVI.

« Voici, en substance, ceux qui existent dans les archives de mon ministère : ils ont été communiqués officiellement par le gouvernement prussien à M. le ministre des affaires étrangères.

« Naündorff est signalé comme issu d'une famille de Juifs établie dans la Prusse polonaise.

« Il vint à Berlin en 1810 et y demeura deux ans ; il logeait alors dans la maison d'un tonnelier, et gagnait son pain en colportant des horloges en bois.

« Il annonçait être marié ; cette déclaration fut reconnue mensongère. Il faisait passer pour sa femme la nommée Christine Hasfert, veuve d'un soldat.

« En 1812, il partit pour Spandaw. Il déclara devant le magistrat de cette ville, le 25 novembre, qu'il désirait s'y établir comme horloger, et obtenir les droits de bourgeoisie.

« En 1818, il se maria avec la fille d'un nommé Einers, fabricant de pipes à Havelberg. Suivant les registres de l'état civil, il aurait déclaré être protestant de la confession d'Augsbourg et avoir quarante-trois ans ; d'après cette déclaration, il serait né en 1775, c'est-à-dire dix ans avant le Dauphin, fils de Louis XVI.

« De son mariage, il naquit à Spandaw deux enfants qui furent baptisés par le pasteur luthérien Nicolas.

« En 1822, Naündorff vendit son atelier, et alla s'établir à Brandebourg. Il continua son métier et fit de mauvaises affaires.

« En 1824, il fut traduit devant les tribunaux sous l'accusation d'incendie. Il fut acquitté faute de preuves.

« En septembre 1824, il fut accusé du crime de fausse monnaie. A cette époque, pour donner le change sur ses antécédents, il imagina un roman, d'après lequel il serait né à Paris, et fils d'un prince. Convaincu de complicité de fausse monnaie, il fut condamné à trois ans de travaux forcés dans une maison de détention, et il a subi sa peine, de 1825 à 1828, dans l'établissement pénitentiaire de Brandebourg.

« Plus tard, se trouvant à Crossen, il publia qu'il était le fils de Louis XVI, se donna le titre de prince, et fit imprimer un gros livre à l'appui de cette fable. Pour échapper aux poursuites des tribunaux, il se réfugia d'abord à Dresde, puis en Suisse, ensuite à Paris.

« Depuis son arrivée en France, il avait réussi à faire des dupes et à exploiter leur crédulité ; mais le Gouvernement crut devoir mettre un terme à ses escroqueries et à ses manœuvres, quoique plus ridicules encore que dangereuses, en usant des pouvoirs que la loi lui accorde de faire sortir de France tout étranger qui trouble l'ordre.

« Depuis lors, Naündorff habite l'Angleterre, et y continue son rôle : pour accroître le nombre de ses partisans, il a imaginé des communications avec les esprits célestes, à la suite desquelles il a mis le comble à ses intrigues en se déclarant le chef d'une secte nouvelle.

« Agréez, etc....

« Signé : B. Dejean. »

Cette lettre fut rendue publique, d'abord, le 15 août 1839, dans une brochure de M. Morin de Guerivière, intitulée : *Cinq années d intrigues dévoilées*, et, le 23 juin 1840, dans le *Capitole*.

A l'occasion de quelques articles piquants contre les qualités princières de Naündorff, un de ses zélés champions, M. Gruau, poursuivit en diffamation le gérant du *Capitole*, qui fut renvoyé des fins de la plainte par jugement du 15 janvier 1841. Etait-il possible de diffamer Naündorff !

Un mois après ce procès, sept des plus honorables partisans de Naündorff publièrent une déclaration, dans laquelle, répudiant leur ancienne foi, ils confessaient avoir été dupes des fourberies du personnage, et le déclaraient, de la manière la plus solennelle, un misérable intrigant et imposteur.

Le 10 août 1845, il mourait à Delft, en Hollande.

En mai 1851, sa royale lignée essayait de ressusciter l'instance de 1836 ; le tribunal civil de la Seine la repoussait par jugement en date du 6 juin.

Ainsi, d'un juif polonais, né en 1775, colporteur d'horloges, vivant maritalement avec la veuve d'un soldat, époux d'une fabricante de pipes, faussaire, incendiaire, faux monnayeur, chevalier d'industrie, luthérien, sectaire, ignorant absolument la langue française... la police, uniquement pour entraver le fils de Louis XVI, avait fait... un Dauphin !

L'amnistie de 1840 ayant permis à M. de Richemont de rassembler un grand nombre de pièces relatives à son existence, on lui prouva que la police du château surveillait toujours ses démarches, en feignant de le confondre avec un forçat libéré du nom de Perrin, et en l'arrêtant sous prétexte de rupture de ban, en 1842.

Après la reception du fils de Louis XVI par le Saint-Père, de nouvelles intrigues surgirent : intrigues diplomatiques, intrigues de parti, rien n'y manqua.

Signalons d'abord les premières :

A peine M. de Richemont quittait Gaëte, que l'ambassadeur de France, M. le duc d'Harcourt, allait dire officieusement au ministre Antonelli : « Loin d'être le fils de Louis XVI, ce M. de Richemont est originaire de la Martinique ; je le connais, je connais ses parents ; c'est un intrigant, un imposteur ; ma famille a été sa dupe ; il lui doit encore de

l'argent; en France, personne n'ajoute foi à ses prétentions. »

De leur côté, les envoyés de l'Autriche et de Froshdorff
insistaient pour que le Saint-Siége se hâtât de neutraliser
l'effet de la réception ; la coterie légitimo-religieuse de
l'*Univers* agissait dans le même sens ; le cardinal alors, usant
des assertions du duc d'Harcourt, fit autoriser le journal à
publier que M. de Richemont avait été reçu comme simple
catholique, et non comme fils de Louis XVI.

M. de Richemont, ne comprenant rien au refroidissement
du Pape, à l'inaccomplissement des promesses qu'il lui avait
faites d'intervenir près de sa sœur, et à cette dénégation politique d'un fait vrai, prit des informations, et sut le rôle
qu'avait joué M. le duc d'Harcourt.

Le 2 avril 1850, nous nous présentâmes, M. Foyatier et
moi, chez M. d'Harcourt, munis d'une lettre de M. de Richemont, dans laquelle il lui reprochait énergiquement ce qu'il
appelait « plus qu'une mauvaise action, » pour ne pas dire le
mot. M. d'Harcourt s'excusa, prétendit avoir été induit en
erreur par le nom, qu'ayant reçu la carte de M. de Richemont, il avait pensé que c'était le Richemont dont sa famille
avait à se plaindre, etc. Nous n'eûmes pas de peine à lui démontrer l'impossibilité d'une confusion et l'inexactitude de
ses allégations : « Il n'avait pu recevoir une carte au nom de
M. de Richemont ; M. de Richemont n'en a jamais eu ; il avait
reçu non une carte, mais une lettre, signée : ex-baron de
Richemont ; le prêtre, qui l'avait copiée et remise au valet de
chambre du duc, l'affirmait ; sur le livre des voyageurs, il
avait lu : Louis-Charles de France ; M. de Richemont demeurait dans le même hôtel ; il ne pouvait faire un pas sans être
aperçu de M. d'Harcourt, qui, par conséquent, devait bien
voir qu'il n'était pas le Richemont son débiteur ; M. d'Harcourt avait attendu le départ de M. de Richemont pour faire
au ministre ses confidences mensongères ; pourquoi, s'il avait
cru réellement M. de Richemont le Richemont taré, ne pas
avertir le ministre et le Pape avant la réception ? » M. d'Harcourt demeura convaincu d'avoir volontairement affirmé
une série de faussetés. Du reste, en les utilisant, le cardinal
n'y croyait pas davantage. Honneur à la diplomatie !!

Poussés à bout par l'*Inflexible*, ne sachant plus qu'opposer
à ses preuves, vivement contrariés du bon accueil fait à
M. de Richemont par le Saint-Père, et des inductions favorables à son identité qui en découlaient nécessairement, les
légitimistes allèrent se renseigner dans les cartons de la rue
de Jérusalem, et, s'emparant du quiproquo policier de 1842,
publièrent à grand renfort de journaux et de lettres, qu'ils
avaient découvert ce que la police n'avait pu découvrir, l'origine de M. de Richemont, qui n'était autre que Claude Perrin,

fils d'un boucher de Lagnieu. Et là-dessus, grand triomphe de leurs adhérents ! Comme s'il y avait l'ombre du sens commun à supposer le Gouvernement assez maladroit pour ignorer, malgré ses moyens de recherche, un secret qu'ils auraient pénétré, et pour ne pas se débarrasser, en le démasquant, d'un homme qui l'avait souvent gêné. Ils alléguaient des documents extorqués par l'esprit de parti à la faiblesse ; l'*Inflexible* les réduisit au néant par la production de pièces contradictoires, émanées antérieurement des mêmes individus. C'était évidemment le suprême effort de la mauvaise foi se débattant dans une déshonorante agonie.

Les amis de la branche cadette produisirent aussi leur fable : ils inventèrent un Dauphin du Canada qui eut le privilége d'égayer tout le monde, excepté les gens de l'*Univers*, qui s'éprirent de commisération pour lui.

A Froshdorff se trouvait l'entrepôt universel des bruits calomnieux : « M. de Richemont n'a pas été reçu à Gaëte comme fils de Louis XVI ; » M. de Montbel et le Nonce de Vienne l'assuraient à la duchesse d'Angoulême : on sait à quoi s'en tenir ; « M. de Richemont a été confirmé deux fois ; » l'eût-il été dix, vingt, qu'est-ce que cela ferait à son identité ? mais on lui mettait sur la joue la confirmation de Naündorff, ainsi qu'il est résulté d'une correspondance entre l'ancien évêque de Versailles et Mgr l'évêque de S... ; « M. de Richemont est irréligieux, immoral, anarchiste, chevalier d'industrie. » On lui appliquait les méfaits de Mathurin Bruneau, de Naündorff, de tous les Dauphins controuvés ; telles étaient les gentillesses dont les officieux de la Restauration rebattaient chaque jour les oreilles de la duchesse d'Angoulême ; et quand enfin, mieux instruite de la vérité par le respectable et pieux abbé L...., repentante peut-être, ou pressentant les approches de la mort, elle a demandé à voir son malheureux frère, ces honnêtes conseillers lui ont répondu : « M. de Richemont est au lit, malade ; il ne peut venir. » Et M. de Richemont, plein de santé, n'aspirant qu'à une entrevue qui aurait rendu le calme et la paix à deux âmes, serait parti au premier signe. Mais non ; l'intrigue devait enlever cette dernière consolation à l'exilée et à l'orphelin délaissé.

CHAPITRE XVII.

CONCLUSION.

Ma tâche est remplie :

J'ai détruit un infernal mensonge et révélé au monde le plus odieux des crimes, une infâme spoliation :

J'ai démontré l'existence du fils de Louis XVI.

Convaincu de l'hostilité systématique des Gouvernements et des hommes d'état, convaincu de l'indifférence des classes aisées pour tout ce qu'elles croient ne pas intéresser directement leur bien-être, convaincu des dispositions peu favorables d'une magistrature liée par ses antécédents à Froshdorff ou à Claremont, je m'adresse au seul juge qui, après Dieu, décide souverainement, qui soit inaccessible à l'égoïsme et à l'ambition, j'évoque la cause du fils de Louis XVI devant le tribunal de l'opinion publique, devant le peuple. C'est pour lui que j'écris, pour cette grande autorité, qui se détermine par la conscience et agit par le cœur.

A qui demanderais-je la reconnaissance du fils de Louis XVI, maltraité, dépouillé, persécuté, banni, victime des rois, souvent privé du nécessaire, si ce n'est à ceux que déciment le travail, la misère, l'exil et les dissensions des rois? Qui comprendra les tortures d'un incessant déni de justice, si ce n'est celui que sa faiblesse et sa pauvreté individuelles mettent par le fait en dehors des bénéfices de la loi ?

C'est à la probité du peuple que je présente un fils de roi, sans nom, sans vie légale; son assentiment sera la meilleure réhabilitation de ce nom, de cette vie.

Il ne le refusera pas, car la cause du fils de Louis XVI est sa propre cause, c'est celle de tous les souffrants.

Tombé enfant du faîte de la grandeur dans les cachots du temple, des bras du duc d'Harcourt et de l'abbé Davaux sous le tire-pied de Simon, le fils de Louis XVI a éprouvé tour-à-tour les égards prodigués aux princes, et les mauvais traitements qu'on n'inflige pas aux derniers fils du peuple. Caché dans la Vendée, privé pendant plus d'un an de grand air, de lumière et d'activité, gardé à vue au camp de Condé, il n'est sorti de cet esclavage que pour apprendre, en Egypte, avec Kléber, au milieu des dangers, l'art et les fatigues de la guerre, l'héroïsme, l'amour de la patrie, de la gloire et de la liberté, pour connaître la différence qui existe entre le courage égaré par les manœuvres de l'ambition au point de s'allier aux ennemis de l'Etat et de tourner ses armes contre lui, et la bravoure à l'épreuve de tout calcul, de tout ressentiment personnel, qui ne vit, ne pense, ne respire, ne lutte que pour assurer le triomphe de son pays.

Fuyant les persécutions impériales dont Pichegru venait d'être victime, il se réfugie en Amérique, cette terre d'asile de tous les proscrits; il parcourt, errant, fugitif, les vastes déserts de sa partie méridionale, disputant une nourriture grossière, insuffisante, tantôt aux animaux féroces, tantôt à des hommes sauvages, non moins féroces qu'eux.

De retour en Europe, repoussé et persécuté par sa famille et par les souverains, il subit sept ans de prison, pour le punir de n'être pas mort au Temple, de venir contrarier les plans de la Sainte-Alliance qui a proclamé un droit usurpé, et de protester contre le morcellement et l'abaissement de sa patrie.

Délivré des fers autrichiens, il pénètre de nouveau en France, sous Charles X, grossit les rangs des défenseurs des libertés publiques, assiste à la chute de l'usurpation, dite légitime, de 1815, pressent toutes les hontes du règne de Louis-Philippe, est poursuivi, condamné, incarcéré, et respire enfin après l'orage de 1848.

Et pendant ces cruelles angoisses, le fils de Louis XVI a passé à travers toutes les vicissitudes, toutes les peines, toutes les privations du peuple; il a vécu de sa vie, souffert de ses souffrances; il a connu la faim, la soif, le dénûment, les outrages, les humiliations; il a connu les vices, les crimes, l'hypocrisie, l'égoïsme et la rapacité des divers pouvoirs et de leurs agents.

Quelle rude, mais instructive épreuve !

Exista-t-il un philosophe aussi providentiellement placé pour observer la société sous toutes ses faces, dans tous ses rangs; pour acquérir de l'expérience, apprécier les personnes et les choses, discerner les besoins des nations, sonder leurs plaies et appliquer les remèdes? Supposons un souverain formé à cette école : qui jamais eût été plus libre de vouloir le bien, l'honneur et la prospérité de son pays? plus indépendant sur le choix de ceux qui l'auraient aidé dans l'accomplissement de la noble tâche de rendre les lois morales, la justice impartiale, l'administration honnête et économe, les relations extérieures loyales et énergiques, le peuple heureux?

Si, au lieu d'en être réduit à chercher l'hospitalité dans l'armée républicaine, le fils de Louis XVI l'eût trouvée au camp de Condé, imbu des idées de l'émigration, il serait rentré en France avec elle, étranger comme elle à l'immense progrès de l'esprit national, appelant crimes les élans d'un instinct naturel d'indépendance et de gloire, disposé à comprimer ce qui ne souffre pas compression, et à tuer ce qui vit essentiellement au cœur des Francs. Il n'aurait ni pu ni su distinguer entre les excès de la révolution et ses avantages.

Accueilli à sa première sortie des frontières par les souverains alliés, il aurait sucé leurs principes, payé, comme le comte de Provence en 1814 et 1815, leur intervention au prix des plus humiliants sacrifices.

Reconnu par sa famille à l'époque de la Restauration, il aurait partagé ses préjugés, ses fautes, ses erreurs, ses bévues politiques, sans doute aussi la réprobation et l'exil qui l'ont frappée.

Favorisé par Louis-Philippe, s'il eût accepté sa fille, quand elle lui était offerte sous la condition d'une abdication au profit de la branche cadette, il eût été lié à ses doctrines et à ses hommes.

Aidé par les chefs républicains de 1848, qui, dans le temps où ils partageaient sa captivité de Sainte-Pélagie, avaient promis de contribuer à sa reconnaissance, si jamais ils réussissaient, et qui, parvenus au pouvoir, l'ont oublié, il n'aurait plus été moralement libre de se séparer d'eux, de blâmer leurs actes, leurs tendances, leur imprévoyante direction.

Le succès même d'une réclamation d'état, tardivement appuyée par la reconnaissance de madame la duchesse d'Angoulème, avant sa mort, par la production des pièces et titres injustement recelés dans les chancelleries de l'Europe, en le proclamant fils de Louis XVI, par la grâce de sa sœur, par la grâce des rois, et non par la grâce de Dieu, lui aurait fait contracter envers des tiers des obligations qu'il ne doit avoir qu'à la nation par la Providence. Il aurait perdu l'indépendance et le prestige des persécutions et du malheur, et ne serait plus qu'un Bourbon suspect, légalement proscrit comme les autres.

Mais, tout au contraire, la Providence l'a gardé libre d'engagements.

Les meneurs démagogiques de 1793 ont tué son père, et l'ont tué lui-même autant qu'il était en leur pouvoir de le tuer; il ne leur doit rien.

Ceux de 1848 ont abandonné sa cause, qui était celle de la justice; il ne leur doit rien.

L'Empire l'a forcé de s'expatrier; il ne lui doit rien.

Les usurpateurs de la légitimité et leurs partisans légitimistes l'ont dépouillé, repoussé, emprisonné, abreuvé d'injures et de calomnies; il ne leur doit rien.

La Sainte-Alliance s'est faite et demeure complice de ces lâches iniquités; il ne lui doit rien.

La politique de Louis-Philippe l'a jeté dans les cachots; il ne lui doit rien.

La diplomatie, représentée par un cardinal-ministre, a

osé démentir des faits vrais, favorables à ses intérêts; il ne lui doit rien.

La magistrature a préparé d'avance contre sa réclamation des fins de non-recevoir: il ne lui doit rien.

Il a demandé son nom, le nom de son père, l'héritage le plus naturel, le plus sacré, à la Restauration, à Louis-Philippe, à sa propre sœur... on le lui a refusé.

Il est donc évident qu'il n'en devra la restitution qu'à la voix publique. Là se bornent ses vœux, son espérance et son ambition.

En terminant, qu'il me soit permis de réclamer l'attention et la confiance de tous ; elles me sont dues; je viens de traiter la plus grave des questions d'histoire, de droit et d'humanité; je l'ai abordée avec courage, discutée avec impartialité, et je me rends ce témoignage de n'avoir écrit par aucun des motifs qui détournent l'âme du juste et du vrai.

Que Dieu protége mon œuvre!

FIN.

TABLE DES MATIÈRES.

FIN DE LA TABLE.

PARIS.— Imp. LACOUR et Ce, rue Soufflot, 16.

ERRATA :

P. 35, l. 10. Au lieu de 1793, lire : 1794 ;

P. 36. Supprimer le passage relatif aux prétendus aveux de l'avocat du roi, qui ne sont ni possibles, ni vrais. Ce passage, copié dans une brochure, reconnu faux et rayé, a été imprimé par mégarde.

P. 65. Il existe dans quelques exemplaires une série de transpositions qu'il faut corriger ainsi : après la ligne 10, lire la ligne 38 et les huit suivantes ; lire ensuite depuis la ligne 29 jusqu'à la ligne 37 inclusivement, et de la ligne 20 à la fin de l'alinéa ; revenir à la ligne 28, puis aux lignes 11 et suivantes jusqu'à 19 inclusivement.

P. 99, l. 13. Un petit nombre de feuilles portent : *sur*... un cheval, au lieu de : dans.